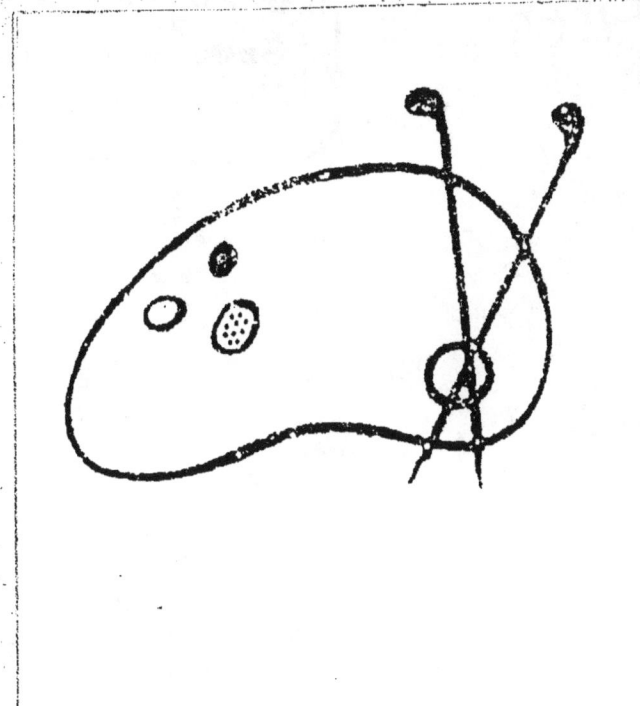

Début d'une série de documents en couleur

COUVERTURES SUPERIEURE ET INFERIEURE D'IMPRIMEUR.

CALMANN LÉVY, ÉDITEUR

DU MÊME AUTEUR

MADAME ET MONSIEUR CARDINAL

Un volume grand in-18
Avec douze vignettes par Morin
Quinzième édition, 3 fr. 50

L'INVASION

SOUVENIRS ET RÉCITS

Un volume grand in-18
Deuxième édition, 3 fr. 50

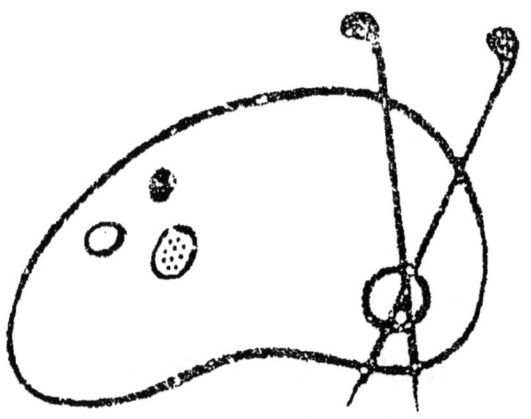

Fin d'une série de documents en couleur

MAMZELLE MÉLIE

CONFESSIONS D'UN BOHÈME

OUVRAGES DE M. XAVIER DE MONTÉPIN

EN VENTE

LIBRAIRIE DEGORCE-CADOT

A 2 fr. le volume.
AVEC GRAVURES HORS TEXTE

	vol.
Un Drame en famille...	1
La Duchesse de La Tour-du-Pic...	1
Mamzelle Mélie...	1
Un Amour de grande dame...	1
L'Agent de police...	1
Le Baron de Maubert...	1

A 1 fr. 25 le volume.

	vol.
La Perle du Palais-Royal...	1
La Fille du maître d'école...	1
Le Compère Leroux...	1
Un Brelan de dames...	1
Les Valets de cœur...	1
Sœur Suzanne...	2
La Comtesse Marie...	2
L'Officier de fortune...	2
La Sirène...	1
Viveurs d'autrefois...	1
Les Amours d'un fou...	1
Pivoine...	1
Mignonne...	1
Geneviève Galliot...	1
Les Chevaliers du lansquenet...	4
Les Viveurs de Paris...	4
Les Viveurs de province...	3

Imp. D. Bardin, à Saint-Germain.

XAVIER DE MONTÉPIN

MAMZELLE MÉLIE

CONFESSIONS D'UN BOHÊME

III

PARIS
A. DEGORCE-CADOT, ÉDITEUR
9, RUE DE VERNEUIL, 9

Tous droits de reproduction et de traduction réservés

MAMZELLE MÉLIE

PREMIÈRE PARTIE

LE BARON DE MAUBERT

I

UN REPAIRE.

C'était dans la nuit du 15 décembre 1823.
Il était onze heures du soir.
Les quatre vents du ciel semblaient s'être donné rendez-vous pour une lutte acharnée, et de cette lutte, où cependant l'avantage restait au vent du nord, résultait une véritable tempête.
De gros nuages sombres couraient comme des chevaux de bataille sur la surface du firmament que n'éclairait ni un rayon perdu de la lune, ni le scintillement égaré d'une étoile.
Du sein de ces nuages s'échappaient des mugissements sinistres.
Par instants la bourrasque balayait avec fureur les couches de neige amoncelées sur la terre durcie et les entraînait comme des avalanches pour les disperser bientôt dans la campagne.
Enfin il faisait une de ces nuits horribles, par lesquelles, ainsi que le dit le proverbe, on ne saurait mettre à la porte de sa maison ni un créancier, ni un chien.

La route qui conduit de Paris à Sceaux en passant par Montrouge était presque entièrement déserte.

Nous disons : *presque*, car un voyageur, un seul, tournant le dos à la barrière d'Enfer, suivait lentement l'un des bas-côtés du chemin, en luttant de tout son pouvoir contre les éléments déchaînés.

Ce voyageur, dont il aurait été impossible de distinguer les traits, à cause de la profondeur des ténèbres, semblait un homme dans la force de l'âge.

Il était vêtu d'une blouse de toile bleue, par-dessus laquelle il portait une sorte de houppelande longue et épaisse en peau de mouton.

Un chapeau ciré couvrait sa tête et était attaché sous le menton par deux étroites lanières de cuir, — précaution indispensable contre l'ouragan.

Enfin, quand le pied de ce voyageur venait à glisser sur la neige, sa main s'appuyait fortement sur un lourd bâton ferré.

Et il raffermissait aussitôt son pas, en murmurant entre ses dents un énergique : *Sacrebleu!!*

Ce personnage, avec lequel nous allons bientôt faire ou plutôt renouveler connaissance, était parvenu, — au moment où nous le rencontrons sur la route, — était parvenu, — disons-nous, — à une lieue environ de Paris.

Arrivé là, il quitta le chemin et s'enfonça dans un sentier pratiqué à travers champs sur la gauche.

Il fit ainsi une cinquantaine de pas.

Puis il se trouva en face d'une maison de misérable apparence, haute d'un seul étage et dont tous les volets fermés ne laissaient pas s'échapper la plus faible lueur.

Le personnage qui nous occupe fit le tour de cette maison.

Il s'approcha d'une petite porte étroite et basse.

Il appliqua son oreille contre cette porte, et il écouta pendant une seconde.

On entendait à l'intérieur un chuchotement indistinct, tel qu'en pourraient produire deux voix, étouffées à dessein.

Le voyageur heurta contre le panneau.

Le silence se fit aussitôt et rien ne répondit à cet appel.

Alors le voyageur frappa deux coups de suite, à intervalles égaux; puis, après un moment, trois nouveaux coups, espacés de la même manière.

Un pas pesant retentit à l'intérieur.

A côté de la porte était une fenêtre.

Cette fenêtre s'ouvrit, mais le volet resta fermé, et à travers une fissure des planches, une voix demanda :

— Qui êtes-vous ?

— *Ami de la lune*, — répondit l'arrivant.

— D'où venez-vous ?

— *Du camp de la loupe.*

— Que voulez-vous ?

— *Pas grand'chose de bon...*

— Quel est l'oiseau qui chante le mieux ?

— *Le rossignol.*

— C'est bon, entrez ! — murmura la voix, après l'échange de ces formules insignifiantes en apparence, qui n'étaient autre chose qu'un mot de passe compliqué.

— Eh ! nom d'une pipe ! s'écria le nouveau venu, si vous voulez que j'entre, ouvrez !

— C'est ce que je fais, dit la voix.

En effet, une lourde barre de fer se détacha à l'intérieur et tomba sur les carreaux avec un bruit métallique.

Puis la porte tourna sur ses gonds criards.

L'arrivant franchit le seuil avec la précipitation d'un homme gelé et morfondu qui voit reluire un grand feu dans une haute cheminée, et la porte se referma derrière lui.

La pièce dans laquelle il venait de pénétrer, et qui formait juste la moitié de l'habitation, était une chambre de moyenne grandeur, aux murailles blanchies à la chaux.

Sur ces murailles deux ou trois planches, soutenues par des crampons de fer, supportaient des plats, des assiettes, le tout en faïence grossière, et une assez grande quantité de bouteilles de vin et d'eau-de-vie.

Voilà pour l'utilité.

Quant aux ornements, ils consistaient en ébauches informes et en dessins obscènes tracés sur le mur avec un morceau de charbon.

Parmi ces œuvres d'art, une petite guillotine, esquissée à la craie rouge, se faisait remarquer par une grande exactitude d'ensemble et de détails, et semblait attester une main plus exercée et une certaine habitude du dessin linéaire.

Dans une haute cheminée, nous l'avons déjà dit, pétillait un grand feu, entretenu avec du bois mort, des débris de chaises et des douves de vieux tonneaux.

Le contenu d'un chaudron, suspendu par une crémaillère au-dessus du brasier, écumait à outrance.

Les volets des deux fenêtres, nous le répétons, étaient soigneusement fermés, et, pour comble de précautions, et, selon toute apparence, pour empêcher de voir depuis le dehors que l'intérieur était éclairé, des lambeaux de vieille tapisserie pendaient devant ces fenêtres et servaient de rideaux.

Auprès de la cheminée se trouvait une table carrée en bois blanc, sans nappe.

Sur cette table, d'une propreté infiniment suspecte, se trouvaient un grand plat vide, des assiettes vides également, un énorme morceau de pain, des fourchettes d'étain, des couteaux de fer, une bouteille d'eau-de-vie à moitié pleine, deux verres et un paquet de tabac.

L'atmosphère de la chambre était saturée, outre mesure, des parfums combinés du tabac et de l'eau-de-vie.

Et maintenant que nous avons décrit le lieu de la scène, il est plus que temps, ce nous semble, de nous occuper des personnages qui doivent y jouer leur rôle.

Parlons d'abord des hôtes de la maison bizarre dans laquelle nous venons d'introduire nos lecteurs.

Ils étaient deux.

Un homme et une femme.

Jamais plus sinistres figures n'ont surgi parmi les pavés fangeux et disloqués de la grande ville, quand éclate une révolution démocratique et quand on fait des barricades.

L'homme pouvait avoir cinquante ans.

L'âge de la femme était une énigme dont aucun physionomiste ne se fût chargé de trouver le mot.

Elle pouvait avoir trente ans, elle pouvait en avoir quatre-vingts.

Il n'y avait rien de la jeunesse dans ce visage ridé, flétri, défiguré par tous les excès de la débauche, par toutes les turpitudes du vice.

Il n'y avait rien de la femme dans les formes ignobles de ce corps couvert de haillons.

L'homme et la femme semblaient d'ailleurs admirablement faits l'un pour l'autre.

Tous les deux avaient de la barbe au menton.

Tous les deux portaient des bottes éculées.

Tous les deux, enfin, fumaient de courtes pipes, bourrées jusqu'à la gueule de tabac de contrebande.

II

UN SOUPER ÉCONOMIQUE.

Le nouveau venu s'arrêta en face des deux personnages que nous venons de décrire.

Il avait près de six pieds de haut et était doué de proportions herculéennes.

Les lecteurs de notre roman la *Duchesse de la Tour-du-Pic* le connaissent déjà sous le double nom de *Jean-Paul* et de *Carillon*.

Jean-Paul était le jeune paysan complice des premières fautes de Raphaël dans les bois de Ville-d'Avray.

Le même Jean-Paul, devenu marchand de contre-marques et voleur émérite, avait pris le pseudonyme de *Carillon*, sous lequel nous l'avons vu donner rendez-vous à son ancien ami à l'estaminet de l'*Épi-Scié*.

Seulement, depuis l'époque à laquelle nous avons eu occasion de le voir pour la dernière fois, un changement notable était survenu en lui.

Il avait coupé, presque au ras de la tête, ses cheveux qu'il portait auparavant très-longs et très-huilés.

De plus, sa barbe, digne de l'Hercule Farnèse ou d'un sapeur de la garde nationale, était tombée sous le rasoir.

Quelque excellente raison de sûreté personnelle avait présidé, sans doute, à cette quasi-transformation.

Une large meurtrissure, bleuâtre et livide, résultat d'une chute fortuite ou d'un coup de poing accidentel englobant l'œil gauche dans un cercle marbré depuis l'arcade sourcilière jusque vers le milieu de la joue achevait de rendre Carillon méconnaissable.

L'estimable jeune homme se débarrassa de sa houppelande de peau de mouton, qu'il jeta dans un coin.

Il dénoua les courroies qui retenaient sur sa tête son chapeau de cuir bouilli, et l'on put distinguer, à la brillante clarté du foyer, les traits rudes et irréguliers de son visage.

Les hôtes de la maison isolée le regardaient avec une curiosité mêlée de méfiance.

Évidemment ils le voyaient pour la première fois.

Carillon s'aperçut de cet examen et se mit à rire d'un rire bruyant et trivial.

— Allons, père Tourniquet, dit-il ensuite, regardez-moi bien, ainsi que madame votre épouse, joli brin de femme, sur ma foi! ça fait que quand vous m'aurez dévisagé pendant la simple bagatelle de trente-cinq minutes, vous aurez la chance de me reconnaître une autre fois, car je suis trop flatté d'avoir fait votre précieuse connaissance pour ne pas me promettre de la cultiver à l'avenir.

— Vous savez mon nom! dit l'homme que Carillon venait d'appeler père Tourniquet.

— Vous le voyez bien, puisque je vous l'ai décerné incontinent.

— De quelle part venez-vous?...

— De quelle part?...

— Oui.

— De la mienne, parbleu!

— Sans recommandations aucunes?

— Sans autres recommandations que mes antécédents, qui sont assez distingués, je m'en pique!...

— Mais enfin, qui vous a donné le mot de passe?

— Un ami commun.

— Qui s'appelle?...

— *Fil-en-Quatre.*

L'expression de défiance qui n'avait pas encore quitté le visage du père Tourniquet s'effaça tout aussitôt et comme par enchantement.

— Ah! s'écria-t-il, ah! vous connaissez Fil-en-Quatre?...

— Intimement.

— C'est un vieux! un bon! un solide!

— Un rude lapin, vous pouvez le dire.

— Alors, soyez le bienvenu.

— A la bonne heure !
— Asseyez-vous là.
— J'en ai bon besoin.
— Chauffez-vous.
— C'est ce que je fais.
— Fumez une pipe.
— Je bourre la mienne.
— Buvez un coup.
— C'est ce que je vais faire.
— Vin ou eau-de-vie ?
— Tout ce que vous aurez de plus corsé en *tord-boyaux*.
— Voilà votre affaire.
— Merci.

En effet, pendant les quelques paroles échangées entre les deux interlocuteurs, Carillon s'était installé commodément.

Il avait approché une chaise du foyer et il présentait à la flamme la semelle de ses gros souliers couverts de neige.

Il bourrait consciencieusement, avec le tabac pris sur la table, une grosse et courte pipe qu'il venait de tirer de sa poche.

Et enfin il approchait de ses lèvres le verre un peu terni que le père Tourniquet venait de remplir d'eau-de-vie à son intention.

— Fichtre ! dit-il, après avoir avalé une partie du contenu et en faisant claquer ses lèvres avec une satisfaction manifeste, fichtre ! c'est du chenu ! A votre santé, monsieur et madame !

Et il acheva de vider son verre.

— Il fait vilain dehors, à ce qu'il me semble, dit Tourniquet.

— Ne m'en parlez pas ! une véritable nuit de sabbat ! J'ai cru que je n'arriverais jamais... le vent me ballottait, la neige m'aveuglait ! Avec ça qu'on ne voit pas clair à mettre les pieds l'un devant l'autre.

— A propos, une question ?
— Faites.
— Vous étiez tout seul, en route ?
— Oui.
— Comment diable avez-vous trouvé la maison ?

— Ah voilà! je la connaissais.
— Vraiment?
— Parbleu! j'y ai logé.
— Quand cela?
— Il y a deux ans, avant que vous en soyez devenu propriétaire, nous avons perché ici, Fil-en-Quatre et moi, pendant six semaines, et même j'ose dire que nous y avons fait d'assez bons coups et d'assez jolies noces.
— Très-bien.
— Charmante maison, sur ma foi! et crânement située! on la dirait faite tout exprès pour de bons garçons de notre sorte. Avez-vous payé cela cher?
— Peuh! répondit Tourniquet, pas trop.
— Bonne affaire, alors, très-bonne affaire! Moi aussi, je compte me retirer du monde, un de ces jours, et acheter une maison avec le produit de mes petites économies.

Tourniquet hocha la tête, comme pour approuver les projets de Carillon.

Puis il dit:
— Quand vous avez frappé à la porte, nous allions souper, ma femme et moi.
— En effet, dit Carillon en désignant le foyer, il m'arrive de cette chaudière un parfum des plus exquis...
— Vous souperez avec nous, n'est-ce pas?
— Ça n'est pas de refus.
— Avez-vous faim?...
— A la folie.
— Comme ça se trouve! nous avons justement un régal assez soigné.
— Ça se trouve bien, en effet, répondit Carillon. Moi, j'avoue mon faible, je suis un peu sur ma bouche.
« C'est d'ailleurs mon seul défaut.
— Ah! vous serez content!
— Je n'en doute pas.
— Vous allez voir...

Tourniquet prit, dans un coin de la cheminée, une longue fourchette de fer à trois dents ajustée au bout d'un manche de bois, et il s'en servit comme d'un harpon pour pêcher les différents comestibles que contenait la chaudière.

Le premier objet que ramena le trident fut un poulet gras et dodu.

— Diable ! dit Carillon, du poulet ! comme vous vous nourrissez !

— Oh ! fit Tourniquet, pour ce que cela coûte !

— Ah ! le poulet est bon marché, par ici ?...

— Très-bon marché : la peine de le prendre. Ma femme ce matin revenait de Montrouge ; elle a rencontré ce monsieur qui flânait le long d'une haie, et elle l'a mis dans son tablier...

— Je crois qu'il sera tendre, dit Carillon.

Tourniquet enfonça pour la seconde fois sa fourchette dans la marmite, après avoir déposé le poulet dans le plat vide.

Il ramena un canard.

— Même prix que le poulet ? demanda Carillon.

— Certainement, répliqua son hôte ; seulement c'est de la récolte d'hier au soir.

— Je crois qu'il sera gras, dit Carillon, variant légèrement sa formule élogieuse.

Le canard prit sa place à côté du poulet.

Tourniquet retourna à la pêche pour la troisième fois.

Le trident reparut orné d'un gros morceau de lard et d'un chapelet de cervelas.

— De la charcuterie aussi ! ! s'écria Carillon émerveillé ; peste ! vous avez bien raison de dire que je ne tombais pas trop mal.

— J'ai trouvé cela ce matin, dit Tourniquet.

— Trouvé ! !

— Oui.

— Où donc ?

— Oh ! mon Dieu ! répondit Tourniquet de l'air le plus naturel, j'ai trouvé ça à la devanture d'un charcutier.

— Ah ! répliqua Carillon, je comprends, vous n'avez pas *trouvé*, vous avez *cueilli*.

— Ça revient au même, dit Tourniquet en riant. Maintenant, soupons ; nous causerons d'affaires en mangeant.

Les trois personnages s'attablèrent.

III

UNE PROPOSITION.

Pendant un instant, on n'entendit que le bruit des fourchettes heurtant les assiettes, des couteaux grinçant sur les carcasses des volailles, des verres se remplissant et se vidant et des mâchoires fonctionnant avec une activité prodigieuse.

Les convives dévoraient.

C'était à épouvanter Gargantua.

Dix minutes s'écoulèrent pendant lesquelles pas une parole ne fut prononcée.

Puis, après que chacun eut ainsi donné carrière aux voracités du premier appétit, le caractère de la scène changea.

Tourniquet enfonça sa fourchette dans un gros morceau de pain où elle resta fichée.

Il appuya les deux coudes sur la table.

Il fixa sur Carillon le regard faux et perçant de ses petits yeux vairons.

Puis il entama la conversation en ces termes :

— Nous disions donc?...

— Que disions-nous? demanda Carillon.

— Nous disions que nous avions à causer d'affaires.

— Sans doute.

— Eh bien! causons. J'attends avec impatience ce que vous avez à me dire.

— Et, répliqua Carillon, cette impatience sera remplacée par un sensible plaisir quand vous saurez ce que j'ai à vous dire.

— Alors, dites-le vite; il me tarde de me réjouir.

— M'y voici. Il s'agit, comme bien vous pensez, d'une opération...

— Importante?...

— Colossale!

— Et sûre?...

— Dame! vous savez, on ne peut jamais d'avance répondre de rien, mais au moins nous avons toutes les chances...

— Enfin, cette affaire, voyons, qu'est-ce que c'est?...

— Il faut vous dire, d'abord, qu'il existe dans Paris un individu plus habile à lui tout seul que nous tous ensemble...

— Diable! fit Tourniquet avec une moue ironique. Et cet individu, peut-on savoir son nom?...

— Un de ses noms, voulez-vous dire, car il en a changé si souvent que lui-même ne sait plus au juste quel est le véritable...

— Soit; un de ses noms?

— Le dernier qu'il ait pris est celui de Maubert...

— Le baron de Maubert! s'écria Tourniquet en tressaillant.

— Oui. Est-ce que vous le connaissez, par hasard?...

— De réputation; et vous?...

— Moi, j'ai travaillé pour son compte.

— Ah! ah!

— Oui, dans un temps où il se faisait appeler Jacob Ismaïl. C'est même une histoire assez curieuse que je vous raconterai plus tard, quand nous aurons le temps..,

— Continuez! continuez! fit Tourniquet dont la curiosité paraissait excitée vivement.

— Or le baron de Maubert, par toutes sortes de moyens dont le plus innocent valait au juste prix vingt ans de galères, est venu à bout d'amasser un saint-frusquin des plus respectables.

— Je sais, je sais...

— Quelque chose comme quatre ou cinq cent mille francs.

— Tant que cela? s'écria Tourniquet, les yeux étincelants.

— Oui, tout au moins.

— C'est un joli denier!

— N'est-ce pas?

— J'attends la suite.

— Ma narration vous intéresse, à ce qu'il paraît?

— Énormément.

— Que sera-ce donc tout à l'heure? Et maintenant qu'il est bien convenu entre nous que le baron de Maubert est un fort habile homme, je poursuis.

« Il paraîtrait que ledit Maubert, malgré toute son habileté, a fait des frasques un peu trop fortes, car un beau matin — il n'y a pas fort longtemps de cela — il a disparu tout d'un coup et on n'en a plus entendu parler.

— Vraiment ?

— C'est comme j'ai l'honneur de vous le dire.

« Bien entendu que ses beaux louis d'or et ses jolis billets de banque ont disparu avec lui.

« Or, la semaine dernière, je me trouvais à Bougival.

— A Bougival? interrompit Tourniquet.

— Oui; j'étais amené dans ce lieu champêtre par une affaire d'intérêt, un petit emprunt, avec effraction, que je désirais contracter sur la bourse d'un aubergiste de l'endroit...

— Fort bien.

— Je m'étais donné l'apparence du bourgeois le plus honnête et le plus oisif qu'il fût possible d'imaginer. Je passais mes journées à pêcher à la ligne, en attendant que le moment fût venu de soumissionner mon emprunt. Je prenais peu de barbillons, mais j'observais fort...

— Et de vos observations qu'est-il résulté ?...

— Il en est résulté que, tandis que je cherchais à faire lever un lièvre, un autre, sur lequel je ne comptais pas, m'est parti entre les jambes...

— Un autre ?

— Oui. Je vis à l'improviste passer sur la chaussée, portant au bras un panier de provisions, une figure qui ne m'était pas inconnue...

— Maubert?

— Non pas.

— Qui donc?

— Un aimable bandit, plus grand que moi de deux pouces, et qui répond au nom de Camisard. J'ai travaillé avec lui dans le temps. Fameux *zig* tout de même que ce Camisard...

— Je ne vois pas quel rapport...

— Attendez donc un instant. J'avais entendu parler des accointances de ce cher ami avec le baron et il me poussa une idée.

— Laquelle?

— C'est que, puisque Camisard était là, le baron pouvait bien ne pas être loin. C'était de l'instinct; mais, qu'est-ce que vous voulez, j'ai de l'instinct comme un caniche. Donnez-moi à boire, père Tourniquet.

L'hôte de Carillon obéit à cette injonction.

Il remplit d'eau-de-vie le verre du jeune homme.

Ce dernier le vida d'un trait, après avoir dit poliment :

— A la vôtre, monsieur et madame !

Puis il reprit :

— Je laissai donc là ma ligne et je suivis Camisard sans en avoir l'air...

« Il ne me fit pas marcher longtemps.

« Au bout de cinq minutes, il s'arrêta devant une petite maison, la cinquième ou la sixième sur le bord de l'eau, après la machine de Marly.

« Tous les volets en étaient fermés. Depuis le dehors, on aurait juré qu'elle était déserte.

« Camisard tira une clef de sa poche et il ouvrit la porte de la maison avec cette clef.

« Avant d'entrer, il se retourna et regarda tout autour de lui.

« J'avais prévu cette manœuvre et je m'étais dissimulé contre un tronc d'arbre.

« Camisard, ne voyant rien, entra et referma la porte derrière lui.

« Je restai en faction jusqu'au soir.

« Personne ne parut.

« Alors je repris le chemin de Bougival et je courus aux informations.

« J'appris, sans trop de peine, que depuis trois mois à peu près la maison en question avait été louée et était habitée par un individu mystérieux dont le signalement variait beaucoup, attendu que, comme il était arrivé la nuit et que depuis son installation il n'était pas sorti une seule fois, personne ne l'avait vu.

« Cet individu vivait seul avec son domestique.

« Ce domestique, tous les deux jours, venait acheter des provisions à Bougival ; il payait comptant, ne causait avec personne et ne répondait à aucune question.

« Le reste du temps il ne sortait pas plus que son maître. »

IV

LUCIENNES.

Carillon s'interrompit de nouveau.

Il voulait juger de l'effet produit sur ses hôtes par le début de sa narration.

Cette impression dut le satisfaire.

La femme de Tourniquet écoutait avidement, la bouche béante et les yeux largement ouverts.

Quant à Tourniquet, il frappa la table de son poing fermé, et il s'écria :

— Sacrebleu ! je suis allé quelquefois au Petit-Lazari et même à l'*Ambégu* et, parole d'honneur, je n'ai jamais vu de pièce de comédie qui m'ait fait un effet aussi soigné !...

Carillon jouissait de son triomphe.

— Pourtant, fit-il avec une apparente modestie, je n'ai encore rien dit... ou du moins pas grand'chose...

— Oui, mais ce pas *grand'chose*-là promet joliment... Continuez, mon cher monsieur... A propos, comment donc que vous vous appelez?

— Jean-Paul....

— Très-bien.

— Ou, si vous aimez mieux, *Carillon.*

— Joli nom !

— N'est-ce pas?

— Oui, très-distingué.

— Ça sonne !

— Ah ! ah ! fit Tourniquet en riant à gorge déployée de la plaisanterie de son hôte, le fait est que ça sonne, Carillon ! drelin ! drelin ! drelin !...

— Revenons à nos moutons, ou plutôt à mon histoire...

— C'est ça.

— Je vous disais donc que le domestique du personnage mystérieux ne sortait que tous les deux jours...

« Ça m'était bien égal.

« Je n'avais pas besoin de le revoir, puisque je le connaissais à merveille.

« Seulement, comment m'assurer que son maître était bien, en effet, le baron de Maubert?...

— Oui, comment?.... appuya Tourniquet.
— C'était là *le hic!* poursuivit Carillon. C'était là le point difficile...

« Cependant j'avais bon espoir.

« Quand je veux une chose, je la veux si bien qu'il faut toujours, un peu plus tôt ou un peu plus tard, qu'elle finisse par se faire.

« Il est bon que vous sachiez que les jardins des maisons de Marly-la-Machine s'étalent sur le revers de la montagne et montent jusqu'au pavillon de madame Dubarry...

— Une femme riche, peut-être bien?... interrompit Tourniquet.

Carillon haussa les épaules en face d'une ignorance aussi déplorable.

— Vous ne savez ce que vous dites! fit-il dédaigneusement, madame Dubarry est défunte depuis longtemps...

— Ah!

— Tout le monde sait cela; c'était une ancienne coquine qui faisait passer au roi Henri IV quelques instants agréables; elle est morte pendant la Saint-Barthélemy.

Tourniquet s'inclina devant une telle érudition.

Carillon poursuivit :

— Pénétrer dans la maison, dit-il, il n'y fallait point penser.

« Mais je réfléchis que ce qu'on pouvait voir de près, on le voyait quelquefois de loin.

« Je montai à Luciennes...

« Luciennes, c'est le nom du pavillon en question...

— On y entre donc? demanda Tourniquet.

— Oui, en donnant la pièce au concierge.

— Depuis la terrasse du jardin, je voyais au-dessous de moi, à un demi-quart de lieue à peu près, les fenêtres de la petite maison du bord de l'eau. Seulement il m'était absolument impossible de distinguer quoi que ce soit...

— Diable! s'écria Tourniquet.

— C'est ce que je me dis aussi, répliqua Carillon, et je répétais même à plusieurs reprises : Diable! diable! diable!

« Ça me porta bonheur.

« Le diable m'envoya une idée....
— Une bonne idée?... demanda Tourniquet curieusement.
— Parbleu! Je partis pour Paris...
— Dans quel but?...
— Vous allez voir. Je passai sur le Pont-Neuf; j'entrai chez l'ingénieur Chevalier et je marchandai une superbe lorgnette en ivoire...
— Que vous avez achetée ?...
— Non pas; je la trouvai trop chère. La monnaie me manquait.
— Mais alors...
— Oh! tranquillisez-vous, père Tourniquet; en sortant de la boutique, j'avais dans ma poche une lorgnette non moins belle que celle qui m'avait tenté d'abord : seulement elle était en écaille... et je ne l'avais pas marchandée.
— Je comprends! je comprends! — fit Tourniquet.
— Système économique! — très-économique! — continua Carillon. — Ça diminue le prix des choses les plus chères. — Je suis comme vous, père Tourniquet, je n'achète jamais que de cette manière-là...
— Vous avez bien raison!
— Je renoue mon fil. — Aussitôt propriétaire de ma lorgnette, je repris en coucou le chemin de Bougival.
« J'y arrivai trop tard pour pouvoir commencer mes observations le soir même.
« Mais, le lendemain matin, de bonne heure, j'étais sur la terrasse de Luciennes.
« Je braquai tout aussitôt sur la maisonnette le double canon de mon instrument et je regardai.
« On distinguait les moindres objets comme si l'on en eût été à dix pas.
« Décidément l'ingénieur Chevalier ne m'avait pas volé.
— Ah! ah! — s'écria Tourniquet, riant du jeu de mots de Carillon, — ah! ah! c'est fort drôle!...
— Deux ou trois fois en un quart d'heure, — poursuivit Carillon, — je vis passer et repasser Camisard devant la maison.
« Il portait devant lui un grand tablier blanc, comme ceux des valets de chambre, et semblait occupé à faire le ménage.

« Au premier étage les volets étaient ouverts, mais derrière les vitres des deux fenêtres du milieu de l'habitation, de grands rideaux de calicot jaune à bordures rouges étaient soigneusement fermés.

« Comme la maison n'avait pas d'épaisseur et que toutes les pièces prenaient jour évidemment tout à la fois sur la chaussée et sur le jardin, je conclus que les deux fenêtres à rideaux jaunes étaient celles de la chambre à coucher de l'inconnu mystérieux...

« Aussi je ne me lassai point.

« Je braquai plus que jamais ma lorgnette dans la direction convenable, ne perdant pas de vue la maison.

« Seulement, quand l'œil droit était fatigué, je regardais de l'œil gauche.

« Cette persévérance si méritoire obtint enfin sa récompense.

« Un rideau s'agita.

« Je tressaillis et je sentis mon cœur battre.

« L'agent de police qui s'apprête à nous poser sur l'épaule sa patte lourde et crochue, après nous avoir longtemps et vainement guettés, doit éprouver une sensation à peu près pareille.

« Le rideau s'ouvrit tout à fait.

« Mon attention redoubla.

« Un personnage parut contre la fenêtre.

« Il n'était vêtu que d'une chemise et d'un pantalon.

« Un foulard rouge cachait ses cheveux.

« Il ne portait ni moustaches ni favoris.

« Pourtant je le reconnus à l'instant même.

« Mon instinct habituel ne m'avait point fait défaut !..

« C'était bien le baron de Maubert...

— Ah! de par tous les diables !!... — s'écria Tourniquet avec un enthousiasme réel, — vous êtes un fier homme, monsieur Carillon !!

— Merci, — répondit ce dernier, flatté de cet éloge non suspect; buvons un petit coup, mon vieux.

Tourniquet remplit les trois verres.

Carillon, — homme de bonne compagnie, s'il en fut, — heurta avec le sien celui de ses deux hôtes, en répétant sa formule accoutumée :

— A la vôtre, monsieur et madame.

Il but, — il reposa sur la table son gobelet d'étain, —

il bourra sa pipe, — l'alluma, — puis se remit à parler en scandant en quelque sorte ses paroles de manière à laisser échapper entre chaque phrase une bouffée de tabac.

— Vous devez bien penser, père Tourniquet, — continua-t-il, — que je ne m'arrêtai point en si bon chemin.

« Je savais juste la moitié de ce qu'il m'importait de savoir.

« Pour apprendre le reste, il ne s'agissait que de continuer à observer.

« Je demeurai donc à mon observatoire, comme un soldat demeure à son poste de combat. »

V

TRAITÉ D'ALLIANCE.

— Ce jour-là, — poursuivit Carillon, — je ne vis rien d'intéressant.

« Le baron, étendu dans un grand fauteuil et les jambes allongées sur une chaise placée en face de lui, fumait un nombre indéterminé de cigares et buvait une incommensurable quantité de grogs.

« Il avait l'air de s'ennuyer beaucoup, à en juger du moins par les bâillements fréquents qui distendaient sa mâchoire.

« Aussitôt que le jour commença à baisser, les rideaux se refermèrent et me cachèrent l'intérieur de la chambre.

« Le lendemain je fus plus heureux.

« Aussitôt après son déjeuner qui lui fut servi dans cette même pièce qu'il ne quittait guère, je vis le baron se lever de son fauteuil.

« Il alla à la porte et poussa un verrou intérieur.

« Ensuite il approcha de la fenêtre une petite table ronde sur laquelle il avait mangé.

« Puis il disparut au fond de la chambre.

« Au bout d'une seconde, je le revis.

« Il portait un petit coffre qu'il plaça sur la table.

« Il ouvrit ce coffre et il en éparpilla le contenu tout à l'entour.

« Qu'est-ce que vous imaginez qu'il y avait dans ce coffre, père Tourniquet ?...

— Je ne sais pas, — répondit le personnage ainsi interpellé.

— Devinez.

— De l'or ?

— Mieux que ça.

— Quoi donc ?

— Des billets de banque.

— Des billets de banque !... — répéta Tourniquet avec un brusque soubresaut.

— Oui, — des billets de banque ! — Il y en avait des paquets ! — il y en avait des liasses ! — Une fortune de grand seigneur ! une fortune de banquier !

« Le baron de Maubert se mit à les compter. Ce fut une longue besogne, allez !

« Quand il eut fini, il les entassa de nouveau dans le petit coffre que bientôt il reporta dans le fond de la chambre.

« Je ne sais où il le déposa, ce coffre ; — seulement, quand je revis le baron, il tenait à la main son mouchoir de poche, dans l'un des angles duquel était nouée une clef, — évidemment la clef du meuble qui renferme le coffret aux billets de banque.

« Parole d'honneur, père Tourniquet, j'avais l'esprit tout ragaillardi par ce que je venais de voir...

— Je le crois, jeune homme, — je le crois sans peine !...

— Mais on eût dit que ce diable de baron devinait ce qui se passait en moi et ne voulait pas me laisser une joie sans mélange ; il fit un nouveau voyage vers le fond de la chambre et il en rapporta une paire de pistolets mignons, les plus jolis du monde...

— Aïe ! — fit Tourniquet.

— Il passa la baguette dans les canons afin de s'assurer qu'ils étaient bien chargés, — il examina les détentes, — fit jouer les batteries, — visita les bassinets et renouvela les amorces...

— Aïe ! aïe ! répéta Tourniquet.

— Ce n'est pas tout, — poursuivit Carillon, — ce brigand de Maubert est un arsenal ambulant ! — Après l'examen des pistolets, il passa à un autre exercice...

— Bah ! — fit Tourniquet, — lequel ?...

— Il tira de la poche de côté de sa redingote un petit

stylet, long de sept à huit pouces et contenu dans une gaîne de cuir.

« Il fit miroiter au jour la lame polie de ce stylet, puis il appuya la pointe acérée sur son doigt.

« Sans doute la pression fut un peu plus forte qu'il ne le croyait, car une légère expression de douleur se manifesta sur son visage.

« En même temps il essuya son doigt avec son mouchoir et je vis une petite goutte de sang.

« Évidemment l'acier était bien trempé.

— Peste! — fit Tourniquet.

— J'en savais assez, — poursuivit Carillon. — Mon projet avait mûri et mon plan était tracé. — Comprenez-vous maintenant, père Tourniquet, pourquoi je suis venu vous trouver?...

— Oui et non, — répondit Tourniquet.

— Comment, oui et non? — demanda Carillon ; — expliquez-vous.

— C'est facile.

— J'attends.

— Vous avez trouvé un coup à faire...

— Oui.

— Une opération excellente...

— Oui.

— Vous l'avez seul trouvé tout...

— Oui.

— Il s'agit de plusieurs centaines de mille francs, à ce que vous dites...

— Oui.

— Tout ceci est clair comme le jour, n'est-ce pas?...

— Sans doute. — Mais où diable voulez-vous en venir?

— Un moment de patience, donc ! — Il est non moins évident, j'imagine, que dans une affaire, quelle qu'elle soit, il vaut mieux garder tout que de donner moitié...

— Oui! cent fois oui!

— Pourquoi alors, puisque vous êtes seul maître de l'opération, venez-vous m'offrir de la partager avec moi?...

— Pour cette raison bien simple que je ne me sens pas de force à affronter tout seul les pistolets du baron et la carabine de Camisard, — car j'ai oublié de vous prévenir que Camisard avait une carabine; — il s'en est servi toute une matinée pour tuer des oiseaux dans le jardin.

— Je m'attendais à cette réplique et je la trouve satisfaisante, mais j'ai une objection plus sérieuse.

— Laquelle?

— Vous êtes un garçon habile, intelligent, et répandu dans la *haute pègre*...

— Dame! — on s'en pique! — répondit Carillon en se rengorgeant.

— Pourquoi donc, dans la circonstance présente, ne vous associez-vous pas avec un ami, — avec quelque bon *zig* qui ait déjà travaillé avec vous, — et venez-vous me trouver, moi que vous ne connaissiez pas il y a deux heures?...

— Ah! — fit Carillon, — ça, c'est une autre histoire, et je m'en vais vous expliquer la chose.

— Vous me ferez plaisir.

— Il est positif que j'aurais aimé *travailler* avec un ancien, mais *môsieur* le procureur du roi y avait mis bon ordre...

— Comment cela!

— Oh! une chance infernale! — Hier, en revenant à Paris, je me suis mis en quête, — j'ai couru tous les bons endroits, — l'estaminet de l'*Épi-Scié*, — les tapis-francs de la Cité, les barrières, — les carrières; — ah! bien oui! — Rossignol, — Pas-de-Loup, — Paille-de-Fer, — Régalias, — enfin tous les vrais *camaros*, — tous les bons, — tous ceux sur qui je pouvais compter étaient dans le pétrin. — Les pauvres diables avaient eu des mots avec la rue de Jérusalem. — Vous me répondrez à ça qu'il en restait bien d'autres. — C'est certain; — mais allez donc confier une affaire pareille à un de ces bandits sans conscience, qui n'ont rien de plus pressé que de planter là celui qui a *nourri le poupon*... et de *manger le morceau* avec un autre.

— C'est juste! — fit Tourniquet.

— D'un autre côté, — continua Carillon, — je vous connaissais de réputation, et beaucoup...

— Vraiment!...

— Parbleu! — le pauvre *Fil-en-Quatre* (il est à l'ombre depuis hier pour vol qualifié), le pauvre Fil-en-Quatre m'a parlé de vous plus de cent fois : — Vois-tu, Carillon, — me disait-il, — quand tu auras besoin d'un solide gaillard, — d'un homme sûr, — d'un bon compagnon, — va-t'en trouver le père Tourniquet, il fera ton affaire ; je te réponds de lui. — C'est comme ça que j'ai eu votre adresse et le mot de passe. — Je suis venu, — je vous ai défilé mon chapelet, — c'est à vous de voir si ce que je vous propose vous convient...

« Si c'est *oui*, touchez là et vive la joie !

« Si c'est *non*, n'en parlons plus, — merci de votre souper et sans rancune, quittons-nous ! — Je repars pour Paris où je trouverai quelqu'un de moins dégoûté que vous.

« Voyons, est-ce *oui*, ou est-ce *non* ? »

Tourniquet sembla hésiter pendant un instant.

Il recourut à son conseiller suprême, c'est-à-dire à la bouteille d'eau-de-vie.

Il remplit et vida deux fois de suite son gobelet.

Puis il se tourna vers son hôte, la figure souriante, et lui tendit la main en lui disant :

— C'est *oui*, — touchez là !

— A la bonne heure ! — s'écria Carillon, — je vois que vous êtes un homme et que Fil-en-Quatre ne m'en avait pas trop dit sur votre compte...

Il serra cordialement la main de Tourniquet.

Puis il ajouta :

— Maintenant que nous voilà associés, convenons de nos faits.

— Convenons-en, — répondit l'autre en rallumant sa pipe.

VI

LA BARRIÈRE D'ENFER.

Le lendemain du jour où nous venons de voir Tourniquet et Carillon, ces deux honnêtes compères, signer un traité d'alliance, — le lendemain de ce jour, disons-nous, et vers la tombée de la nuit, nous prions nos lecteurs de se transporter avec nous dans la grande rue de Montrouge, tout à côté de la barrière d'Enfer.

Une neige épaisse, tombant depuis deux ou trois

heures, étendait son blanc linceul sur le sol et s'amoncelait d'une façon grotesque sur les casquettes en toile cirée de messieurs les préposés de l'octroi.

Les voitures roulaient lentement et avec un bruit ourd.

Les chevaux glissaient.

Les cochers juraient.

Les allumeurs de réverbères se mettaient à l'ouvrage, car le crépuscule succédait rapidement aux faibles clartés d'un jour d'hiver.

L'immense brouillard qui s'élève au-dessus de Paris et semble la respiration de la grande ville se confondait déjà avec les teintes sombres du ciel.

En ce moment un jeune homme, se glissant entre des voitures de rouliers au risque de se faire écraser, sortit de Paris par la barrière d'Enfer.

Ce jeune homme marchait d'un pas inégal et saccadé.

Il semblait ne se soutenir qu'avec peine.

Sa figure était livide plutôt que pâle.

Une douleur aiguë déformait ses traits et mettait une auréole de bistre autour de ses grands yeux, allumés par le sinistre éclat de la fièvre.

Son costume révélait la misère la plus profonde et la plus hideuse.

Il consistait en une redingote en lambeaux, conservant, parmi ses débris, les traces d'une coupe élégante.

Un pantalon — humide et boueux jusqu'aux genoux — tombait sur des bottes éculées dont les semelles béantes ne tenaient plus aux tiges.

Le gilet n'avait pas de boutons.

Quant au linge, nous préférons ne pas en parler, — il existait, — mais dans quel état !...

La coiffure typique de *Bertrand*, le célèbre ami de *Robert Macaire*, peut seule donner une idée du chapeau qui couronnait dignement tous ces haillons amoncelés.

C'était à vous soulever le cœur.

On devait — à l'aspect de cette misère révoltante — se détourner de dégoût.

Et pourtant ce jeune homme, c'était... — nos lecteurs des premiers épisodes des *Confessions d'un Bohême* l'ont-ils deviné ?

C'était le vicomte Raphaël !

Raphaël, noble créature créée par Dieu pour le bien et vouée au mal par la fatalité !

Raphaël, âme d'élite tirée de la fange par l'amour et que le destin, par un caprice étrange et fatal, allait replonger dans la fange !...

Pauvre Raphaël !... — pauvre enfant !...

Il avait fait un beau rêve !...

Il s'était vu riche et heureux tout d'un coup parmi les plus riches et les plus heureux de ce monde.

Ses instincts le guidaient vers les raffinements du luxe, — vers les élégances aristocratiques...

Et voici que soudain le monde avait ouvert devant lui à deux battants ses portes blasonnées...

Il avait eu tous les plaisirs du luxe, — toutes les joies de l'amour-propre.

Il avait eu bien plus, — il avait eu les divins bonheurs de l'amour.

Une femme s'était trouvée, — une grande dame, — une duchesse, — sans rivale pour sa beauté, — et cette femme avait donné — à lui, l'enfant perdu, le bohême sans famille et sans nom, — tous les trésors de sa jeunesse et de son amour !

Cette femme que tous adoraient, — cette femme autour de laquelle les hommages et les désirs montaient comme un encens, — lui seul l'avait eue, — lui seul avait suspendu ses lèvres au baiser de sa lèvre ardente.

Quel rêve ! — mon Dieu ! — quel beau rêve !...

Mais aussi, — hélas ! — quel réveil !

A côté de Raphaël, — un homme, — un démon, — Maubert, appuyant sa griffe de fer sur l'épaule de Raphaël endormi, l'avait réveillé sans pitié, pour le précipiter des sommets du bonheur dans les abîmes du désespoir.

Que de larmes et que de sang l'œil épouvanté de Raphaël entrevoyait en sondant ces abîmes.

Mathilde tuée par son amour !

Salluces tué par son amitié !

Le vieux duc tué par son pistolet !

Et Maubert disparu !...

Et la vengeance devenue impossible !....

Et, par-dessus tout, — servant de complément à toutes ces souffrances, — l'horrible torture de la faim.

Car, au moment où nous le rencontrons, Raphaël avait faim.

Depuis deux jours il n'avait pas mangé.

Le malheureux se trouvait sur le pavé de Paris, — seul, — sans argent, — sans vêtements, — sans logis, — sans protecteurs.

Il avait seulement des regrets et des remords de plus.

Pourquoi donc — comme autrefois — ne songeait-il pas à mourir ?...

C'est que le plus puissant des désirs — la plus invincible des passions — l'attachait à la vie.

Le désir de se retrouver face à face avec celui qui l'avait perdu.

L'ardente soif de la vengeance.

Oh! oui, le repos du cercueil offrait à Raphaël une perspective de calme sommeil, — un asile bienfaisant contre toute souffrance.

Mais il voulait, — avant de demander à la tombe l'oubli et le repos, — il voulait retrouver Maubert et lui briser le crâne du talon de sa botte !

Ces pensées tumultueuses bouillonnaient confusément dans le cerveau de Raphaël, tandis qu'il franchissait la barrière et qu'il se dirigeait vers l'intérieur de Montrouge.

Mais, insensiblement et malgré lui-même, son pas se ralentissait de plus en plus et devenait mal assuré.

Raphaël chancela et se soutint contre la muraille d'une maison.

Il porta la main à sa poitrine.

Un cri douloureux s'échappa de ses lèvres.

Et, répondant à sa propre pensée, il murmura avec une profonde amertume :

— Mais, pour le retrouver, il faut vivre... et je meurs !.. oui, je meurs... je meurs de faim !...

Raphaël, défaillant, ne pouvait plus marcher.

A dix pas de lui, la boutique d'un boulanger laissait s'échapper par sa porte entr'ouverte la bonne odeur du pain fraîchement retiré du four.

— Oh ! s'écria l'infortuné jeune homme, il y a des gens qui ont du pain !... qu'ils sont heureux, ceux-là !...

Puis après un silence, il ajouta :
— Eh bien ! moi aussi j'en aurai. Je ne puis l'acheter, je le volerai... Le vol, c'est la prison : en prison, du moins, on vit, et, pour me venger, il faut que je vive !...

Et, tout en parlant, il s'avança du côté de la boutique d'où s'exhalait le parfum tentateur.

Mais, à peine avait-il fait quelques pas, que ses forces le trahirent complétement.

Il perdit connaissance et roula, presque sous les pieds de deux individus qui s'avançaient dans la direction opposée.

VII

RENCONTRE.

Les deux hommes qui marchaient du côté de Paris s'arrêtèrent brusquement en face du corps inanimé de Raphaël, qui leur barrait en quelque sorte le passage.

Ces deux hommes étaient Carillon et Tourniquet.

— Tiens ! tiens ! tiens ! — dit Carillon, — le pauvre diable vient de piquer une jolie tête dans la neige !

— C'est un *pochard !* — répondit Tourniquet.

— Respect aux pochards ! — s'écria le premier interlocuteur en faisant d'une façon dérisoire le salut militaire.

— Oui, — dit Tourniquet, — mais nous n'avons pas de temps à perdre, ainsi ne nous amusons point en route et filons...

— Minute, mon bonhomme ! — Si nous laissons là ce quidam, les passants lui marcheront dessus !

— Qu'est-ce que ça nous fait ?

— Ça me fait beaucoup, à moi. — Je suis compatissant à l'excès ! — j'ai de la bienfaisance comme un petit poulet et de la tendresse autant qu'un jeune agneau...

— Donnez-moi un coup de main et relevons ce pauvre diable !

Tourniquet haussa les épaules.

— Mais, comme il comprit qu'il serait plus court de faire ce que lui demandait son compagnon que de combattre sa résolution par un raisonnement quelconque, il prit le parti de l'aider.

En conséquence il se baissa et souleva Raphaël par l'épaule gauche, tandis que Carillon le soutenait du côté droit.

Ils retournèrent ainsi le corps et l'appuyèrent contre le mur d'une maison.

— Ma foi, — dit Tourniquet en regardant le visage livide de Raphaël, — ma foi, pour un homme pris de vin, il est bien pâle !

— Sacredieu ! murmurait Carillon entre ses dents, — je connais cette *frimousse*-là. — Mais où diable l'ai-je dévisagée ?

Et il se gratta légèrement le front, comme pour appeler ses souvenirs à son aide.

Sa mémoire ne fut point rebelle, car il ajouta presque aussitôt avec une expression joyeuse :

— Ah ! bon ! — ah ! bien ! — m'y voici ! — C'est lui-même en personne naturelle ! — Nom d'une pipe ! c'est de la chance !...

— Vous connaissiez *môsieu* ? — demanda Tourniquet.

— Parbleu ! et je bénis l'Être suprême qui nous l'expédie ainsi, franc de port !...

— Il peut donc nous être utile ?

— Énormément.

— Mais il est mort, ce garçon, ou, du moins, bien malade.

— J'espère qu'il n'est qu'engourdi.

Tout en parlant, Carillon mit la main sur le cœur de Raphaël :

— Son cœur bat, — ajouta-t-il aussitôt. — C'est bon signe !...

En ce moment Raphaël fit un mouvement léger.

La circulation du sang — un moment interrompue — reprit son cours naturel.

Il souleva sa tête alanguie.

Il ouvrit à demi les yeux.

Puis il murmura d'une voix presque indistincte ces mots entrecoupés ou plutôt ce gémissement suprême.

— J'ai faim !... je meurs de faim !...

— Père Tourniquet, — dit Carillon, — entendez-vous?.. — il meurt de faim !... Vous qui prétendiez tout à l'heure qu'il avait trop *soiffé !*...

— Dame ! faut croire que je me trompais !....

— Ça me fait assez cet effet-là. — Enfin je vous réponds que dans peu d'instants il se portera comme vous et moi. — Y a-t-il un cabaret, par ici?...

— La troisième porte à main gauche.

— Suffit. — Nous allons aider mon jeune ami à marcher jusque-là et, s'il ne peut pas marcher, nous le porterons.

Mais Raphaël pouvait marcher.

A travers le brouillard qu'enfantaient autour de son esprit les angoisses de la faim, il avait, sinon entendu les paroles qui venaient de s'échanger à son sujet, du moins deviné le sens de ces paroles.

Il avait compris qu'un secours lui était offert, — qu'un soulagement venait à lui.

Il fit un effort, et, pesant de tout son poids sur le bras de Carillon, il se dirigea vers l'entrée du cabaret borgne indiqué par Tourniquet.

— Un cabinet, — deux bouteilles à quinze, — un poisson d'eau-de-vie et une écuelle de bouillon, — demanda Carillon au maître de l'établissement.

— On va servir ces messieurs... — répondit ce dernier avec empressement.

Et, séance tenante, il les introduisit dans un réduit étroit et sale, — baptisé du nom pompeux de *cabinet particulier*.

Raphaël se laissa tomber sur une chaise plutôt qu'il ne s'assit.

Une nouvelle défaillance venait de s'emparer de lui. Ses yeux se refermèrent.

Un soupir douloureux s'échappa de ses lèvres et sa tête se pencha de nouveau sur sa poitrine.

Carillon frappa à plusieurs reprises avec la lame d'un couteau l'un des verres qui se trouvaient sur la table.

— Oh ! eh ! — cria-t-il, — le vin et le bouillon demandés ! — Nom d'une pipe ! qu'on se dépêche !...

On apporta les deux bouteilles et une écuelle remplie d'un liquide jaunâtre et fumant.

— Qu'est-ce que c'est que ça ? — demanda Carillon en désignant le liquide sus-mentionné.

— Ça, monsieur?.... — mais c'est le bouillon, — répondit le cabaretier, du bouillon excellent... j'en réponds comme de moi-même...

— Il est aveugle, votre bouillon — répliqua Tourniquet, — regardez, il n'y a pas d'yeux!...

— Monsieur veut rire! — s'écria le cabaretier; — ceci est un consommé premier choix; — si vous laissiez refroidir ça se mettrait en gelée!....

Et il se retira d'un air satisfait.

Carillon prit l'écuelle.

Il versa dans une assiette la moitié de son contenu.

Il y ajouta la valeur de deux verres de vin à peu près.

Puis il poussa devant Raphaël ce mélange abominable, si fort apprécié par les conducteurs de diligences.

— Goûtez-moi ça! — lui dit-il, — et vous m'en direz des nouvelles!

Raphaël ne goûta point, par cette raison bien simple que sa défaillance ne lui permettait ni de voir ni d'entendre.

Carillon, alors, introduisit entre les dents serrées du jeune homme une cuillère pleine du breuvage qu'il venait de préparer.

Raphaël avala et revint immédiatement à lui-même.

Cet accouplement inouï de mauvais bouillon et de vin détestable lui parut une boisson délicieuse.

Il lui sembla qu'il buvait la vie.

En une minute l'assiette fut entièrement vide.

A chaque gorgée, le jeune homme avait senti s'éteindre le feu qui brûlait sa poitrine, — son cœur avait battu plus vite, — ses membres reprenaient leur souplesse, — le sang remontait au visage et colorait d'un nuage rosé la livide pâleur des joues.

Carillon assistait avec une satisfaction non douteuse à cette quasi-résurrection qui était son ouvrage.

Quand Raphaël eut achevé le contenu de son assiette, il leva les yeux pour la première fois et les fixa sur ses compagnons.

Déjà une formule de remerciement errait sur ses lèvres.

Il regarda Carillon.

La phrase commencée s'éteignit soudain dans sa gorge.

2

Il poussa un cri de surprise.

Il se souleva à demi sur sa chaise et il murmura avec une expression de stupeur :

— Jean-Paul !!...

— Eh ! allez donc ! — s'écria Carillon, — j'étais bien sûr de ne pas me tromper !....

— Comment, — dit Raphaël, — c'est vous qui....

— Vous ! — interrompit Carillon, — vous ! plus que ça de genre ! ! excusez ! — Pourquoi donc que tu ne me tuteyes plus, mon vieux ?.....

Le cœur de Raphaël se souleva de dégoût.

Le pauvre garçon avait complétement perdu l'habitude des formes triviales de ce langage grossier.

Il allait cependant répondre.

Carillon ne lui en laissa pas le temps, car il ajouta aussitôt :

— C'est-il donc parce que nous avons été dans les grandeurs que nous faisons le fier avec les anciens ?.. ah ! ça ne serait pas gentil ! parole d'honneur ! Le lusque et l'opulence ne doivent pas changer le cœur ! — D'ailleurs, soit dit sans t'offenser, mon fiston, tu me parais revenu à une position de débine assez confortable pour ne point craindre de te compromettre en ne vouvouyant pas les amis ! — C'est là mon avis, — c'est-il le tien ?

Sous cette avalanche de paroles, Raphaël baissa la tête.

VIII

RUE DES FOSSÉS-DU-TEMPLE.

— Vous l'ahurissez, ce garçon ! — dit Tourniquet.

— Eh ! non ! — répliqua Carillon, — je lui parle d'amitié, là ! — Peut-être bien que je suis un peu vif, mais ça n'est pas de ma faute ! — Qu'est-ce que vous voulez ? je me suis toujours senti un faible pour ce petiot, et ça m'a taquiné tout à l'heure, de le trouver un petit peu froid avec moi...

Carillon tendit sa main à Raphaël.

Puis il ajouta :

— N'est-ce pas que nous sommes camarades ?....

Raphaël serra, sans grande effusion, la main de Carillon, et il répondit :

— Oui, sans doute... — D'ailleurs, sans vous j'allais mourir, vous m'avez sauvé tout à l'heure et je vous en serai toute ma vie...

— Encore *vous !* — murmura Carillon avec impatience, — ça devient fatigant, à la longue ! — Mais enfin, si c'est ton idée de parler comme ça, sois tranquille, mon garçon, nous ne nous brouillerons pas pour si peu...

— Merci, — répondit Raphaël.

Tout ce qui précède avait pris un peu de temps.

Tourniquet avait achevé sa part des deux bouteilles et de la portion d'eau-de-vie.

Il poussa le coude de Carillon.

— Quoi ? — demanda ce dernier.

— Il se fait tard, — dit Tourniquet.

— Suffit ! — nous filons dans un instant.

Puis il ajouta, en s'adressant à Raphaël :

— Quatre mots seulement, petit...

— Tout ce que vous voudrez... — répondit le jeune homme.

— D'où viens-tu ?

— De l'hôpital.

— Ainsi tu es malheureux ?...

— Vous le savez bien, puisque, quand vous m'avez rencontré, je mourais de faim...

— Comment, ta misère en était à ce point ?...

— Oui.

— Où allais-tu ?...

— Je sortais de Paris.

— Pourquoi faire ?

— Pour éviter d'être vu par des gens qui auraient pu me reconnaître au moment où je m'étais décidé à user de l'une de mes deux dernières ressources...

— Lesquelles ?...

— Mendier, si j'en avais le courage...

Raphaël hésita.

— Et... l'autre ?... — demanda Carillon.

— L'autre... — répéta Raphaël.

— Eh bien ?...

Raphaël s'arma de toute sa résolution.

— L'autre, dit-il, — l'autre était de voler un pain, — si j'en avais la force...

Carillon se frotta joyeusement les mains.

— Ainsi, dit-il, — il ne te reste aucun moyen de gagner ta vie?...

— Aucun... — quant à présent du moins... — répondit Raphaël en indiquant du geste les guenilles dont il était couvert ; — où puis-je me présenter dans un pareil état?

— Ah! le fait est que ta mine de bandit n'inspirerait guère de confiance...

— Hélas !...

— Et tu n'as pas un seul ami auquel tu puisses t'adresser, avec l'espoir qu'il te viendra en aide?...

Raphaël ne répondit point à cette question.

Il se contenta de hausser les épaules.

— De mieux en mieux ! — murmura Carillon.

Puis il ajouta :

— Voilà pour le présent, mais pour l'avenir?...

— Pour l'avenir comme pour le présent, rien. — Autour de moi, devant moi, l'abîme...

Carillon se frottait les mains avec un redoublement d'énergie.

— Père Tourniquet, — dit-il, — courez vite jusqu'à la barrière chercher un fiacre. — Nous ne pouvons emmener le petiot à pied.

— Nous l'emmenons donc?... — demanda Tourniquet.

— Parbleu ! — ne croyez-vous pas que nous allons le laisser ici pour reverdir?...

Tourniquet sortit.

Carillon se tourna vers Raphaël, à qui il dit :

— Vois-tu, petiot, je veux ton bonheur et je te le prouverai ! — A partir de ce moment, ne t'inquiète de rien. — Il dépendra de toi d'être heureux comme un coq en *plâtre !*...

Tourniquet revint avec le fiacre.

Carillon paya la dépense.

Nos trois personnages sortirent du cabaret et prirent place sur les coussins peu élastiques du lourd véhicule.

Le cocher ferma la portière.

Puis il monta sur le marchepied et demanda d'une voix avinée :

— Où allons-nous, mes bourgeois ?

— Rue des Fossés-du-Temple, n° 13, — répondit Carillon, — et fouette tes poulets d'Inde surtout ! — Si nous marchons carrément, il y aura un pourboire.

— Vous allez voir ça ! — dit l'automédon en remontant sur son siége, — vous serez content, bourgeois, et je licherai à vot'santé !...

Le fiacre s'ébranla, franchit la barrière et se mit à rouler assez vite et très-bruyamment sur le pavé inégal de la rue d'Enfer.

Pendant le trajet excessivement long qui sépare Montrouge de la rue des Fossés-du-Temple, aucune parole ne fut échangée dans l'intérieur du fiacre.

Carillon et Tourniquet fumaient leur pipe.

Raphaël s'absorbait dans de profondes réflexions.

Ces réflexions — on le devine — étaient sombres et douloureuses.

Raphaël se disait que pour la seconde fois depuis un temps bien court, deux mains inattendues venaient de l'arracher à l'étreinte fatale de la mort.

L'une de ces mains était celle du baron de Maubert.

L'autre, celle de Jean-Paul.

Fatal présage !

Maubert avait sauvé Raphaël pour la honte et pour la douleur.

Pour quelle infamie et pour quel désespoir Jean-Paul venait-il à son aide ?...

Voilà ce que se demandait Raphaël.

Mais l'avenir gardait dans ses flancs impénétrables la réponse à cette question.

§.

Le fiacre s'arrêta.

Il était arrivé dans la rue des *Fossés-du-Temple* et devant une maison que nos lecteurs connaissent, tous ceux du moins qui ont lu les Confessions d'un Bohême.

Carillon descendit, et, après lui, ses deux compagnons.

Il les introduisit dans la maison.

Ils montèrent ensemble un escalier aussi raide qu'une échelle de meunier, — escalier dont nous avons parlé précédemment.

Puis ils entrèrent dans la chambre de Carillon, — chambre que nous avons déjà décrite.

Le maître de ce logis aimable battit le briquet et alluma la chandelle.

Il indiqua une chaise à Tourniquet et fit asseoir Raphaël sur le lit.

Il prit position lui-même sur une petite table bancale qui se trouvait au milieu de la chambre et dont il se fit un siège à la façon des garçons tailleurs.

Puis il dit :

— Maintenant, causons sérieusement.

— Causons sérieusement... de quoi? — demanda Tourniquet, — il me semble que nous sommes convenus de tout...

— Certainement, — répliqua Carillon, — aussi je ne m'adresse qu'au petiot, avec lequel je ne suis convenu de rien...

— C'est juste, — répondit Tourniquet, — *jaspinez* donc, puisque vous en avez envie, mais ne soyez pas plus long qu'il ne faut, car il nous reste bien des choses à faire cette nuit.

— Soyez paisible, — répondit Carillon, — nous serons en mesure et je réponds de tout !

IX

UNE PROPOSITION.

Raphaël attendait.

Carillon l'interpella en ces termes :

— As-tu de la mémoire, cher ami?...

— Oui, — répondit Raphaël.

— Ainsi, tu te souviens de nos aventures de Ville-d'Avray ?

— Oui.

— Tu te souviens de notre rencontre devant l'Ambigu !

— Oui.

— De notre entrevue dans cette même chambre où nous nous trouvons en ce moment?

— Oui.

— Des propositions que je t'y ai faites?

— Oui.

— Il s'agissait de *travailler* en commun, et de partager les bénéfices, comme de juste, puisque nous courions les mêmes chances, bonnes ou mauvaises!...

— Je me souviens de tout cela.

— A merveille. — Ces propositions, cher ami, tu les avais acceptées. — J'avais eu l'avantage de te remettre quelque monnaie pour te faciliter l'acquisition de vêtements luxueux, car ta défroque était dans les couleurs de celle qui te couvre en ce moment et qui ne rehausse pas le moins du monde tes avantages personnels, — ceci soit dit entre parenthèses. — Nous avions pris rendez-vous pour le lendemain soir à l'estaminet de l'Épi-Scié, et là, nous devions nous entendre d'une manière définitive. — Tu fus exact, mais tes dispositions n'étaient plus les mêmes : — tu avais joué, — tu avais gagné, — une heureuse martingale avait mis beaucoup d'argent dans tes poches et toute sorte de scrupules dans ta conscience. — Tu me remboursas ma faible avance et nous nous quittâmes bons amis ; mais, avant de nous séparer, je te tins à peu près ce langage : — *Si quelque jour la chance tourne et si tu retombes dans la panne, souviens-toi des amis, — ce que je t'ai proposé tient toujours, et quand tu voudras je t'associerai à mon commerce. — Vois-tu, ça, c'est encore plus sûr que* Rouge et Noire *et que toutes les martingales de la terre!...*

Carillon s'arrêta pendant un instant pour reprendre haleine.

En même temps il examinait Raphaël, dont la physionomie restait impassible.

Après un court silence, il reprit :

— Tu me le disais toi-même tout à l'heure, — tu n'as ni ressources pour le présent, ni espérance pour l'avenir. — Il ne te reste qu'un moyen d'existence, c'est celui que je t'offre. — En toute chose, il n'y a qu'un mot qui serve : — es-tu des nôtres?...

— Pour voler? — demanda Raphaël.

— Positivement. — L'expression est peut-être un peu crue, mais elle est acceptée. — Voyons, ça te va-t-il ?

— Non, — répondit le jeune homme.

Carillon demeura d'abord muet de surprise.

— Bah ! s'écria-t-il enfin, quand il put articuler un son, — comment, tu refuses ?

— Je refuse.

— Et pourquoi ?

— Parce que, acheter la vie à ce prix-là, ça me paraît trop cher.

— Mais tout à l'heure tu parlais de voler un pain.

— C'est vrai.

— Eh bien ?

— Eh bien ! dans mon esprit, voler un pain ou voler de l'argent sont deux choses bien différentes.

— Laisse-moi donc tranquille ! on va en prison tout aussi bien pour l'une que pour l'autre.

— Ce n'est pas la prison, c'est le crime qui fait la honte, — répondit Raphaël, parodiant à son insu, peut-être, le fameux vers de M. Arouet de Voltaire.

Carillon tombait de surprise en étonnement, et d'étonnement en stupeur.

— Ah çà ! — demanda-t-il, — est-ce que tu aurais des principes par hasard, malheureux ?...

— Oui, — répliqua Raphaël, — j'en ai.

— Et qui te les a donnés, mon Dieu ?...

— L'expérience et le chagrin.

Carillon sauta à bas de la table sur laquelle il était assis.

A deux reprises il frappa son front de son poing fermé.

Ses traits exprimaient le désappointement le plus complet et la contrariété la plus vive.

Mais, tout à coup, l'expression de sa physionomie changea.

Il se mit à rire bruyamment et menaça Raphaël du bout de son doigt, comme on menace un enfant.

Puis, aussitôt que son accès d'hilarité se fut un peu calmé, il s'écria :

— Décidément tu es très-fort ! — voilà cinq minutes que tu me fais poser comme un vrai jobard que je suis !...

— Moi ? — demanda Raphaël.

— Tu me parles vertu, — poursuivit Carillon, — tu me parles principes... et moi j'écoute !... et moi je *coupe dans le pont !...* parole d'honneur, c'est superbe de stupidité !... Allons, mon cher, tu joues la comédie comme un ange, mais en voilà assez !...

— Je joue la comédie ! — répéta Raphaël.

— Comme M. Marty en personne !... Mais suffit, on sait ce qu'on sait !...

— Quoi donc ? que savez-vous ?... demanda le jeune homme avec inquiétude.

— Est-ce que par hasard tu voudrais me persuader que tu suivais un cours de morale sous le patronage honorable de *môssieu* le baron de Maubert ?... — Ça serait trop fort, mon bon.

— Le baron de Maubert !... s'écria Raphaël atterré.

— Homme charmant et bien estimable !...

— Comment, vous savez ?...

— Je sais que tu fus son élève et son pupille, sous le nom bien sonnant de vicomte Raphaël.

— Ainsi, vous connaissez le baron ?...

— Intimement.

Raphaël pâlit.

— Et, demanda-t-il d'une voix haletante et le regard enflammé, et vous pouvez me dire où est le baron en ce moment ?...

Carillon ne répondit pas à cette demande, ou plutôt il y répondit par une autre question.

— Est-ce que, par hasard, tu aurais à te plaindre de M. de Maubert, mon garçon ? fit-il.

— Si j'ai à me plaindre de lui ! s'écria Raphaël avec un rire amer. Écoutez-moi, Jean-Paul : vous me proposiez tout à l'heure un marché que je refusais !... Eh bien ! donnez-moi le moyen de retrouver le baron et de me venger de lui, et, si ensuite vous avez besoin de moi pour quelque chose que ce soit, je vous appartiendrai corps et âme, ma vie et mon sang seront à vous; je deviendrai votre esclave, votre complice, votre valet !... Que m'importe de pourrir en prison ou de mourir sur l'échafaud, pourvu que j'aie tué Maubert ! !

Raphaël s'était levé pour parler ainsi.

Mais cette exaltation fébrile avait épuisé ses forces : il retomba, épuisé, sur le grabat de Carillon.

Ce dernier recommença à se frotter les mains avec cette complète jubilation dont, précédemment, il avait donné des marques non équivoques.

— Sais-tu bien, — dit-il, — mon bonhomme, que tu as une chance de pendu?

— Pourquoi? — demanda Raphaël d'une voix presque indistincte.

— Parce qu'on mettra ce cher Maubert à ta disposition, et que cela ne te coûtera ni prison ni échafaud, comme tu disais si éloquemment.

— C'est vrai, cela? — murmura le jeune homme, ranimé par l'espérance.

— Vrai comme la vérité!

— Vous ferez ce que vous dites?...

— Je le ferai.

— Vous me livrerez le baron?...

— Parfaitement.

— Vous me le jurez?...

— Foi de brave garçon!

Un éclair de joie passa sur le front pâle de Raphaël. Mais il ajouta presque aussitôt avec une expression de doute involontaire, comme s'il n'était pas absolument rassuré par le serment de Carillon :

— Cette promesse que vous me faites, pouvez-vous l'accomplir?...

— Ça t'inquiète, mon garçon?

— Je l'avoue.

— Eh bien! rassure-toi. — Demain, entre minuit et deux heures du matin, tu verras face à face le baron de Maubert.

— Demain?...

— Tu vois que ce n'est pas trop attendre!...

— Mais comment?... par quel inexplicable hasard?...

— Le hasard n'a rien à faire dans tout ceci. — Demain nous faisons une expédition. — En d'autres termes, nous volons chez *quelqu'un*. — Quand nous t'avons rencontré, nous avions besoin d'un garçon intelligent et bien décidé, — je t'ai reconnu et je me suis dit, tout de suite, que tu ferais merveilleusement notre affaire. — Or il se trouve que *le quelqu'un* dont je te parlais est justement le baron de Maubert. — Tant mieux pour toi, c'est une chance d'autant plus grande que je te réponds bien que, sans moi, tu n'aurais jamais rencontré ton homme!...

— Il se cache, n'est-ce pas?... — demanda Raphaël.

— S'il se cache? — je le crois fichtre bien qu'il se cache! — et joliment encore. — Mais ça ne m'a pas empêché de le dépister... Dame! c'est qu'aussi j'ai le nez fin!

— Je croyais qu'il avait quitté Paris?

— Tu ne te trompais pas.

— Mais, alors, où donc est-il?

— Tu le sauras demain. — Sois tranquille, mon garçon, tu auras ta vengeance et de plus ta part de prise qui ne sera pas des plus minces...

— Oh! — répondit vivement Raphaël, — je ne veux pas d'argent.

— A ton aise, mais tu changeras d'avis.

— Non.

— Comme tu voudras. — Maintenant, parlons d'autre chose. — Je vais sortir pour aller te chercher à souper. — Tu mangeras, tu boiras, et tu tâcheras de dormir ensuite pour reprendre des forces, car la nuit prochaine il ne faut pas songer au sommeil...

— Ne craignez rien! — dit Raphaël, — allez! je serai fort!

Carillon sortit.

Il revint apportant des provisions.

Puis, après avoir vu Raphaël s'attabler, il quitta le logis avec Tourniquet.

X

LA MAISON DE MARLY.

Il était huit heures du soir.

Le vent du nord, soufflant par rafales impétueuses, roulait sur les bords de la Seine les feuilles sèches enlevées au parc de la Malmaison.

Des bruits sourds et sinistres emplissaient la vallée de Marly.

La bise, soufflant à travers les rouages immobiles de la machine, en tirait des accords lugubres.

On eût dit tantôt des cliquetis d'ossements, tantôt des soupirs, tantôt des gémissements.

Un esprit superstitieux, un cœur craintif, eussent trouvé là de funestes présages pour la nuit qui commençait.

La petite maison que nos lecteurs connaissent déjà semblait endormie, comme toujours, dans le silence et l'obscurité.

Pénétrons dans cette maison, s'il vous plaît.

Montons au premier étage et entrons dans la chambre à rideaux jaunes que nous savons occupée par notre ancienne connaissance, Jacob Ismaïl, — Van Gripp, — baron de Maubert.

Les rideaux et les volets fermés avec soin empêchaient la moindre lueur de filtrer au dehors.

Cette précaution était utile, eu égard surtout à l'éclairage splendide de la chambre.

Nous nous servons à dessein du mot *splendide*.

Qu'on en juge.

Sur la cheminée les huit bougies de deux petits candélabres à quatre branches répandaient une étincelante clarté. Joignez à cela les rayonnements d'un grand feu et la flamme de deux autres bougies placées sur une petite table ronde, à côté du foyer.

Le baron de Maubert, en robe de chambre et en pantalon à pied, — appuyant sur les chenets l'extrémité de ses pantoufles turques, — se prélassait dans un grand fauteuil en face de la cheminée.

Il venait d'achever son dîner, — lequel avait été long et copieux, — ainsi que l'attestait la coloration plus qu'ordinaire du teint de notre personnage.

Camisard avait desservi.

A la place des dernières assiettes du dessert, il avait placé sur la table ronde une cafetière en argent, une petite tasse et un sucrier du même métal, un verre en cristal de Bohème et un grand flacon plein de rhum.

Puis il s'était retiré discrètement.

Le baron venait de tirer de sa poche un étui en paille de Manille, contenant sept à huit cigares de contrebande d'une couleur brune et chaude qui trahissait leur origine havanaise.

Il choisit un de ces cigares, l'alluma à la flamme d'une

bougie et s'enveloppa, en une seconde, d'une vapeur blanche et odorante.

Ceci fait, il se versa le café brûlant, — le sucra méthodiquement, — remplit le verre de cristal avec le contenu du flacon et se mit à savourer avec la sage lenteur d'un gourmet émérite les aromes réunis du café, du rhum et du tabac.

Au point de vue matérialiste, Maubert entendait admirablement la vie.

Le bien-être absolu lui semblait le seul bonheur possible et raisonnable.

S'il ne reculait devant aucun moyen, — même les plus infâmes, — de se procurer de l'argent, c'est qu'une grande fortune devait le mettre à même de réaliser une énorme somme de jouissances.

Nous connaissons déjà la haute intelligence du baron.

Bien dirigée, cette intelligence eût fait de Maubert un grand homme, — un bienfaiteur de l'humanité.

Tournée à mal, elle avait fait un géant de rouerie, — un Machiavel de combinaisons astucieuses, — un démon, — le génie du vice.

Enfoncé dans son fauteuil, ainsi que nous l'avons dit, — fumant par intervalles, — dégustant à petites gorgées, tantôt la liqueur de Moka, tantôt celle de la Jamaïque, — les yeux demi-clos, — abandonné à une sorte de somnolence voluptueuse, — il semblait laisser flotter son esprit sur les vapeurs de son cigare.

Cette apparence était trompeuse.

Maubert ne rêvait pas.

Il pensait.

A quoi ?...

Mon Dieu! aux trames nouvelles qu'il se préparait à ourdir...

Aux gigantesques toiles d'araignées dont il était le centre et dans lesquelles il attirait de pauvres mouches imprudentes pour en dévorer les cadavres.

Maubert pensait à l'avenir.

Il était riche cependant.

Il avait huit cent mille francs.

Trois cent mille de plus que Carillon ne le supposait.

Huit cent mille francs gagnés ou plutôt volés lentement sous les changeantes figures de Jacob Ismaïl, de

Van Gripp, de Maubert, et sous d'autres encore qui se perdent pour nous dans les brumes du passé.

Huit cent mille francs !

C'était beau.

Tout intrigant vulgaire s'en serait contenté.

Mais, pour Maubert, ce n'était point assez.

Il avait fait un rêve.

Il s'était fixé un chiffre.

Il voulait arriver à la réalisation de ce rêve.

Il voulait obtenir ce chiffre.

Il lui fallait un million.

Deux cent mille francs lui manquaient encore.

Ces deux cent mille francs, — se disait-il, — seraient bien vite conquis à la pointe de quelque nouvelle et infernale combinaison.

A la vérité, l'entreprise était dangereuse.

L'échafaudage pouvait crouler soudain et écraser sous ses ruines le spéculateur trop avide.

Mais qu'importe ?

Maubert ne doutait ni de lui-même, ni du hasard.

La chose valait d'ailleurs la peine d'être risquée.

Le rêve était séduisant.

Une fois son million conquis, Maubert s'arrangeait la plus adorable existence.

Il quittait Paris.

Il quittait la France.

Il mettait un large espace entre lui et les yeux trop clairvoyants des procureurs du roi, qui s'avisent parfois de scruter, mal à propos, les passés les moins suspects.

Il passait en Angleterre, — le pays de la vie aristocratique et confortable par excellence.

Il achetait un cottage.

Il avait des chevaux.

Il chassait le renard avec les baronnets ses voisins.

Il s'abreuvait largement de sherry et de porto.

Il risquait de temps en temps quelques guinées dans les *Enfers* de Londres.

Il revêtait enfin son individualité douteuse d'un prestigieux pseudonyme. (Le baron n'était point embarrassé, comme bien on pense, de se créer un nom vierge de toute tache.) — Il vivait honorable, — il mourait honoré après de longues années pleines de joies, et un concert de louanges et de regrets s'élevait de toutes parts sur la tombe du vieux bandit!!

. . . .

Au milieu de ce mirage éblouissant, Maubert tressaillit tout à coup.

Quelque chose de froid comme la pointe d'un stylet venait de le toucher au cœur.

Ce quelque chose était une pensée soudaine.

Une voix lui avait crié ces mots :

— Et cependant, s'il y avait un Dieu!...

Maubert regarda autour de lui, presque avec épouvante, pour savoir d'où venait cette voix.

Cette voix était en lui-même.

C'était celle de sa conscience.

Mais cette conscience était trop engourdie pour se réveiller bien longtemps.

Maubert secoua ironiquement la tête.

— Bah! — se répondit-il à lui-même.

Puis il fit tomber avec le bout du doigt la cendre blanche de son cigare. — Il se versa une seconde tasse de café, — un deuxième verre de rhum, et il se remit à fumer et à mûrir les combinaisons nouvelles qui s'ébauchaient dans son esprit.

Ce travail intellectuel, — semblable à celui d'un romancier qui échafaude l'intrigue de son livre, — dura à peu près une heure.

Au bout de ce temps, Maubert quitta son fauteuil.

Il étira ses membres robustes.

Il fit deux ou trois tours dans la chambre.

Il s'approcha de la fenêtre et écouta les gémissements de la bise qui, de minute en minute, prenaient plus d'intensité.

Il revint à la cheminée, — il jeta sur le feu deux ou trois morceaux de bois qui s'enflammèrent aussitôt en pétillant.

Et, enfin, il fit résonner à deux reprises un timbre placé sur la petite table.

Camisard ouvrit la porte et entra.

XI

MAUBERT ET CAMISARD

Camisard fit quatre pas dans la chambre.

Puis il s'arrêta et prit l'attitude d'obéissance passive qui caractérise, — dit-on, — le soldat prussien.

Maubert s'approcha de lui et lui frappa sur l'épaule avec un geste napoléonien.

Cette familiarité du maître amena un sourire de satisfaction sur les lèvres du serviteur.

— Eh bien! Camisard, — dit le baron, — demain nous retournons à Paris...

— Ma foi, tant mieux! — répondit le géant.

— Tu ne te plaisais pas beaucoup ici, n'est-ce pas, mon brave?

— Dame! monsieur le baron, la vie n'était pas des plus gaies...

— Pour nous surtout qui sommes habitués à une existence accidentée, aventureuse... mais sois tranquille, cela reviendra.

— Oh! je suis tranquille, monsieur le baron, je sais que vous êtes un homme comme il n'y en a pas!...

— Tu sais cela, Camisard? — répéta Maubert avec une grimace de satisfaction.

— Et depuis longtemps encore.

— Allons, je suis content de toi, — tu m'es dévoué et tu n'auras point à te plaindre de ce dévouement, — j'ai attaché ta fortune à la mienne, — ni l'une ni l'autre ne resteront en route.

Les traits de Camisard exprimèrent un contentement exagéré.

Maubert poursuivit.

— J'ai des recommandations à te faire, dit-il.

— J'écoute, répondit le géant.

— Tu sais pourquoi nous avons quitté Paris?

— A peu près.

— L'air y devenait malsain pour nous.

— Très-malsain! — appuya Camisard.

— Un plongeon était urgent, — il fallait disparaître...

— Nous avons disparu.

— Et si bien que personne au monde n'a suivi notre piste.

— J'en jurerais sur ma tête.

— Un seul homme était dangereux, — il avait mon secret...

— Le comte de Salluces?

— Lui-même.

— Mais, — fit Camisard en riant d'un gros rire — on y a mis bon ordre !

— Ah ! — s'écria Maubert, — tu m'as arraché là une fameuse épine du pied.

— Joli coup de couteau, tout de même ! — dit le géant avec complaisance.

— Donné de main de maître ! répondit Maubert.

— En plein boulevard des Capucines, à onze heures du soir, c'était hardi, savez-vous?...

— Je renouvelle les éloges que je t'ai déjà donnés et que tu merites largement...

— Merci, dit Camisard.

— Restait Raphaël, — poursuivit Maubert.

— Il m'inquiete aussi, celui-là... — hasarda Camisard.

— Bah ! nous ne pouvions l'atteindre, puisqu'il était à l'Hôtel-Dieu ! — D'ailleurs c'est un enfant qui n'est point à craindre, je t'en réponds. — Il ne sortira jamais de l'hospice, et, s'il en sort, la misère et le chagrin le rendront fou en quelques jours.

— Ça se peut.

— C'est certain. — Or, aujourd'hui, nous pouvons reparaître, seulement certaines précautions sont indispensables...

— Évidemment.

— Tu comprends, d'abord, qu'à partir de ce jour, ni Maubert, ni Van Gripn, ni Camisard n'ont jamais existé...

— Je comprends cela.

— Nous changeons de nom...

— C'est clair.

— Nous ne sommes plus Français...

— Très-bien.

— Je suis un grand seigneur hongrois, et je m'appelle le staroste Venceslas Obresky...

— Vous dites?...

— Je dis : Venceslas Obresky.
— Le nom n'est pas facile à prononcer ni à retenir!
— Tu t'y feras.
— Il faudra que monsieur le baron ait la complaisance de me l'écrire sur un morceau de papier, — je l'apprendrai par cœur.
— Ce sera facile.
— Et moi, monsieur le baron, qu'est-ce que je serai?
— Mon domestique.
— Je l'entends bien ainsi, mais sera-t-il hongrois comme vous, ce domestique?
— Tu sais l'allemand, je crois?...
— Parbleu! je suis de Strasbourg!
— A merveille. — Tu seras Allemand.
— Et je me nommerai?...
— Simon Butler.
— Tiens, c'est joli, Simon Butler! j'aime mieux ce nom là que celui de Camisard.
— Nous descendrons provisoirement à l'hôtel Meurice, où j'afficherai un luxe effréné...
— Afficherai-je du luxe aussi, moi, monsieur le baron?...
— Sans doute, et ta bourse sera garnie en conséquence.
— Mais défais-toi donc dès à présent de cette habitude de me nommer *monsieur le baron*, — ça deviendrait très-compromettant!...
— Comment dirai-je?
— Appelle-moi *Votre Excellence*.
— C'est convenu.
— Tu prendras le genre silencieux et même sournois, — tu parleras très-peu, — tu affecteras une extrême réserve et tu ne répondras rien aux questions qui pourront t'être faites sur mon compte...
— Ah! il n'y a pas de danger!! — s'écria Camisard.
— Dans tes rapports avec les domestiques de l'hôtel, tu prendras l'accent allemand dans toute sa pureté et tu sembleras comprendre difficilement le français.
— *Soyez dranguille, mon pon maidre.* — répondit le géant, — *che fous bromets te chouer mon bédit rôle te façon à ce que fous soyez gondent.*
— Parfait! dit Maubert en riant. — Maintenant passons à la répétition générale du costume et de la physionomie. — Où est la grande malle de cuir?

— Dans la chambre à côté.
— Apporte-la ici.
— A l'instant.

Camisard sortit.

Il revint au bout d'une minute, traînant avec lui une malle qui semblait fort lourde.

Maubert ouvrit cette malle.

Il en tira une quantité d'objets divers, qu'il étala sur le lit et sur deux ou trois fauteuils.

On eût dit la garde-robe de quelque comédien nomade.

Il y avait de tout.

Des habits bourgeois, — des livrées, des uniformes, — des perruques.

Il y avait des teintures de dix espèces.

Des cosmétiques de vingt couleurs.

Il y avait une large boîte plate en ébène, renfermant, pour nous servir de l'argot des coulisses, tous les ustensiles nécessaires à l'acteur qui va se *faire une tête*.

Il y avait enfin, dans une seconde boîte, des moustaches de toutes les formes, des favoris de toutes les nuances et une provision de *crêpés* pour les fausses barbes.

Maubert fit un signe à Camisard.

Ce dernier débarrassa aussitôt la petite table ronde.

Le baron porta sur cette table la boîte aux couleurs, la boîte aux moustaches, et deux ou trois flacons de teintures.

Ensuite il choisit, dans le fouillis de costumes qu'il avait entassés sur le lit, quelques vêtements qu'il donna à Camisard en lui disant :

— Va revêtir ceci et reviens, je veux juger de l'effet.

Camisard sortit.

Le baron, tout aussitôt, se mit lui-même à sa toilette.

D'abord il passa sur son visage quelques gouttes de l'eau contenue dans un de ces flacons.

Cette eau modifia à l'instant même la couleur de la peau.

Le teint, naturellement mat et bronzé, prit comme par enchantement les nuances chaudes de la brique, nuances tellement fondues qu'il était impossible d'en soupçonner l'artifice.

Avec une autre teinture il donna à ses sourcils touffus un ton d'un blond pâle, véritablement germanique.

Il posa sur sa tête presque rasée une perruque crépue, d'un blond douteux, tirant sur le roux.

Et enfin il appliqua au-dessus de sa lèvre supérieure de longues moustaches de la même nuance, retroussées à la hongroise.

XII

VENCESLAS OBRESKY ET SIMON BUTLER

Maubert se regarda dans la glace, d'un air fort satisfait de son œuvre.

Quelques retouches habiles achevèrent de donnner à son visage un cachet bizarre et étranger qui le rendait entièrement méconnaissable.

Puis il compléta sa toilette, — toilette un peu de fantaisie sans contredit, mais qui, en 1823, ne devait nullement étonner les Parisiens, habitués par l'invasion étrangère aux plus surprenantes fantaisies de costume.

Il revêtit une culotte de velours noir.

Il chaussa des bottes, — dites à la Souvarow, — plissees sur le cou-de-pied, — échancrées en forme de cœur un peu au-dessous du genou, et pourvues d'un gland d'or.

Il noua négligemment une petite cravate de satin noir sur le col d'une chemise de batiste, à jabot long et plissé.

Il prit un gilet de drap écarlate, descendant jusqu'au-dessous des hanches et galonné en or.

Et enfin il endossa une grande redingote de couleur marron, à olives et à brandebourgs de la même couleur et à large collet de fourrure.

Le baron achevait ce travestissement quand Camisard frappa à la porte.

— Entre, — dit Maubert.

Le géant ne put retenir un cri de surprise à la vue de son maître.

Maubert était littéralement transfiguré.

L'œil de lynx du mieux doué des agents de police n'aurait pu le reconnaître, — même après un examen attentif et minutieux, — tant sa métamorphose était absolue.

— Eh bien! demanda Maubert, — qu'en dis-tu?
— Le diable lui-même s'y tromperait! — répondit Camisard.
— N'est-ce pas?...
— Et moi, comment Votre Excellence me trouve-t-elle?...

Maubert regarda son valet.

Camisard, lui aussi, s'était transformé.

Il avait emprisonné ses cuisses robustes dans une culotte de peau blanche.

Des bottes à revers, ornées de longs éperons en cuivre, modelaient ses pieds énormes.

Une cravate blanche, raide comme du carton, serrait son cou de taureau.

Un gilet jaune et une houppelande bleue, excessivement longue, galonnée en argent et ornée de boutons armoriés, complétaient sa livrée.

Camisard renouvela sa question :

— Comment Votre Excellence me trouve-t-elle?... — répéta-t-il.
— Tu ne seras pas mal, — répondit Maubert, — quand je vais m'être occupé de ta figure...

Puis il ajouta presque aussitôt :

— Assieds-toi là, Simon Butler.

Camisard ne bougea point.

— Eh bien! — dit le baron, — n'entends-tu pas que je te parle?...
— Ah! fit Camisard, — c'est ce diable de nom, auquel je ne suis point encore accoutumé!... mais que Votre Excellence soit tranquille, cela viendra...
— Allons, — répéta Maubert, — assieds-toi.

Et, tout en parlant, il désigna du geste un fauteuil placé devant la cheminée.

Camisard s'y laissa tomber.

Le fauteuil craqua sous son poids.

— Diable! fit Maubert, — tu es lourd!
— Je pèse quatre cents! répondit Camisard avec un légitime orgueil.

« Et, — ajouta-t-il après un instant de silence, — du temps que j'étais *Alcide* dans les foires et que je mangeais de la viande crue, je pesais quatre cent cinquante.»

Maubert se mit à rire, mais ne répondit pas.

Il alla à la grande malle et y prit un autre flacon que celui dont il s'était servi pour lui-même.

Il imbiba le coin d'une serviette avec la liqueur contenue dans ce flacon et il passa cette serviette mouillée sur le visage de Camisard.

L'effet produit différa esentiellement du résultat obtenu précédemment par le baron.

La figure du géant, d'un brun rougeâtre et violacé par places dans son état naturel, prit aussitôt des teintes pâles et blafardes.

Et quand Maubert eut couronné d'une chevelure d'un blond terne le petit front de Camisard, cette large face eut en vérité l'apparence placide et débonnaire de la brave tête carrée d'un franc buveur de bière.

— Maintenant, dit Maubert, lève-toi et regarde-toi dans la glace.

Camisard se regarda.

Il fit la grimace et fronça le sourcil.

— Est-ce que tu te déplairais, par hasard? demanda le baron.

— Dame! je me trouve laid.

— Serais-tu coquet, Camisard?... s'écria Maubert en riant.

— Non, mais on tient à ses agréments personnels...

— Et l'on a bien raison, surtout quand ils ressemblent aux tiens, mon brave Camisard!...

— Votre Excellence se moque de moi, elle en a le droit, mais cependant je voudrais fort ne pas rester toujours comme ça. J'ai une amante rue Villedo, et elle ne me reconnaîtrait plus, ce qui serait désagréable!...

— Sois tranquille! sois tranquille!... puisque Simon Butler déplait à Camisard, une serviette et un peu d'eau claire suffiront à Camisard pour se débarrasser de Simon Butler et pour redevenir lui-même...

— Ah! fit le géant, tant mieux!

Et il sembla soulagé d'un grand poids.

— Maintenant, reprit Maubert en commençant à se déshabiller, remettons dans cette malle tous les effets que j'en ai tirés et reporte la malle dans l'antichambre.

Les ordres du baron furent suivis.

Il restitua à sa figure son apparence primitive, remit sa robe de chambre et se réinstalla dans son grand fauteuil.

Il était dix heures du soir.

— Découvre mon lit, dit Maubert à Camisard, et ensuite tu pourras te coucher.

— Oui, monsieur le baron...

— Encore !

— Oui, Votre Excellence...

— A la bonne heure. Tu auras soin de bien examiner si toutes les portes et tous les volets sont fermés.

— Oui, Votre Excellence.

— Ta carabine est en bon état?...

— Je l'ai visitée avant le dîner.

— Tes pistolets sont chargés?

— Tous les deux, et à balles forcées.

— Très-bien. Tu m'éveilleras demain matin à huit heures.

— Oui, Votre Excellence.

— Avant de t'endormir, repasse dans ton esprit les deux noms dont il est urgent que tu te souviennes, le mien et le tien : *Venceslas Obresky* et *Simon Butler*.

— Je n'y manquerai pas.

— Un louis de gratification pour toi, si demain matin ta mémoire est fidèle.

— Je gagnerai le louis.

— Allons, va mon brave!

— J'ai l'honneur de souhaiter le bonsoir à Votre Excellence....

Et Camisard sortit.

Au bout d'un instant, Maubert l'entendit mettre des barres de fer et pousser des verrous à l'étage inférieur.

— Ce drôle-là m'est dévoué, pensa le baron, et de plus, c'est un gaillard solide!... Mais il en sait trop long sur mon compte!... Décidément il faudra que j'avise à me débarrasser de lui!...

Après cette pensée charitable, et bien digne de ce héros cynique, Maubert se disposa à se mettre au lit.

Il noua autour de sa tête un foulard des Indes.

Il décrocha de la muraille les petits pistolets que nous connaissons, il leur fit subir un minutieux examen et il les plaça sur une table de nuit.

A côté d'eux il posa l'un des candélabres.

Au lieu du classique verre d'eau sucrée à la fleur d'oranger, il se prépara un grog très-chargé de rhum.

Il éteignit le reste des bougies.

Il cacha sous son oreiller le mouchoir de poche à l'un des angles duquel était nouée la précieuse clef du secrétaire qui contenait le coffret aux billets de banque.

Il se coucha, parcourut quelques pages de la *Vie et des amours du chevalier de Faublas*, sa lecture favorite.

Et enfin il souffla les dernières bougies et s'endormit de ce sommeil calme et profond qui est, dit-on, l'heureux apanage des cœurs purs et des consciences tranquilles.

Il était en ce moment onze heures et demie.

XIII

L'EXPÉDITION.

Minuit sonnait à l'église Sainte-Élisabeth quand Tourniquet et Carillon revinrent au logis de la rue des Fossés-du-Temple, où ils avaient laissé Raphaël en train de souper.

Aussitôt après son repas, le jeune homme s'était couché.

Il dormait d'un sommeil si profond que les deux hommes ne le réveillèrent point en entrant dans la chambre.

La chandelle, fichée dans le goulot d'une bouteille vide, était à moitié consumée.

Sa mèche, longue de plus d'un pouce et hérissée de noirs champignons, ne répandait qu'une lueur incertaine.

Carillon portait sur son épaule un sac passablement gonflé qu'il jeta dans un coin.

Il fit signe à Tourniquet de ne pas faire de bruit, afin de ne point interrompre le sommeil de son hôte.

Il raviva la flamme du luminaire expirant.

Puis les deux hommes s'assirent en face de la petite table et dévorèrent les débris du souper, échappés à l'appétit de Raphaël.

Ce repas frugal achevé et corsé de quelques verres d'eau-de-vie, Carillon ouvrit une armoire.

Il en tira deux matelas qu'il étendit l'un à côté de l'autre sur le sol.

Tourniquet et le maître de la maison se jetèrent sur ces matelats.

Cinq minutes après ils ronflaient.

Aux premières clartés de l'aube, Carillon fut sur pied.

Il s'approcha du grabat de Raphaël.

Le jeune homme était très-pâle.

Une sueur froide coulait, goutte à goutte, le long de ses tempes.

Ses poings fermés se crispaient, comme pour une menace.

Un tressaillement convulsif secouait ses membres de temps à autre.

Ses lèvres, entr'ouvertes et frémissantes, murmuraient d'une manière indistincte tantôt le nom de *Mathilde*, et tantôt celui de *Maubert*.

Evidemment ce spectre au teint livide et au corps de plomb, ce lourd fantôme aux doigts crochus qu'on appelle le cauchemar, s'asseyait sur sa poitrine et l'écrasait sous son étreinte.

— Quel service je vais lui rendre en le réveillant ! se dit à lui-même Carillon.

Et il secoua Raphaël par les épaules.

Le jeune homme ouvrit brusquement les yeux et se dressa sur son séant.

Au lieu de la vision effrayante qui le torturait dans son rêve, il ne vit devant lui que la figure de Carillon, figure peu agréable mais souriante.

Carillon lui parut beau comme un ange.

L'expression de ses traits changea.

Un soupir de soulagement s'échappa de sa gorge.

Il tendit la main à son hôte.

— Allons, lui dit ce dernier, debout, paresseux, debout, et plus vite que ça !

Raphaël s'était couché tout habillé, comme ses compagnons.

Il sauta en bas du lit.

Tourniquet bâillait, étendait les bras et se frottait les yeux.

— Le moment est-il venu ?... demanda Raphaël.
— Le moment de quoi faire ? répondit Carillon.
— Vous savez bien... Ce que vous m'avez promis..
— Ah! ah! Maubert?...
— Oui, Maubert...

Et les yeux de Raphaël étincelèrent de haine tandis qu'il prononçait ce nom.

— Peste, mon gaillard! s'écria Carillon en riant, il paraît que tu es pressé!...
— Oh! oui! murmura Raphaël.
— Eh bien! un peu de patience! le moment n'est pas encore venu, mais il approche...
— Ce qui veut dire?...
— Ce qui veut dire que c'est pour cette nuit. D'ailleurs, sois tranquille, tu n'auras pas le temps de t'ennuyer jusque-là.
— Que faisons-nous maintenant?... demanda Tourniquet.
— Dites vos prières du matin, si c'est votre idée, et mettez en ordre le ménage. Je vais chercher des provisions, nous déjeunerons et nous nous mettrons en route.

Carillon quitta la chambre.

Il rapporta bientôt les provisions annoncées, consistant en un grand pain, un jambon entier et plusieurs bouteilles de vin.

Les trois convives firent honneur à ce repas.

Aussitôt qu'il fut terminé, Carillon vida sur le plancher, ou plutôt sur les briques qui en tenaient lieu, le contenu du grand sac dont il s'était muni la veille au soir.

Il y avait dans ce sac :

D'abord un habillement complet consistant en une chemise de toile, une cravate de foulard, une veste de drap noir, un gilet et un pantalon gris, une casquette de drap bleu, des bas et des souliers.

Ensuite une corde à nœuds, très-longue et très-solide, quoique mince, et terminée à chaque bout par un crampon d'acier.

Puis une lanterne sourde

Et, enfin, un énorme trousseau de clefs, un paquet de ces fils de fer crochus, vulgairement appelés *rossignols*, et plusieurs pinces dites *monseigneurs*.

Tout un arsenal de brigandage, comme on voit.

Raphaël examinait ces préparatifs avec une répugnance manifeste.

Carillon s'aperçut de ce qui se passait dans l'esprit du jeune homme.

Il le regarda bien en face et lui dit :

— Écoute un peu par ici...

— Quoi? demanda Raphaël.

— Voilà que tu parais tout drôle, à présent.

— Moi?...

— Oui, toi! Dame! tu sais, petit, si, après réflexion faite, le cœur ne t'en dit point, mettons qu'il n'y a rien de fait; on ne te retient pas malgré toi, tu es libre de t'en aller, et on gardera le baron de Maubert pour un autre!...

Il sembla à Raphaël, en entendant cette menace, qu'on allait lui ravir une maîtresse adorée pour la jeter dans les bras d'un rival.

Ses hésitations disparurent.

— J'irai jusqu'au bout, répondit-il avec fermeté, et, une fois ma vengeance accomplie, je vous le répète, peu m'importe le reste!...

— Ah çà! mais tu le détestes donc bien profondément, ce Maubert?

— Je voudrais lui manger le cœur! s'écria Raphaël d'un ton dont la férocité contrastait si étrangement avec le doux et beau visage du jeune homme, que Carillon en fut d'abord stupéfait.

Cependant il répondit en riant au bout d'une seconde :

— Vilaine nourriture, ma foi!... Mais, si c'est ton idée, on te laissera faire!...

Puis il ajouta :

— Allons, quitte les guenilles, mon garçon, et mets ces beaux habits, tout neufs, que je t'ai rapportés.

Raphaël ne se fit pas répéter cette injonction.

En cinq minutes sa toilette fut faite.

Son costume simple et propre n'était de nature à attirer l'attention de personne et semblait celui d'un jeune ouvrier vêtu de ses habits des dimanches.

Carillon ouvrit un nouveau placard.

Il y prit trois masques de velours noir et trois couteaux catalans, à fortes lames et à manches de corne.

Il garda pour lui-même un masque et un couteau et distribua les autres à ses compagnons.

De la même armoire il tira une petite valise en cuir, suspendue à une courroie et semblable à celles dans lesquelles les serruriers portent leurs instruments de travail.

Il enferma la corde à nœuds et la lanterne sourde dans cette valise, qu'il jeta sur son épaule.

Puis il ouvrit la porte de la chambre en disant :

— En route, mes enfants, en route !

XIV

ESCALADE.

Les trois hommes remontèrent la rue Basse, jusqu'à celle du Faubourg-du-Temple.

Ils tournèrent ensuite le Château-d'Eau et gagnèrent la rue de Bondy.

Derrière les bâtiments du théâtre de l'Ambigu stationnait un vieux fiacre attelé de deux chevaux assez vigoureux en apparence.

Le cocher, enveloppé dans un de ces carricks pareils à celui que Bilboquet a rendu célèbre, fumait sa pipe, immobile à la tête de son équipage.

Carillon fit un signe.

Le cocher répondit par un signe pareil et escalada les hauteurs de son siége.

Carillon, Tourniquet et Raphaël ouvrirent la portière et montèrent dans le fiacre qui partit sans qu'un seul mot eût été échangé entre les voyageurs et leur conducteur.

Chemin faisant, Carillon essaya de faire raconter à Raphaël l'historique de ses relations avec Maubert et l'origine de la haine implacable qu'il avait vouée à ce dernier.

Mais Raphaël fut impénétrable.

Pas un de ses secrets ne lui échappa.

Il aurait trop souffert en livrant à une oreille profane la confidence déchirante de son fatal amour.

Le seul résultat des indiscrètes curiosités de Carillon

fut de replonger le jeune homme dans les nuages d'une sombre tristesse.

Il oublia le présent et l'avenir pour revivre avec sa douleur dans les souvenirs du passé.

Il évoqua l'une après l'autre les enivrantes visions d'un bonheur disparu.

Depuis le prologue étrange jusqu'au dénouement ensanglanté, il rejoua toutes les scènes du drame terrible auquel, dans les chapitres précédents, nous avons fait assister nos lecteurs.

Par instants, un sourire furtif venait effleurer sa lèvre muette.

Mais, le plus souvent, une pensée amère creusait un pli profond au milieu de son front pâle.

L'angoisse suprême de son cœur amenait une larme aux cils de sa paupière rougie.

Ou bien un éclair, froid et acéré comme la lame d'un stylet, jaillissait de ses yeux quand passait devant son esprit l'ironique et sombre figure du baron de Maubert, le bourreau de Mathilde.

Carillon, — voyant à merveille que ses questions ne le mèneraient à rien, — discontinua son interrogatoire, s'enfonça dans son coin et se mit à siffler, *amoroso*, l'air doux et tendre : *Il pleut, il pleut, bergère !*...

§

Vers midi, le fiacre s'arrêta à l'extrémité de la petite ville de Rueil, devant une auberge d'assez médiocre apparence.

Carillon, — toujours prudent et bien avisé, — n'avait pas voulu, en plein jour, pousser jusqu'à Bougival, où il était connu.

Les chevaux furent mis à l'écurie.

Les trois hommes demandèrent une chambre, et Carillon fit servir un repas que le cocher ne tarda point à venir partager avec eux.

A dix heures et demie du soir on réattela les chevaux à la voiture.

Mais, cette fois, elle partit seule et disparut au milieu des ténèbres, dans la direction de Bougival.

Peu d'instants après, nos trois personnages prirent le même chemin.

Ils longèrent silencieusement les murs immenses du parc de la Malmaison et ne tardèrent point à rejoindre le fiacre.

Il était arrêté un peu après la dernière maison de Bougival et stationnait en cet endroit, la tête des chevaux tournée du côté de Paris.

Au bout de vingt minutes, c'est-à-dire à onze heures et demie, les complices arrivaient devant la petite maison de Marly-la-Machine.

C'est en ce moment que le baron de Maubert envoyait Camisard se coucher et se mettait lui-même au lit.

La nuit était horrible, nous le savons.

Les sifflements de la bise prenaient à chaque minute une intensité nouvelle.

L'eau de la Seine bouillonnait entre ses rives si calmes d'ordinaire, et les fouettait de ses vagues soulevées par la tourmente.

Carillon s'arrêta.

— Y sommes-nous? — demanda Tourniquet.

— Oui, — répondit Carillon.

— A la bonne heure! — j'ai l'onglée, et la bise me fait pleurer en me cinglant les yeux!

— Il fait froid, je ne dis pas non, mais c'est un fameux temps tout de même!

— Fameux pour travailler, c'est vrai.

— Nous pouvons aller à la besogne comme chez nous, sans façon! — On n'a pas peur de faire du bruit, par un temps pareil!...

— Dame! le fait est qu'on abattrait la maison pour entrer sans que les habitants puissent se douter de rien.

— Nous n'aurons pas tant de peine! — Vous allez voir comme ça se joue, mes enfants.

Et, tout en parlant, Carillon déboucla la valise de cuir.

Il y prit la corde à nœuds.

Il s'approcha du mur du jardin et lança son harpon sur le sommet.

Carillon était un habile homme et fort expert en ces sortes de choses.

Après deux essais infructueux, le crampon de fer mordit le couronnement de la muraille.

Carillon s'assura d'abord de la solidité de cette échelle improvisée.

Puis il monta le premier.

— A toi, Raphaël, dit-il en s'asseyant sur la crête du mur. Tourniquet te poussera par derrière, et moi je te tendrai la main.

Raphaël atteignit le but.

Tourniquet gravit le dernier.

Il ne s'agissait plus que de changer la corde de côté et de s'en servir pour descendre comme on s'en était servi pour monter.

Cela fut fait.

Au bout d'un instant les trois hommes mettaient pied à terre, sans encombre et l'un après l'autre, sur le sol du jardin.

Disons en passant que la lanterne sourde, allumée à Rueil, mais soigneusement fermée, était attachée à la boutonnière de la veste de Carillon.

— La moitié de la besogne est faite, dit alors ce dernier ; — malheureusement, c'est la moins difficile...

Le cœur de Raphaël battait dans sa poitrine avec une violence convulsive.

Ce n'était pas la peur qui l'agitait ainsi.

Nous savons depuis longtemps que Raphaël était brave.

C'était l'attente d'un grand événement.

C'était surtout l'espoir de la vengeance prochaine.

— Vous avez les masques? — demanda Carillon.

— Oui, — répondit Tourniquet.

— Mettez-les tout de suite, mes enfants...

Raphaël, Tourniquet et Carillon lui-même nouèrent derrière leurs têtes les cordons de leurs masques.

— Et les couteaux, vous les avez aussi? poursuivit le premier interlocuteur.

— Oui.

— Alors, portez-les, tout ouverts, dans la poche de côté de votre veste ; — on ne sait pas ce qui peut arriver!...

Cette seconde recommandation fut suivie comme la première.

— Venez, maintenant, — dit Carillon, — je connais les êtres et je vais vous conduire.

En ce moment précis, le baron de Maubert posait sur sa table de nuit le volume interrompu des *Amours de Faublas*; — il soufflait sa bougie et s'endormait, sans se douter du danger terrible qui se préparait à fondre sur lui.

Raphaël et Tourniquet, guidés par Carillon, arrivèrent devant la façade de la maison.

Cette façade était percée, au rez-de-chaussée, de quatre fenêtres et d'une porte.

La porte, lourde et massive, était en bois de chêne.

Les volets, — nous le savons, — avaient été soigneusement fermés en dedans.

Carillon laissa s'échapper de sa lanterne une faible traînée lumineuse.

A l'aide de cette lueur il examina minutieusement les volets et la porte.

Puis il tint conseil avec Tourniquet.

Raphaël ne les écoutait pas.

XV

EFFRACTION.

Les deux bandits agitaient la question de savoir s'il convenait de s'attaquer d'abord à la porte ou à l'une des fenêtres.

La discussion fut courte.

L'avis de Carillon prévalut.

Il fouilla dans une grande poche de toile attachée sous sa blouse.

Il en tira un tout petit maillet de bois et une lame de fer, très-mince, large d'un demi-pouce et longue d'environ un pied.

Il introduisit cette lame par une fissure du volet de la première fenêtre de gauche.

Au bout d'une seconde cette lame heurtait le crochet qui attachait le volet à la fenêtre.

Alors Carillon donna un coup de maillet sous la lame, espérant faire sauter le crochet.

Mais sans doute le piton était rouillé, car le crochet ne cédait pas.

Carillon fut obligé de frapper avec force et à plusieurs reprises.

Ceci ne pouvait se faire sans bruit.

Mais heureusement, — ou malheureusement, comme on voudra, — ce retentissement sourd se confondait avec les grandes voix de la tempête déchaînée.

Enfin Carillon atteignit son but.

Le volet s'ouvrit.

A l'intérieur de la maison, aucune lumière.

Carillon appliqua son oreille contre une vitre et n'entendit aucun bruit.

Il laissa s'écouler quelques instants afin de bien s'assurer que l'alarme ne s'était point répandue dans la maison.

Personne ne donnait signe de vie.

Alors Carillon fit disparaître sa lame de fer et son maillet dans la poche qui semblait être un inépuisable récipient, et il en tira un de ces petits diamants, semblable à ceux dont se servent les vitriers, et une boîte ronde en fer-blanc, renfermant une boule de poix.

Il fit dans la vitre une large incision circulaire.

Il appliqua contre le verre la boule de poix échauffée et amollie dans ses mains et il attira à lui le morceau de vitre qui céda sans bruit, laissant dans le carreau une ouverture ronde et large.

Carillon passa le bras par cette ouverture.

Il trouva l'espagnolette, la fit jouer doucement et ouvrit la fenêtre.

Puis il se tourna vers ses deux compagnons et leur dit, en étouffant le son de ses paroles et avec cet accent d'une incomparable goguenardise qui n'appartient qu'au bandit parisien

— Maintenant, mes enfants, silence, défiance et prudence, si nous ne voulons pas recevoir une danse!...

Et il escalada le rebord de la fenêtre, suivi par Tourniquet et par Raphaël.

La pièce dans laquelle ils se trouvèrent était un petit vestibule, ayant une porte au fond, une porte à droite et un escalier à gauche.

Cet escalier conduisait au premier étage, et par conséquent à la chambre de Maubert.

3

Carillon entr'ouvrit sa lanterne et s'orienta rapidement.

Il s'approcha de la porte de droite et écouta de nouveau.

Le bruit d'une respiration, ou plutôt d'un ronflement sonore et régulier, arriva jusqu'à son oreille.

— Camisard est là... — fit-il, — attention!

— Ne nous occupons pas de lui, — répondit Tourniquet, — et montons...

— Plus souvent! — murmura Carillon, — afin que tout à l'heure, si le baron crie et fait tapage, le Camisard entende, se réveille et nous tombe sur les bras avec un arsenal!... — Merci! — Occupons-nous de lui, et avant tout, au contraire!...

— Soit, — fit Tourniquet.

— Est-ce que nous allons le tuer!... — demanda Raphaël avec un tremblement nerveux.

— Non pas, — répondit Carillon, — du moins si nous pouvons faire autrement.

Après un instant de silence il ajouta :

— Tenez la lanterne, père Tourniquet, et éclairez-moi un peu.

Carillon retroussa sa blouse.

Autour de son corps il avait enroulé des cordes qui l'enlaçaient comme le lierre enlace un chêne.

Il déroula une de ces cordes, de la longueur de huit ou dix pieds à peu près, et il la tint de sa main gauche.

De la main droite il tendit à Tourniquet un mouchoir de coton à carreaux, plié comme une cravate.

— Donnez la lanterne au petit qui nous éclairera, — dit-il alors, — et prenez le mouchoir. — Vous savez vous en servir?...

— Parbleu!

— Je passerai le premier. — Toi, Raphaël, aie bien soin de diriger la lumière dans les yeux de Camisard quand j'ouvrirai la porte, ça l'aveuglera...

— Je tâcherai, — répondit Raphaël.

— C'est bien; — y êtes-vous?

— Oui.

— Entrons.

Carillon mit résolûment la main sur le bouton de la

serrure et ouvrit au grand large la porte de la pièce dans laquelle Camisard couchait sur un lit de sangle.

Le géant, surpris dans son premier sommeil, s'éveilla aussitôt en murmurant des mots interrompus.

Cette brusque agression lui semblait chose si invraisemblable qu'il croyait achever un rêve commencé, et d'ailleurs, ainsi que l'avait prévu Carillon, la lumière de la lanterne l'éblouissait et l'aveuglait.

Cependant, et malgré son trouble, il fit un mouvement instinctif pour se soulever.

Il étendit la main, afin de saisir une arme.

Mais il était trop tard.

Déjà Carillon s'était rué sur lui et l'enlaçait avec sa corde.

Déjà Tourniquet l'avait solidement bâillonné.

En moins d'une minute le géant, muet et inerte, était garrotté sur le lit, dans l'impossibilité de pousser un cri ou de changer de position.

Tout ceci s'était passé sans bruit, et, ainsi que nous l'avons vu, presque sans résistance.

— Nom d'une pipe ! — murmura Carillon, — voilà de la besogne bien faite ! ! — C'est travaillé soigneusement, j'ose m'en flatter !... — Maintenant ne perdons pas une seconde, et montons présenter nos respectueux hommages au maître de la maison...

Carillon, Tourniquet et Raphaël regagnèrent le vestibule.

Arrivé là, Carillon s'arrêta.

— Minute, mes enfants, — dit-il, — préparons-nous une sortie, — ce sera plus commode que de regrimper par-dessus le mur.

Il ouvrit la porte qui conduisait à un corridor au fond duquel se trouvait la porte de la rue.

Il enleva la barre de fer qui condamnait cette dernière issue et fit tourner la clef dans la serrure de façon que la porte ne se trouvât plus fermée que par un loquet.

— A présent, murmura-t-il, — tout va bien ! — En haut !...

Les trois complices reprirent le chemin de l'escalier.

Ils le franchirent rapidement, sans même se donner la peine d'assourdir leurs pas qui faisaient crier les marches vermoulues, car la tourmente roulait au dehors avec le bruit du tonnerre.

En haut de l'escalier se trouvait l'antichambre.

Camisard en avait laissé la porte ouverte.

Dans un coin se voyait la malle aux costumes qui renfermait, comme nous le savons, le double travestissement du baron et de son domestique.

Carillon indiqua du doigt cette malle à Tourniquet, et lui dit dans le tuyau de l'oreille :

— En d'autres temps on regarderait ce qu'il y a là-dedans, mais aujourd'hui, fi donc!..

Tourniquet fit un signe approbateur.

Carillon prépara une corde, ainsi qu'il l'avait déjà fait pour Camisard au rez-de-chaussée.

Il s'approcha de la porte et regarda par le trou de la serrure.

On ne voyait pas de lumière.

Carillon revint à Tourniquet et à Raphaël.

— D'après les observations que j'ai faites depuis la terrasse de Luciennes, — leur dit-il, — j'ai la certitude que le lit est dans le fond de la chambre, presque en face de la porte, — mais Maubert doit avoir le sommeil léger et toutes sortes de pistolets autour de lui, — tâchons de ne pas lui laisser le temps de s'en servir. — Tiens la lanterne haute, Raphaël, mais, s'il s'éveille, laisse-la tomber. — Dans l'obscurité il tirera au hasard et nous viendrons à bout de lui...

— Oui, — répondit Raphaël.

Carillon fit tourner le bouton de la porte.

Mais elle résista.

Elle était fermée en dedans.

En même temps on entendit la voix de Maubert qui criait depuis l'intérieur :

— Qui va là ?... Est-ce toi, Camisard ?

XVI

LES BONS COMPLOTS FONT LES BONS AMIS.

Au son de cette voix, Raphaël et Tourniquet tressaillirent.

— De l'audace! — morbleu! — s'écria Carillon, —

de l'audace ! ou nous sommes frits !.., — Raphaël, mon garçon, la lanterne...

Et, tout en parlant, Carillon appuya son épaule droite contre le montant de la porte.

Du premier choc il disjoignit les verrous et brisa la serrure.

La porte s'ouvrit violemment.

Les trois hommes se précipitèrent dans la chambre.

Carillon avait compté sur une obscurité profonde.

Son attente fut déçue.

Un reste de charbons qui achevaient de se consumer dans la cheminée éclairait les ténèbres de leur lueur incertaine.

Cette lueur permettait d'entrevoir le baron de Maubert, assis sur le bord de son lit et tenant un pistolet dans chaque main.

— A moi, Camisard ! à moi !... — cria-t-il d'une voix tonnante.

Et, en même temps, il fit feu de ses deux pistolets à la fois.

Un seul coup partit.

La balle, passant entre Raphaël et Carillon, alla briser en mille éclats la glace de la cheminée.

L'amorce du second pistolet brûla sans résultat.

Maubert, éperdu, chercha sur sa table de nuit le stylet, sa dernière ressource.

Il n'eut pas le temps de s'en emparer.

Aussitôt après la détonation, Carillon s'était jeté à plat ventre sur le parquet.

Puis, rampant comme un serpent, il était arrivé jusqu'auprès de Maubert dont il avait saisi les deux jambes.

Le baron, — surpris à l'improviste, — perdit l'équilibre et tomba.

Seulement en tombant il cramponna ses doigts crispés autour du cou de Carillon, et s'efforça de l'étrangler.

La lutte fut courte et terrible.

Maubert combattait pour sa vie et sa fortune

Il comptait d'ailleurs, d'une seconde à l'autre, sur l'arrivée de Camisard venant à son aide.

Le désespoir décuplait ses forces.

Il est vraisemblable que Carillon eût été vaincu s'il se fût trouvé seul contre Maubert.

Mais Tourniquet se mit de la partie.

Nous disons Tourniquet, car Raphaël qui voulait garder le baron pour lui seul, ne se mêlait point à la lutte.

Carillon et Tourniquet l'emportèrent enfin.

Maubert, les mains liées derrière le dos et les jambes solidement attachées, fut replacé sur le lit où il se tordait comme un reptile coupé en deux, écumant et blasphémant dans sa rage impuissante.

— Ouf! — dit alors Carillon en reprenant haleine et en frottant son cou meurtri, — ouf! nous en sommes venus à bout, mais ce n'est pas sans peine! — le particulier a le poignet bigrement solide! — un cran de plus et il m'envoyait *ad patres*, faire le mouchoir dans l'autre monde!...

— Misérables! — hurlait Maubert, — misérables! misérables!...

Puis il s'interrompait pour répéter:

— A mon secours, Camisard!... à mon aide!... on m'assassine!...

— Faut-il le bâillonner?... — demanda tranquillement Tourniquet.

— Inutile, — répondit Carillon, — si M. le baron continue, il aura dans peu d'instants une extinction de voix soignée, de telle façon qu'il ne nous étourdira plus; d'autre part, notre jeune ami éprouve le besoin de tailler une bavette avec M. le baron, et il est convenable que M. le baron puisse lui répondre.

Raphaël, muet et immobile, était debout à la tête du lit.

Il attendait.

Maintenant que sa proie était à lui, bien à lui, maintenant que rien ne pouvait la lui enlever, il ne se sentait plus pressé.

— Procédons à l'inventaire, poursuivit Carillon, et, d'abord, de la lumière, si cela se peut!...

Tourniquet tira de sa poche un morceau de papier.

Il l'enflamma aux charbons de la cheminée et il alluma les bougies du candélabre qui se trouvait sur la table de nuit.

Maubert, pour la première fois, vit alors distinctement qu'il avait affaire à trois hommes masqués, à trois bandits, bien habiles à coup sûr, puisqu'ils avaient mené à bonne fin leur hasardeuse entreprise.

Il interrompit ses vociférations.

Il se souleva, autant du moins que le lui permirent les cordes qui le garrottaient, et il essaya de parlementer.

— Messieurs... — dit-il.

— Qu'y a-t-il pour le service de monsieur le baron ?... — répondit Carillon avec une politesse ironique.

— Je n'ai pas besoin de vous demander le motif qui vous amène chez moi...

— En effet, il se devine.

— Vous voulez de l'argent...

— Dame ! — vu la misère des temps, il nous serait agréable, je l'avoue, de palper quelques espèces...

— Eh bien ! je ne demande pas mieux que de vous en donner.

— Monsieur le baron est d'une obligeance surprenante !...

— Mais, vous comprenez, à la campagne...

Maubert s'interrompit.

— Eh bien ! à la campagne ?... — répéta Carillon en se mordant les lèvres pour étouffer un éclat de rire.

— On n'apporte pas avec soi des sommes bien fortes, et qui seraient complétement inutiles...

— Oui, oui, — fit Carillon.

— Ainsi, vous comprenez cela ?

— A merveille.

— — Je ne veux pas cependant que vous vous soyez dérangés pour rien...

Carillon salua.

— Je vous offre tout ce que j'ai ici... — poursuivit Maubert qui reprenait confiance.

— A combien ça peut-il monter ?

— Trois ou quatre mille francs environ, en or.

— Et c'est tout ?...

— Absolument tout.

— En vérité !...

— Sur l'honneur.

— Monsieur le baron est bien sûr de ne rien oublier ?...

— Il y a aussi quelques bijoux, — assez beaux du reste, — que vous pourrez emporter.

— Comment, les bijoux et l'argent !... Diable ! monsieur le baron est généreux !...

— Détachez-moi, dit Maubert, — et je vais tout vous donner

— Pardon, monsieur le baron, il y a une petite difficulté...

— Laquelle ?

— C'est que nous ne sommes pas bien d'accord sur le chiffre...

— Comment ?...

— Oui, nous croyons que vous nous cachez quelque chose...

— Quoi donc ?...

— Oh ! presque rien, — une misère, — une bagatelle, — une simple erreur ! — Quelle est, s'il vous plaît, la somme dont vous nous parliez tout à l'heure ?...

— Trois ou quatre mille francs.

— Mettons quatre mille. — Eh bien ! ça nous fait une petite différence de quatre cent quatre-vingt-seize mille francs, avec la somme que nous avons le projet d'emporter d'ici. — Vous voyez que nous sommes loin de compte...

Maubert ne répondit pas d'abord.

En entendant les dernières paroles de Carillon, le sang lui était monté au visage avec une violence terrible.

Une attaque d'apoplexie devenait imminente.

Le baron étouffait.

Carillon se frottait les mains avec une joyeuseté indicible.

Enfin Maubert recouvra la parole.

— Cinq cent mille francs !... — murmura-t-il d'une voix brisée par l'émotion ; — mais, messieurs, vous n'y songez pas !... vous êtes fous !... vous êtes fous !...

— Ça se peut bien, — répliqua Carillon ; — dans tous les cas, si nous sommes fous en effet, votre argent nous servira à nous faire traiter, et, si on nous guérit, monsieur le baron, jugez de notre reconnaissance !...

Carillon et Tourniquet se mirent à rire.

Maubert frissonna de tous ses membres.

Carillon s'approcha du lit.

— Pardon si je vous dérange, monsieur le baron, — dit-il, — mais j'ai quelque chose à prendre sous votre traversin.

Maubert devint livide.

Carillon mit la main sous l'oreiller.

Il en retira le mouchoir auquel était attachée la clef.

Il fit passer cette clef devant les yeux effarés de Maubert, en lui disant d'une voix railleuse :

— Ceci, monsieur le baron, n'est-il pas le talisman qui va nous ouvrir le nid de la poule aux œufs d'or?...

Maubert poussa un hurlement rauque.

Une écume sanglante vint empourprer les coins de sa bouche.

Il fit un bond sur son lit, malgré les liens qu'il s'efforça de briser en raidissant ses membres.

Mais les cordes étaient solides.

Maubert retomba, épuisé, impuissant, vaincu.

En même temps une figure pâle se pencha sur la sienne.

C'était celle de Raphaël qui venait d'arracher son masque et qui, le brûlant de son haleine, le foudroyant de son regard, lui demandait d'une voix acérée comme la lame d'un couteau :

— Monsieur le baron de Maubert, me reconnaissez-vous ?...

XVII

RAPHAËL ET MAUBERT.

Maubert, en entendant cette voix, fut pris d'un tremblement subit.

Il se mit à grelotter de tous ses membres, comme les fiévreux amaigris de la campagne de Rome.

Ses yeux semblèrent s'agrandir sous l'empire d'une indicible terreur.

— Raphaël! s'écria-t-il d'une voix stranguleé, Raphaël!... Raphaël!...

— Oui, moi, répondit le jeune homme, moi, que vous ne vous attendiez guère, n'est-ce pas, à voir cette nuit au chevet de votre lit.

— Raphaël! répéta Maubert avec une épouvante qui grandissait d'instant en instant; mon Dieu, que vient-il faire ici?... mon Dieu, que veut-il de moi?...

— Ce que je viens faire ici?... ce que je veux de vous?... Vous allez le savoir, monsieur le baron de Maubert! répliqua Raphaël, lentement et avec un calme terrible. Je viens ici pour régler avec vous le compte du passé... Je veux de vous... Mais patience! vous saurez tout à l'heure ce que je veux de vous...

Il n'y avait pas de colère dans le langage de Raphaël parlant ainsi.

Il y avait la solennelle et inflexible assurance du juge qui va condamner.

— Pitié!... murmura Maubert, pitié!... pitié!...

— Vous demandez pitié, poursuivit Raphaël, vous qui n'en avez jamais eu pour personne... c'est lâche!...

Maubert, en s'entendant souffleter en quelque sorte par ce mot *lâche*, Maubert, disons-nous, sembla recouvrer un peu d'énergie et reprendre une portion de sa véritable nature.

— Voyons, dit-il, avec une sorte de ricanement, pas tant de phrases! je suis tombé dans un guet-apens... on m'y tient pieds et poings liés, je le répète, que veut-on de moi?...

Raphaël s'assit sur le bord du lit, il croisa ses bras sur sa poitrine, et, regardant Maubert bien en face, il lui dit :

— Qu'avez-vous fait de mon honneur, monsieur le baron, de mon honneur et de mon bonheur?

— Ah çà! s'écria Maubert, est-ce que vous me les avez donnés à garder?

— C'est cela! murmura Raphaël, c'est bien cela! la réponse que faisait à Dieu Caïn, le premier meurtrier!...

— Peste! fit le baron, nous cultivons l'homélie, à cette heure, et nous citons l'Écriture sainte! C'est fort touchant!...

— Baron de Maubert, continua Raphaël, qu'avez-vous fait de l'honneur et de la vie de mon ami le comte de Salluces?...

Maubert ne répondit pas.

Raphaël poursuivit :

— Vous avez tué son honneur et assassiné son corps... et je vous demande compte de ce meurtre de l'âme et du corps, comme le ferait Dieu lui-même...

Maubert haussa les épaules sous les liens qui le garrottaient.

Raphaël reprit :

— Qu'avez-vous fait de cette jeune et belle créature, de cette femme adorée, de cet ange divin qui s'appelait Mathilde? Vous l'avez assassinée, baron de Maubert, assassinée comme Salluces, assassinée comme le duc de la Tour-du-Pic, car si ce n'est pas votre main qui a frappé les coups, tous ceux que je viens de nommer sont tombés victimes de vos machinations infâmes!...

Raphaël s'interrompit pendant une minute.

Peu à peu l'émotion de son cœur avait gagné sa voix.

— Oh! Mathilde, s'écria-t-il, pauvre... pauvre Mathilde!...

Et le reste de sa phrase s'éteignit dans un sanglot.

— Est-ce fini?... demanda Maubert.

— Oui, répondit Raphaël, c'est fini, bien fini! vous êtes jugé, vous êtes condamné...

— A quoi, s'il vous plait?...

— A mourir.

— Quand?

— A l'instant même.

— Et qui me tuera?...

— Moi.

Raphaël, tout en parlant ainsi, tira de la poche de côté de sa veste le couteau catalan qu'il y portait tout ouvert, d'après la recommandation de Carillon.

Maubert vit la lueur des bougies étinceler sur l'acier de la lame.

Alors, seulement alors, il comprit qu'il était perdu, et, avec la suprême énergie du désespoir, il rassembla toutes ses forces pour crier une dernière fois :

— A moi, Camisard!... à moi!...

§

Tandis qu'avait lieu à côté du lit de Maubert la scène à laquelle nous venons de faire assister nos lecteurs, voici ce qui se passait dans une autre partie de la chambre.

Carillon, après avoir pris sous l'oreiller du baron le mouchoir de poche et la clef qui y était appendue, Carillon, disons-nous, se précipita vers le secrétaire.

L'habile bandit ne s'était point trompé dans ses conjectures ingénieuses.

La clef dont il s'agit ouvrait en effet le secrétaire, ainsi que Carillon s'en assura sans perdre une minute.

Mais là un vif désappointement l'attendait.

Dans le secrétaire il n'y avait rien.

Rien que quelques papiers insignifiants, des objets de toilette, tels que pommades, eaux de senteur, etc., et deux ou trois clefs attachées ensemble par un petit morceau de ficelle.

Carillon visita tous les coins et recoins du meuble.

Il n'y trouva pas autre chose que ce que nous venons de dire.

Déjà il frappait du pied la terre avec impatience et découragement, quand soudain il se ravisa et mit la main sur le petit trousseau de clefs.

— A coup sur, pensa-t-il, l'une d'elles ouvre la cachette. Mais où est-elle cette cachette?...

Et, une bougie à la main, il se mit à examiner les murailles, étudiant avec soin le papier de la tenture et s'arrêtant partout où il lui semblait apercevoir quelque trace de l'entrée d'une serrure.

Trois secondes de cette minutieuse investigation l'amenèrent à découvrir un placard à moitié caché par les rideaux du lit.

Une des clefs allait à ce placard.

Il l'ouvrit.

Un amas de chiffons encombrait l'un des rayons.

Il souleva cet amas.

Le coffret était derrière.

— Victoire! s'écrièrent à la fois Carillon et Tourniquet, victoire! nous avons l'argent!...

Cette exclamation se confondit avec le suprême appel de Maubert, invoquant l'aide de Camisard.

A ce cri du baron répondit une voix.

Cette voix partait de l'étage inférieur et elle disait :

— Me voici! me voici!....

En même temps on entendit un pas, tout à la fois pesant et rapide, qui retentissait sur les premières marches de l'escalier.

C'était Camisard qui, par la toute-puissance de sa force herculéenne, venait de briser les cordes qui le tenaient captif et accourait au secours de son maître.

— Je suis sauvé !... murmura Maubert presque intérieurement.

Mais, si bas qu'il eût parlé, Raphaël l'avait entendu.

— Sauvé! répondit-il, pas encore !...

Et il enfonça son couteau jusqu'au manche dans la poitrine du baron.

Maubert ouvrit les lèvres comme pour articuler un cri.

Mais un flot de sang jaillit de sa bouche. Ses yeux tournèrent dans leur orbite.

Une dernière convulsion agita ses membres.

Puis, son buste, un moment soulevé, retomba en arrière et s'affaissa inerte et inanimé sur le lit.

XVIII

SIC VOS NON VOBIS...

Jusqu'au moment où nous sommes arrivés, Carillon et Tourniquet avaient montré autant d'audace que de présence d'esprit.

Mais alors, par un effet naturel que nous allons tâcher d'expliquer, ces deux sentiments leur manquèrent à la fois.

Leur courage primitif venait de ce qu'ils marchaient à la conquête d'un but, à la réalisation d'une espérance.

Or ils avaient accepté les périls qu'il fallait traverser pour arriver à ce but.

Maintenant qu'il était atteint, maintenant qu'ils se trouvaient possesseurs de cette somme immense, objet de leur ardente convoitise, ils ne pouvaient envisager sans épouvante un danger nouveau et inattendu fondant sur eux à l'improviste et venant peut-être remettre en question la propriété de cette fortune qu'ils considéraient désormais comme la leur.

Aussi, en entendant la voix et les pas de Camisard, une véritable terreur panique s'empara d'eux à la pensée d'une lutte avec ce géant, armé sans aucun doute, et rendu furieux par le traitement qu'il venait de subir.

Carillon, cependant, eut une idée.

Il renversa le candélabre, foula aux pieds les bougies pour les éteindre et alla se cacher derrière les panneaux brisés de la porte.

Il était, comme bien on pense, muni du précieux coffret qu'il serrait contre sa poitrine avec amour et avec terreur.

Tourniquet imita son exemple.

Raphaël, éperdu, les mains couvertes du sang qu'il venait de répandre, s'était reculé sans le savoir et disparaissait dans les plis flottants des rideaux.

Tout ce qui précède, et que nous avons été forcés d'écrire très-longuement, s'était passé en moins d'une minute.

Camisard avait gravi les dernières marches de l'escalier.

Il franchit l'antichambre et entra.

Ainsi que l'espérait Carillon, il était sans lumière.

Les deux complices le laissèrent s'avancer jusqu'au lit.

Puis, ils se précipitèrent hors de la chambre et, grâce à cet instinct des voleurs qui se gravent dans l'esprit à simple vue la disposition des localités, ils gagnèrent l'escalier et le descendirent avec une vélocité si grande qu'on aurait pu croire qu'ils avaient aux talons les ailes mythologiques du dieu Mercure.

Camisard poussa un effroyable jurement.

Il voulut retourner sur ses pas.

Mais il se heurta au candélabre renversé.

Il tomba.

Comme il se relevait, il entendit le bruit de la porte de la rue qui se refermait sur les fugitifs.

Il poussa un second jurement et courut à la fenêtre qu'il ouvrit violemment.

Deux hommes couraient sur la route, dans la direction de Bougival.

C'était Carillon et Tourniquet.

Les ténèbres étaient compactes.

Camisard ne les voyait pas.

De la main gauche, il tenait un pistolet et de la main droite sa carabine.

Il tira son coup de pistolet au hasard.

L'éclair fugitif de la poudre lui permit d'entrevoir les fuyards pendant le quart d'une seconde.

Il épaula sa carabine et fit feu.

Un cri sourd répondit à la détonation.

A ce cri succéda le bruit mat d'un corps qui roule sur la terre.

La balle de Camisard avait porté juste.

La course de l'autre fugitif ne parut point se ralentir, — au contraire.

Le géant exaspéré par le souvenir de la façon dont il avait été malmené et lié sur son lit, ne voulut laisser aucune chance de salut à celui qu'il avait blessé, — si toutefois la blessure n'était pas mortelle.

Il quitta la chambre et sortit de la maison afin d'aller sur la route achever sa victime.

Raphaël descendit sans bruit derrière lui.

Seulement, une fois dehors, il tourna à gauche tandis que le géant tournait à droite.

Camisard trouva le corps d'un homme, étendu la face contre terre.

La balle avait labouré le crâne.

L'homme semblait mort.

A côté de lui il y avait un coffret.

Camisard ramassa ce coffret, rentra et remonta dans la chambre du premier étage.

— Monsieur le baron?... — dit-il, étonné du silence prolongé de son maître.

Personne ne répondit.

— Diable!... — murmura Camisard, — diable!... diable!...

Il alla à la cheminée, alluma une bougie et s'approcha du lit.

Maubert gisait dans une mare de sang.

Les draps en étaient imbibés.

Un large ruisseau écarlate coulait déjà sur le plancher.

— Diable! — répéta le géant.

Et il mit la main sur le cœur du baron.

Ce cœur ne battait plus.

— *Claqué!* — dit Camisard avec une insouciance philosophique.

Et il ajouta :

Une fière canaille de moins, tout de même !...

Puis, après cette courte oraison funèbre, il ne songea plus qu'à une seule chose, c'était à se payer par ses propres mains l'arriéré de ses gages, en d'autres termes, à faire main-basse sur tous les objets à sa convenance.

Tandis qu'il jetait à cet effet les yeux autour de la chambre, le coffret qu'il avait trouvé auprès du cadavre frappa ses regards.

— Je ne connaissais pas ce meuble au baron, — se dit-il ; — qu'est-ce qu'il peut y avoir là dedans?...

Il soupesa le coffret et se répondit à lui-même en hochant la tête :

— Pas grand'chose de bon, pour sûr ! — c'est trop léger pour de l'or ou de l'argent. — Voyons donc un peu...

Il n'y avait pas de clef. — Mais Camisard ne s'embarrassait pas pour si peu.

Il prit le stylet dont Maubert n'avait pas eu le temps de se servir et il en introduisit la pointe entre les rainures du coffre.

Le couvercle céda sans peine et la cassette, s'échappant des mains de Camisard, roula sur le plancher.

Les billets de banque s'éparpillèrent.

Camisard ouvrit des yeux démesurés et resta d'abord les bras ballants et la bouche béante, en proie à une sorte de complet abrutissement en face de cette richesse inouïe.

Mais bientôt sa joie, ou plutôt son délire, se manifesta sous une autre forme.

Il ramassa de pleines poignées de billets de banque ; — il les caressa, — il les embrassa, — et enfin, — en face du cadavre sanglant de l'homme auquel cette richesse avait appartenu, — il se mit à danser autour de son trésor avec des contorsions fantastiques et des cris inarticulés.

Ces symptômes disparurent comme les premiers et firent place à une joie plus calme.

Camisard commença par fermer toutes les portes de la maison.

Il empaqueta les billets de banque, non plus dans leur cassette, mais dans un mouchoir dont il noua solidement les quatre coins.

Il choisit parmi les effets du baron tous ceux qui pouvaient lui composer un travestissement provisoire.

Il changea la couleur de sa figure avec cette teinture que nous avons vu Maubert lui appliquer quelques heures auparavant.

Il mit la perruque blonde que nous connaissons.

Puis, — suffisamment déguisé, armé jusqu'aux dents et n'attendant pas le jour, car avec le jour quelqu'un pourrait venir lui demander compte du drame nocturne dont le dénouement s'était joué à son bénéfice, il partit, riche du produit de tant de crimes, dont aucun n'avait profité à ceux qui les avaient commis.

Rejoignons cependant un de nos personnages, car, jusqu'à nouvel ordre, nous devons laisser Raphaël de côté.

Aussitôt la mort présumée de Carillon, — Tourniquet, sentant redoubler sa frayeur, augmenta, si faire se peut, la vélocité de sa course.

En peu de minutes il atteignit le fiacre qui stationnait près des dernières maisons de Bougival.

Le cocher, intéressé dans l'affaire pour une petite part, s'apprêtait à le questionner.

Tourniquet ne lui en laissa pas le temps.

— A Paris... et.. au galop!... ou nous sommes perdus!... — lui cria-t-il aussi distinctement que le lui permit sa respiration entrecoupée.

Le cocher n'en demanda pas davantage.

La frayeur de Tourniquet le gagna.

Il remonta sur son siége en un clin d'œil, — fouetta ses chevaux à tour de bras, et ne leur permit de souffler qu'à vingt pas de leur écurie.

Ce même jour, — la tête basse et l'âme triste, — Tourniquet regagna sa maison de campagne, située, comme nous savons, entre Scéaux et Montrouge.

Il y arriva vers trois heures de l'après-midi.

Il frappa contre un volet, de la façon convenue avec sa femme.

La porte s'ouvrit aussitôt.

Tourniquet entra.

Hélas! il eût bien voulu ressortir.
Mais c'était difficile.
Deux gendarmes le tenaient déjà au collet et un agent de police le saluait de cette phrase consacrée :
— Jacques Pichard, surnommé Tourniquet, — je vous arrête, au nom de la loi.

FIN DE LA PREMIÈRE PARTIE.

DEUXIÈME PARTIE

MAMZELLE MÉLIE

I

LA COURTISANE DE ROME.

Une année environ avant les événements que nous venons de raconter, un homme de bonne mine et parlant le français très-purement, quoique avec un accent italien des plus prononcés, était arrivé à Paris et descendu à l'hôtel des Princes.

Cet étranger s'était présenté dès le lendemain chez maître Pélopidas Ledru, notaire, demeurant rue du Sentier et chargé de la vente d'un petit hôtel, aujourd'hui démoli, situé vers le milieu de la rue du Mont-Blanc, devenue la rue de la Chaussée-d'Antin.

Cet hôtel, bâti entre cour et jardin, et composé d'un rez-de-chaussée et d'un premier étage, appartenait à un banquier, jadis très-riche, mais ruiné par de folles dépenses et de mauvaises spéculations, et dont la mise en faillite venait d'être prononcée.

On voulait cinq cent mille francs de cet hôtel, et ce n'était pas cher.

L'étranger, en compagnie du notaire, alla le visiter.

Après un long et minutieux examen, il se déclara satisfait.

En conséquence, l'acquisition fut conclue.

Les cinq cent mille francs furent payés immédiatement en or, entre les mains du notaire.

L'acte de vente porta le nom de la princesse Olympia, dont l'étranger était l'intendant.

Les peintres et les tapissiers se mirent aussitôt à l'œuvre.

Il s'agissait de renouveler entièrement le mobilier et la décoration intérieure de l'hôtel.

Ceci causa un notable étonnement dans le quartier de la Chaussée d'Antin, car le banquier à qui l'hôtel appartenait précédemment était cité pour son luxe, tout à la fois riche et de bon goût.

Mais ce luxe se trouva dépassé, et de beaucoup.

Il serait trop long d'initier nos lecteurs aux merveilles d'ornementation qui furent prodiguées de toutes parts.

Deux mots suffiront.

La maison avait coûté cinq cent mille francs. L'ameublement en coûta six cent mille.

Et nous ne parlons point ici des tableaux de grands maîtres, que des caisses immenses amenèrent d'Italie.

Il y avait des Raphaël, — des Titien, — des Guide, — des Paul Véronèse, et bien d'autres.

Ces tableaux valaient des millions.

Au bout de trois mois, tout était terminé.

De nombreux domestiques se prélassaient dans les antichambres et dans les cuisines.

Dans les écuries piaffaient une douzaine de chevaux oisifs.

Quatre voitures dormaient dans les remises, et la couronne fermée des princes du saint-empire étincelait sur leurs panneaux blasonnés.

On le voit, rien ne manquait à ce splendide hôtel... Rien que ses maîtres.

Ils arrivèrent enfin.

Deux chaises de poste s'arrêtèrent un beau soir devant les portes de la cour, qui s'ouvrirent pour leur livrer passage.

De la première de ces voitures descendirent deux personnes.

Un jeune homme et une jeune femme.

C'était la princesse Olympia et le prince G. — son mari...

§

Avant de nous enfoncer d'un pas rapide dans les méandres de ce récit, présentons à nos lecteurs les nouveaux personnages avec lesquels nous voulons leur faire faire connaissance.

Ceci nous mènera peut-être un peu loin.

Mais bah !....

Nous avons devant nous beaucoup de temps et beaucoup de pages.

Douze ans auparavant, il y avait à Rome une courtisane célèbre par ses vices et par sa beauté.

Cette courtisane se nommait la Lucrezia.

Elle était séduisante encore, quoiqu'elle atteignît presque sa quarantième année, et plus d'un jeune fils de famille aspirait au bonheur insensé de se ruiner pour elle.

Lucrezia était une créature étrange, le véritable et terrible type de la courtisane romaine.

On lui attribuait généralement, — à tort ou à raison, — une origine patricienne.

Plusieurs prétendaient qu'elle avait dans les veines quelques gouttes du sang des Borgia.

Nous ne saurions affirmer que ce dernier bruit reposât sur un fondement sérieux.

Toujours est-il que Lucrezia était digne des ancêtres princiers qu'on lui attribuait, et que César Borgia, de sinistre mémoire, n'eût point désavoué sa descendante.

Violente dans ses amours, — implacable dans ses haines, — sans bornes dans ses désirs, — sans frein dans ses passions, — Lucrezia était la femme de toutes les orgies, de tous les caprices, de toutes les voluptés.

Elle avait fondu vingt fortunes au creuset de ses fantaisies.

Vingt familles nobles avaient pleuré sur la tombe de leurs héritiers, — pâles fantômes, tués avant l'âge par les baisers mortels de la moderne Messaline.

A Lucrezia il fallait deux choses, sans trêve et sans relâche, — de l'or et de l'amour.

Pour elle les gentilshommes d'Italie vidaient leurs coffres-forts, remplis de vieux écus romains.

Pour elle les bijoux de famille et les diamants héréditaires disparaissaient dans les comptoirs ou plutôt dans les antres des usuriers juifs du Ghetto.

Pour elle les cardinaux auraient volontiers mis en gage la pourpre de leurs longs camails.

Presque tout le sacré-collége avait franchi le seuil de sa porte.

A ceux-là, nous le répétons, Lucrezia demandait de l'or, — et elle prêtait en échange son corps aussi beau que celui de la Vénus antique, et les baisers vénals de ses lèvres dédaigneuses.

Mais aux bandits audacieux de la campagne de Rome, — aux robustes portefaix de la place du Tibre, — à ceux enfin qui n'avaient pour fortune que leur force et leur beauté, elle demandait de l'amour et donnait de la passion.

Pour eux ses étreintes frémissantes, — pour eux ses caresses lascives, — pour eux ses cris de volupté et les morsures de sa bouche amoureuse.

Et le lendemain, — haletante encore de plaisir et de libertinage, — fatiguée de débauche, mais non point assouvie, — elle renvoyait son amant d'une nuit et lui mettait, au sortir de son alcôve, une bourse pleine d'or dans la main.

Cependant, parmi les boues de cette existence, on aurait pu trouver une perle.

Dans le fumier de ce cœur vicié fleurissait un sentiment doux et pur.

C'était l'amour maternel.

Lucrezia avait une fille.

Cette fille s'appelait Olympia.

Élevée à dix lieues de Rome chez de bons paysans, Olympia ignorait complétement ce que c'était que sa mère.

Lucrezia n'avait point voulu la garder auprès d'elle.

Son rêve était d'en faire un ange de pureté et d'innocence.

Sans doute espérait-elle racheter les souillures de sa vie en préservant de toute tache la robe virginale de son enfant.

Tous les mois elle allait voir Olympia, dont la beauté promettait d'égaler celle de sa mère, et peut-être même de la surpasser.

II

UNE MÈRE.

Olympia atteignit sa seizième année.
Sa jeunesse réalisait les espérances de beauté splendide données par son enfance.
On aurait pu la comparer, — sinon à une madone de Raphaël, — du moins à une nymphe de l'Albane ou à une Vénus du Titien.
Sa mère l'avait placée dans un couvent de Rome où elle recevait l'éducation des filles nobles.
Il est bien entendu que personne, dans ce couvent, ne soupçonnait la pauvre Olympia d'être la fille de la courtisane trop célèbre que tout le monde connaissait.
Vers cette époque, Lucrezia devint la maîtresse du prince Camproggia.
Le prince en question atteignait sa soixante-dixième année.
Le libertinage effréné de toute sa vie ne lui avait laissé, à cet âge, que des désirs qu'il ne pouvait plus satisfaire.
Il conçut pour Lucrezia une de ces passions profondes, comme les habiles courtisanes savent parfois en inspirer aux vieillards.
L'astucieuse femme déploya les ressources de sa rouerie sans rivale et de son expérience consommée ; — elle flatta tous les goûts du prince, — prévint et satisfit tous ses caprices.
Peut-être à l'aide de philtres mystérieux, — à l'aide de breuvages régénérateurs inventés par elle et connus d'elle seule, — peut-être seulement par les ressources inouïes de sa science amoureuse, — elle parvint à rendre au vieillard un demi-retour de jeunesse.
Autant aurait valu donner au prince Camproggia un de ces poisons italiens qui tuent lentement, mais à coup sûr.
La mort était au fond de cette coupe de voluptés dont sa lèvre avide aspira les dernières gouttes.
Le prince s'éteignit, — qu'on nous passe cette comparaison triviale, mais d'une littérale vérité, — le prince,

s'éteignit, disons-nous, comme une lampe qui meurt faute d'huile.

Mais avant de rendre à Dieu, ou plutôt au diable, son âme gangrenée, il écrivit son testament.

Un mouvement de lubrique reconnaissance conduisit sa main.

Il légua toute sa fortune à la Lucrezia.

Or cette fortune s'élevait à peu de chose près à un revenu d'un million.

Le prince était le dernier de sa race.

Il ne laissait ni un proche parent, ni un collatéral.

Le testament, — parfaitement régulier, du reste, malgré sa profonde immoralité, — ne fut attaqué par personne.

Lucrezia fut envoyée en possession.

A peine entrée en jouissance de cette fortune presque royale, Lucrezia parut renoncer entièrement à son existence passée.

On ne lui connut plus d'amant.

Elle acheta un palais, le fit meubler d'une façon splendide et y reçut tous les hommes par qui elle avait été aimée autrefois, c'est-à-dire l'élite de l'aristocratie romaine.

Plusieurs essayèrent de rentrer dans le cœur de Lucrezia et de franchir le seuil de sa chambre à coucher.

Mais le cœur ne s'ouvrit point.

La chambre à coucher resta murée.

On s'en étonna d'abord, puis on n'y pensa plus.

Lucrezia ne recevait que des hommes.

Elle présidait seule toutes les réunions dont elle était la reine.

Un jour, ou plutôt un soir, on vit avec étonnement Lucrezia entrer dans son salon, accompagnée d'une adorable jeune fille à laquelle elle donnait la main.

Un murmure d'admiration s'éleva sur le passage des deux femmes.

— Quelle est cette merveille inconnue ?... se demandait-on tout bas.

Et Lucrezia répondait, comme si elle eût entendu la question :

— Ma fille, messieurs... — ma fille, que j'ai l'honneur de vous présenter.

A partir de ce moment, il y eut une rivalité établie entre tous les hommes qui se trouvaient ce soir-là chez l'ex-courtisane.

Ils crurent que l'intention de Lucrezia était tout bonnement de trafiquer de sa fille comme elle avait trafiqué d'elle-même, et de mettre aux enchères cette fleur de beauté.

Et chacun d'eux se promit de ne reculer devant aucun sacrifice, pour l'emporter sur tous les autres.

Cinq ou six des convives seulement renoncèrent à la lutte avant de l'avoir entreprise.

C'était ceux qui, en interrogeant leur mémoire et en rapprochant de la date présente celle de leur liaison avec la courtisane, pouvaient se croire quelque droit à revendiquer la paternité d'Olympia.

Lucrezia comprit à merveille ce qui se passait dans l'esprit de ses hôtes.

Elle résolut de les enlever le plus tôt possible à leur erreur profonde, — erreur qui lui semblait une insulte à l'innocence de sa fille.

En conséquence, elle ramena Olympia dans son appartement, et elle revint seule.

Les convives l'entourèrent aussitôt.

Personne ne voulait se laisser distancer par ses concurrents.

Mais un haut personnage, — duquel, pour des raisons de convenance, nous ne pouvons écrire le nom dans ces pages, — s'empara du bras de Lucrezia et l'entraîna dans un boudoir qui se trouvait à côté du salon.

— Mon Dieu ! — s'écria-t-elle en riant, — qu'y a-t-il donc, et pourquoi me confisquer ainsi à votre profit ?...

— Il y a, — répondit le haut personnage avec feu, — il y a que ta fille est adorable !

— Je le sais pardieu bien ! — interrompit Lucrezia ;

— Et que j'en suis amoureux...

— Vraiment ?

— Amoureux comme un fou !... amoureux comme un jeune homme !...

— Que vous n'êtes plus...

— Que je redeviendrai pour elle.

— Eh bien ! après ?...

— Comment, après ?...

— Oui. — Où voulez-vous en venir?...
— A ceci : — je suis immensément riche, tu le sais...
— Qu'est-ce que ça me fait? — Je le suis aussi, moi...
— Sans doute, continua le vieux gentilhomme, un peu étonné de la tournure que prenait l'entretien; — mais, cependant...
Il s'interrompit.
— Achevez donc, — dit Lucrezia froidement.
— C'est que... c'est que...
— C'est que, — reprit la courtisane, — c'est que vous n'osez plus me dire maintenant ce que vous veniez me dire tout à l'heure. — Est-ce vrai?
— C'est vrai.
— Eh bien! si vous voulez, je vais compléter votre pensée.
— Soit.
— Vous trouvez ma fille belle, et vous venez m'offrir de sa beauté tel prix que je trouverai convenable d'en exiger.
— Mais...
— Est-ce cela, oui ou non?
— Eh bien! oui.
— Alors vous vous êtes trompé dans vos calculs, monseigneur, et vous pouvez garder votre argent, car ma fille n'est point à vendre.
— Parole d'honneur? — fit le haut personnage avec impudence.
— Parole d'honneur! — répondit la courtisane.
— Alors on la prendra sans ton consentement, voilà tout.
— Je ne crois pas
— Nous verrons.
— Vous oubliez, monseigneur, que moi aussi j'ai une puissance à mes ordres et la plus irrésistible de toutes la puissance de l'argent.
— Enfin, voyons, que comptes-tu faire de ta fille, car tu as des projets sur elle, j'imagine. et ce n'est pas sans but que tu nous l'as montrée ce soir?
— Vous avez raison.
— Eh bien! ces projets, quels sont-ils?
— Je la donnerai à celui qui la méritera le mieux.
— La donner, — comment cela?

— En mariage, monseigneur.

Le vieux gentilhomme se mit à rire.

— Et, ce mari, où penses-tu le trouver ?

— Mais parmi vous tous, monseigneur, parmi les gentilshommes les plus jeunes et les plus nobles : ma fille est assez belle et assez riche pour choisir, et elle choisira.

Le haut personnage se remit à rire de plus belle.

— Eh bien ! ma chère, dit-il, — quand tu auras trouvé, parmi nos gentilshommes, ce mari sur lequel tu comptes, je t'en ferai mes très-sincères compliments et je te promets en outre, dès aujourd'hui, de signer au contrat.

— Je vous rappellerai votre promesse, monseigneur, répondit la Lucrezia avec un sérieux parfait.

Ce que la Lucrezia venait de dire, elle le pensait.

Toutes ses facultés aimantes, nous le savons déjà, — facultés si longtemps éparpillées à droite et à gauche, — s'étaient concentrées sur sa fille.

Elle l'aimait d'un amour absolu, d'un amour ambitieux.

Le premier de ses rêves avait été d'en faire une honnête femme.

Ce rêve était réalisé.

Le second était d'en faire une grande dame, aussi supérieure aux autres femmes par son rang qu'elle l'était déjà par sa fortune et par sa beauté.

Lucrezia avait trop souffert du dédain protecteur qu'elle sentait percer sous la familiarité des grands seigneurs, pour qu'il ne lui semblât pas qu'un écusson blasonné était la plus sûre égide contre les mépris du monde.

L'ex-courtisane, dans les rêves d'avenir qu'elle formait pour Olympia, n'avait jamais supposé qu'un obstacle quelconque pût un instant s'opposer à la réalisation de ses désirs et de ses espérances.

Aussi, malgré le sang-froid menteur que nous venons de lui voir affecter dans sa conversation avec le haut personnage, Lucrezia fut surprise et froissée tout à la fois de l'ironie railleuse avec laquelle le vieux gentilhomme avait accueilli l'exposé de ses projets.

Elle resta dans son boudoir, seule, et comme étourdie du coup imprévu qu'elle venait de recevoir.

Pendant ce temps le vieux gentilhomme rentrait dans les salons.

Il avait l'œil moqueur et le sourire aux lèvres.

Tous les hôtes de la Lucrezia se pressèrent autour de lui.

Ce fut pendant une ou deux minutes un déluge de questions, d'exclamations, d'interjections.

— Eh bien ?... lui demandait-on.

— Qu'avez-vous fait ?...

— Est-ce marché conclu ?...

— L'emportez-vous sur nous tous ?...

— Seriez-vous le loup dévorant prêt à croquer cette tendre brebis ?...

— Dans tous les cas, je m'inscris pour être votre successeur immédiat...

— Moi aussi...

— Moi aussi...

— Moi aussi...

Chacun se mit à parler en même temps que ses voisins.

Le diapason des voix s'éleva en conséquence.

Ce fut un tumulte à ne pas s'entendre.

Le grand personnage fit signe qu'il réclamait un peu de silence.

On se tut.

— Messieurs, dit-il alors, je vais vous apprendre une chose à laquelle vous ne vous attendez guère.

— Quoi donc ?

— Devinez.

— Est-ce relativement à la fille de Lucrezia ? demanda quelqu'un.

— Sans doute.

— Et c'est surprenant ?

— Au delà de toute expression.

— Sa mère la destine peut-être au culte de Vesta ? dit en riant celui qui avait déjà parlé.

— Mieux que cela, répondit le haut personnage ; mais, au fait, ne vous donnez pas la peine de chercher, car je vous garantis que vous ne trouveriez pas.

— Alors, parlez donc ; vous voyez bien que vous nous faites mourir d'impatience.

— Tous, ici, nous sommes gentilshommes, tous grands

seigneurs, et, dans nos écussons héréditaires, il n'y a pas une seule tache. Nous sommes riches, en outre, aussi bien que nobles, et nous prodiguons à nos plaisirs autant d'or qu'un roi pourrait le faire... Eh bien ! messieurs, Lucrezia compte donner sa fille à l'un de nous, à celui-là tout bonnement qui mettra aux pieds de l'aimable enfant non-seulement son cœur et sa fortune, mais encore son nom et sa main. En un mot, Lucrezia ne veut pas un amant pour sa fille, elle veut un mari.

Un silence d'un instant accueillit ces paroles du vieux gentilhomme.

Les invités se regardaient les uns les autres avec une stupeur comique.

Enfin l'un d'eux partit d'un long éclat de rire.

Ce rire fut contagieux.

Une hilarité croissante et bruyante éclata de toutes parts.

En ce moment, Lucrezia reparut à la porte du boudoir.

Elle avait tout entendu.

Elle était très-pâle.

A son aspect, les convives redevinrent sérieux comme par enchantement.

— Messieurs, dit-elle avec une dignité réelle, je n'aurais jamais cru que des gentilshommes aussi fiers que vous l'êtes de leurs noms et de leurs titres insulteraient chez elle une femme dont ils sont les hôtes !...

— Lucrezia, interrompit le haut personnage avec un peu d'embarras, vous vous trompez, je vous assure...

— Laissez-moi parler, reprit la courtisane, laissez-moi vous dire que si mon passé est infame, mon titre de mère est sacré, et que vos rires injurieux ne peuvent point l'atteindre... Olympia est belle comme les anges, pure comme la madone, riche comme une reine : que lui reprochez-vous donc, à la pauvre enfant, et pourquoi l'un de vous ne pourrait-il pas l'épouser?

— Mon Dieu, répondit le haut personnage, tout simplement parce qu'elle est ta fille.

— Vous êtes cruel, monseigneur !...

— Eh ! non, pas le moins du monde; je te dis brutalement les choses pour t'éviter des chagrins et des déceptions... Je suis ton ami, Lucrezia, et tu sais le proverbe : qui aime bien châtie bien!...

— Ainsi, selon vous, Olympia doit porter la peine de mes fautes?

— Oui.

— Fatalement?

— Fatalement, comme tu le dis.

— Cependant elle en est innocente.

— Qu'importe! tu as été coupable pour elle.

— Est-ce juste, cela?

— Je ne sais pas si c'est juste ou non, mais cela est. Tu ne réformeras ni les lois ni les préjugés du monde... Prends-en donc bravement ton parti et décide-toi à faire d'Olympia une joyeuse et heureuse fille comme tu l'as été toi-même.

— Ainsi, vous me conseillez de pousser mon enfant dans la vie déshonorante que vous me reprochiez tout à l'heure?...

— Eh! qui te parle de déshonneur, folle que tu es! Excepté quand il s'agira d'épouser ta fille, je te jure que nous faisons tous le plus grand cas de toi...

— Ainsi vous me conseillez, après avoir élevé Olympia dans les principes d'une chasteté si grande que le soupçon du mal n'est pas même venu effleurer son âme, vous me conseillez de la jeter, comme une proie, aux caresses de votre débauche?

— Si elle est aussi innocente que tu nous le dis, elle n'en aura que plus de piquant.

— Tenez, dit alors Lucrezia avec un superbe mouvement d'épaules, tenez, vous êtes tous des infâmes!... aucun de vous n'est digne de toucher seulement la main de ma fille, et vous vous jetteriez à mes genoux pour me la demander que maintenant je vous la refuserais. Ma fille n'est pas pour vous, messieurs, j'en ferai plus qu'une grande dame...

Le vieux gentilhomme interrompit Lucrezia.

— Tu en feras une religieuse, n'est-ce pas?... lui demanda-t-il.

— J'en ferai une princesse, répondit-elle avec assurance.

Et elle sortit lentement du salon.

III

OLYMPIA.

Nous avons dit qu'Olympia était belle.
Belle comme une Vénus du Titien ou comme une nymphe de l'Albane.
Mais nous n'avons point parlé, en des termes dignes d'elle, de cette beauté véritablement hors ligne.
Pour la décrire d'une façon matérielle et complète, il nous faudrait une toile et des pinceaux, ou bien un bloc de marbre de Carrare et les ciseaux du statuaire.
Nous n'avons qu'une plume.
C'est bien peu, c'est trop peu.
Nous allons cependant essayer.
Olympia était grande.
Son visage, d'un ovale merveilleux, s'encadrait dans les bandeaux épais et soyeux de cheveux d'un blond cendré.
Ces cheveux, ondés naturellement et formant autour du front et des tempes une multitude de petites vagues d'un or pâle, étaient épais malgré leur finesse, à ce point de ne pouvoir tenir dans les deux mains, et si longs qu'ils descendaient presque jusqu'à terre quand Olympia les dénouait.
Les dents d'un peigne d'ivoire, rehaussé de fines incrustations en argent, mordaient à grand'peine cette opulente chevelure, semblable à celle que Vénus, sortant de l'écume des flots, secouait pour la sécher sur les bords de la mer, et maintenaient la double couronne de deux nattes épaisses et brillantes.
Sous l'arc parfait des sourcils jaillissait le rayon de velours des prunelles sombres d'Olympia.
Les yeux, largement fendus à la manière orientale, tantôt se voilaient doucement sous les paupières abaissées, tantôt lançaient un vif éclair à travers les franges de leurs longs cils.
L'expression de ces yeux étonnait d'abord.
L'instant d'après elle bouleversait.
C'est qu'il y avait dans les regards de la jeune fille un

singulier mélange d'ignorance candide et de naissante hardiesse.

Il y avait surtout une sorte d'électricité amoureuse qui frappait droit au cœur et qui en remuait toutes les fibres sensuelles.

La même expression, un peu étrange, se retrouvait dans les lignes irréprochables de la bouche d'Olympia.

Cette bouche était petite et d'un rouge de corail humide.

Dans le renflement de la lèvre inférieure, un physionomiste habile aurait deviné les indices d'un tempérament voluptueux.

Parfois les lèvres se rapprochaient l'une de l'autre pour une moue sérieuse et charmante.

Parfois aussi elles s'entr'ouvraient dans un sourire ébauché sans cause apparente et comme si la bouche répondait à quelque pensée intérieure.

Alors se dévoilait l'émail éblouissant des dents, petites et d'un blanc de lait.

Le teint d'Olympia ne ressemblait point à ces teints des Parisiennes dont le front et les joues sont un joli mélange de neige et de feuilles de rose.

Olympia était pâle, d'une pâleur chaude et dorée.

On eût dit un beau fruit mûri sous les rayons du soleil d'Italie.

Sa peau était d'une finesse idéale et en quelque sorte transparente.

La moindre émotion faisait monter un nuage pourpre à son front et à son cou.

Malgré sa jeunesse, Olympia avait des épaules d'une forme et d'un modelé merveilleux.

Ses beaux bras, ronds et blancs, se terminaient par des poignets d'une pureté exquise et par des mains patriciennes, frêles et délicates sans maigreur.

Les contours de sa poitrine n'avaient pas encore acquis cette richesse de proportions qui devaient, un peu plus tard, les compléter.

Mais là seulement se pouvait retrouver l'indécision des formes juvéniles.

Le buste, souple et d'une incomparable finesse, s'ajustait sur des hanches très-développées.

L'*Atalante* de Pradier peut donner une idée de la perfection d'une autre partie du corps, perfection que la pruderie absurde du moderne langage nous empêche de décrire ainsi que nous aimerions à le faire.

La jambe de *Diane chasseresse* et les pieds de *Cendrillon* (pour mêler les réminiscences classiques aux souvenirs des contes bleus) achevaient la beauté d'Olympia, beauté complète s'il en fut.

La démarche de la jeune fille procédait par ondulations.

Elle avait de ces mouvements de chatte et de couleuvre qui, au dire de l'Écriture sainte, perdent les enfants des hommes.

Olympia entraînait les cœurs sur son passage.

Rien qu'à la voir, on devait l'adorer.

Et maintenant que nous avons ébauché les lignes du portrait physique de la jeune fille, traçons une rapide esquisse de son portrait moral.

Olympia, au dire de sa mère, était pure comme la Madone et avait été élevée dans les principes d'une chasteté si grande, que le soupçon du mal n'était pas même venu effleurer son âme et altérer de son souffle flétrissant le miroir immaculé de sa candeur.

Lucrezia se trompait.

Elle avait compté sans les ardeurs de son sang à elle, de son sang de courtisane qui coulait dans les veines d'Olympia.

Oui, en effet, Olympia était innocente.

Innocente, dans ce sens qu'elle ne *savait* rien et que jamais un mot prononcé devant elle par une voix étrangère n'avait éclairé d'une lueur dangereuse les ténèbres de son innocence.

Mais le démon des nuits, le démon du sommeil, était venu bien souvent chanter dans ses rêves les notes entrecoupées de l'hymne du plaisir.

Bien souvent les fils mystérieux d'Astarté, légion des gnomes succubes, avaient enlacé dans leurs étreintes le corps palpitant de la vierge endormie.

Les lèvres d'Olympia avaient frémi de volupté sous les baisers impalpables de leurs lèvres muettes.

Et, le matin, il y avait dans son réveil des souvenirs si brûlants encore, que ses yeux se baissaient involontairement sur sa nudité désordonnée, et que le rouge de

4

la pudeur et du plaisir colorait son beau front blanc.

Nous le répétons cependant, Olympia était innocente.

Mais que ne devinait-elle pas?...

En dehors de ces précoces aspirations vers un bonheur inconnu, il y avait dans le caractère d'Olympia des tendances que son extrême jeunesse ne semblait point devoir comporter.

Ainsi sa volonté était d'une fermeté qui allait jusqu'à l'obstination.

Si Olympia devenait puissante un jour, il faudrait plier ou rompre devant cette volonté inflexible.

Joignez à cela la soif de la domination et l'instinct du commandement.

Olympia se savait belle.

Elle avait au plus haut point l'orgueil de sa beauté.

Elle s'attendait à tous les servages, à toutes les adorations et s'apprêtait à les recueillir comme une reine reçoit les humbles hommages de ses courtisans.

Olympia avait de l'esprit.

Non pas cet esprit léger qui s'évapore en mots ingénieux et en papillotage brillant.

Mais cet esprit d'intrigue particulier aux diplomates habiles et à certaines femmes supérieures et qui abonde en combinaisons adroites et en ressources imprévues.

Olympia était instruite, comme on l'est en sortant d'un couvent où l'éducation n'est point négligée, ce qui veut dire qu'elle avait sur une foule de choses des notions superficielles et incomplètes.

Elle parlait purement le français, l'italien et l'anglais.

Elle dansait avec une grâce décente et merveilleuse.

Elle était bonne musicienne.

Elle savait un peu de dessin.

Olympia croyait en Dieu.

Olympia aimait sa mère.

Mais il n'y avait en elle ni véritable adoration pour la divinité, ni sincère et profonde affection pour sa mère.

La dévotion et l'amour filial n'occupaient dans le cœur de la jeune fille qu'une place infiniment restreinte!

Cela tient peut-être à ce qu'Olympia avait très-peu de cœur.

IV

LES ROUERIES DE LA MATERNITÉ.

Les espérances de la mère, les ambitions de la fille, ne semblèrent pas d'abord devoir se réaliser.

Tous ces gentilshommes riches, brillants papillons qu'attirait comme la lueur d'une bougie la resplendissante beauté d'Olympia, reculaient devant ce terrible mot de *mariage*, si imprudemment mis en avant par la Lucrezia, lors de la soirée à laquelle nous avons fait assister nos lecteurs.

L'ex-courtisane comprit qu'elle avait fait une grande faute.

Le gain de la bataille se trouvait, par son imprudence, tout au moins compromis.

Il eût été indispensable, pour réussir, de suivre une marche diamétralement opposée à celle qu'elle avait suivie.

Voici quelle devait être cette marche :

D'abord, n'effaroucher aucun des soupirants.

Laisser la cohue des galants millionnaires prodiguer les petits soins, les tendres soupirs, les brillantes promesses.

Attendre que l'un d'eux eût été mordu au cœur par une irrésistible passion, que le caprice passager se fût métamorphosé en amour vrai (l'incontestable mérite d'Olympia rendait la chose facile et même probable), et alors, général habile, démasquer ses batteries en déclarant qu'Olympia n'appartiendrait jamais qu'à l'homme qui deviendrait son maître légitime.

C'était bien simple.

Lucrezia se repentit amèrement de n'avoir pas pensé à cela.

— Peut-être est-il encore temps ? se demanda-t-elle.

Et elle se répondit aussitôt qu'à Rome, du moins, il était trop tard.

Mais ce qui ne se pouvait plus à Rome était possible ailleurs.

Lucrezia était une femme de détermination prompte et d'exécution rapide.

Son parti fut pris sur-le-champ.

Elle renvoya toute sa maison.

Une femme de chambre fidèle et un valet qui avait toute sa confiance furent les seuls domestiques qu'elle conserva.

Puis elle envoya commander des chevaux de poste et se mit en route pour Venise avec sa fille et les deux serviteurs dont nous venons de parler.

Arrivée dans la cité des doges, *Venezia la bella*, comme disent les Italiens, qui sont presque tous un peu poëtes, elle loua une maison modeste et s'y installa.

Avec une abnégation dont son cœur de mère était capable et dont les anges, dans le ciel, durent savoir gré à la pauvre pécheresse, Lucrezia fit à sa fille le sacrifice de sa beauté, splendide encore.

Ces raffinements ingénieux, ces ressources infinies que la courtisane employait pour éloigner de son front la trace implacable des années disparues, Lucrezia les mit en œuvre pour se vieillir.

Elle changea son visage.

Elle brunit son teint.

Elle dissimula soigneusement les flots de sa chevelure, dont pas un fil d'argent ne venait déparer l'éblouissant ébène.

Enfin elle se rendit méconnaissable.

Grâce aux indiscrétions de ses domestiques, indiscrétions commandées par elle et savamment combinées, on apprit bientôt dans la ville qu'elle se nommait Antonia Paoli, qu'elle était veuve, riche d'une quarantaine de mille livres de rentes, et qu'elle concentrait toute sa vie et toute ses affections sur Olympia, sa fille unique.

L'apparition de cette dernière fut un événement, même à Venise où les filles des pêcheurs des lagunes ont l'air de filles de roi.

Partout où les deux femmes se montrèrent, à la promenade sur le Lido, dans leur gondole sur les canaux, une foule éperdue d'admiration s'empressait sur leur passage.

Beaucoup d'hommes sollicitèrent la faveur d'être reçus chez Antonia Paoli.

Mais Antonia Paoli ne recevait personne.

L'ex-courtisane, mise en garde par l'expérience, ne

voulait rien compromettre par une trop grande précipitation.

Elle attendait que le hasard fit tomber dans ses filets une proie assez belle pour être sérieusement convoitée, et assez facile pour ne point offrir une résistance par trop inébranlable.

Le hasard la servit à souhait.

Presque en même temps que les deux femmes, était arrivé à Venise un jeune homme, le prince Horace C...

Il avait vint-cinq ans à peine, et se trouvait le dernier rejeton et le seul représentant d'une illustre famille du Milanais.

Le prince Horace réalisait l'idéal du beau dans les arts.

A chacun des chefs-d'œuvre de la statuaire antique il semblait avoir emprunté l'une de ses perfections.

Joignez à cela une grande fortune, beaucoup d'illusions et de naïveté, un cœur ardent, une tête faible et l'absence la plus absolue de caractère, et vous conviendrez que la Lucrezia ne pouvait point rencontrer mieux pour sa fille.

Le prince Horace vit Olympia.

Il en devint subitement épris.

Et ici, qu'on nous permette une digression de quelques lignes.

Nous avons lu plus d'une fois et nous avons entendu dire bien souvent que seulement dans les romans, les drames et les vaudevilles, on voyait des exemples de ces amours nés d'un seul regard et qui s'enflamment instantanément, comme éclate la poudre au contact d'une étincelle.

Cette critique ne nous semble nullement fondée.

Nous affirmons et nous prouverons au besoin que les grandes passions naissent presque toujours à la première vue.

Ceci n'est point une règle sans exception, bien entendu.

Mais les exceptions sont rares.

Cela convenu, passons.

Le prince Horace, avons-nous dit, devint subitement épris d'Olympia.

La jeune fille, de son côté, ressentit à la vue du prince une émotion inaccoutumée.

Lucrezia aperçut ou devina ces doubles symptômes. Et elle triompha.

La partie qu'elle allait entreprendre devenait plus belle que jamais.

Elle allait du même coup assurer non-seulement la haute position, mais encore le bonheur d'Olympia, puisque Olympia aimait Horace.

Le prince, comme bien on pense, s'informa.

Il apprit quelles étaient les deux femmes, ou du moins on lui rapporta les bruits que Lucrezia faisait courir sur elle-même.

Supposant que peut-être il avait affaire à des aventurières, il s'adressa à une matrone bien connue et lui promit une somme considérable si elle parvenait à lui procurer la jeune fille.

La digne appareilleuse, après de consciencieuses démarches, revint dire au prince que la forteresse qu'on l'avait chargée d'assiéger était inexpugnable.

Le prince en éprouva une joie vive.

Son idole était pure!...

Il écrivit à la Lucrezia.

Dans sa lettre, il parlait de la passion ardente allumée en lui par la vue des charmes d'Olympia.

Il demandait comme la plus précieuse faveur à laquelle il pût aspirer l'autorisation d'aller mettre aux pieds de la jeune fille les hommages dont elle était digne, *hommages que la pureté de leur but devait faire accueillir.*

Cette dernière phrase était presque un engagement.

Lucrezia tressaillit de joie.

Elle répondit au prince Horace que sa maison lui était ouverte et qu'il serait le bienvenu chez elle.

Le soir même, le prince profitait de la permission qui venait de lui être accordée.

Lucrezia, avec un tact infini, ne fit aucune allusion à la lettre d'Horace.

Elle l'accueillit avec cette familiarité bienveillante qui se manifeste entre égaux pour un ami déjà ancien.

Sûre d'Olympia, car elle avait compris que sa fille s'associait de tout son cœur à ses vues ambitieuses et ne risquerait point de faire échouer ses plans par une faiblesse intempestive, elle laissa les deux jeunes gens seuls pendant quelques instants.

Horace profita de ce tête-à-tête pour murmurer aux oreilles d'Olympia des paroles brûlantes.

La jeune fille rougit, balbutia, en un mot laissa voir ce trouble délicieux qui prouve à un amant que ce qu'il vient de dire a été favorablement accueilli.

Horace sortit de la maison de Lucrezia le cœur ivre de joie et dix fois plus amoureux que quand il était entré.

A partir de ce jour, il devint un visiteur assidu et le cavalier des deux femmes.

Il les accompagnait partout.

Ses assiduités compromirent Olympia.

Mais il importait peu à Lucrezia que sa fille fût compromise, pourvu qu'elle fût épousée après.

De ces relations quotidiennes, de ce contact incessant du prince avec la séduisante Olympia, résulta une de ces passions profondes, un de ces amours dévorants qui amollissent l'âme la plus vigoureuse et fondent aux flammes de leur creuset le cœur le mieux trempé.

Or nous savons que le cœur du prince Horace n'était point de complexion vigoureuse et n'opposait aucune résistance aux traits que lui décochaient les yeux éblouissants de sa chère Olympia.

Au bout d'un mois, il aurait donné pour elle, si elle le lui avait demandé, sa fortune, sa vie, peut-être même son bonheur.

Certes, la naissance d'Olympia était bien inférieure à la sienne, car l'armorial de la noblesse italienne ne renfermait point le nom de Paoli.

Certes, sa fortune dépassait dix fois celle qu'il supposait à la prétendue Antonia.

Mais que lui importait, après tout?

Pouvait-il seulement hésiter en face d'aussi misérables inégalités sociales?

La beauté d'Olympia valait plus qu'un blason royal et tous les trésors de la terre n'auraient pas suffi pour la payer à sa valeur.

D'ailleurs le prince Horace ne dépendait de personne.

Il était seul au monde, le dernier de sa race.

Pas une voix importune de conseiller morose ne s'élèverait pour lui dire :

« Prince, vous faites une folie ! »

Horace n'avait plus qu'une pensée, plus qu'une ambition, plus qu'un désir, celui de hâter de tout son pouvoir le moment de son bonheur.

Aussi résolut-il, ce jour même, de faire à Antonia Paoli sa demande officielle.

Quand il arriva chez l'ex-courtisane, il y avait sur son visage une expression de gravité émue qui ne lui était pas habituelle, et dans sa démarche je ne sais quoi de solennel et de compassé.

Lucrezia comprit à l'instant même la signification de ces indices.

Elle fit un signe à Olympia.

La jeune fille sortit aussitôt du salon.

Horace et Lucrezia restèrent seuls.

La pécheresse avait préparé d'avance le scénario de la comédie qu'elle allait jouer.

Elle savait son rôle par cœur.

Le succès, d'ailleurs, ne faisait pas même question dans son esprit.

Aussi n'y avait-il en elle ni embarras ni émotion.

Il n'en était pas de même pour Horace.

Bien que la manière dont il avait été accueilli, la certitude de l'amour d'Olympia et le sentiment de sa propre valeur lui fussent de sûrs garants de l'heureux résultat de la demande qu'il allait formuler, son trouble et sa timidité étaient extrêmes.

Il ne trouvait pas une seule parole à adresser à Lucrezia.

Sa démarche hésitante, tandis qu'il se promenait dans le salon d'un pas tantôt rapide et tantôt ralenti, trahissait l'état de son âme.

Lucrezia vint à son aide.

— Cher prince, lui dit-elle, vous semblez triste... soucieux... préoccupé...

— Moi, triste !... moi, soucieux ! s'écria vivement Horace ; oh ! madame !...

— Oui, continua Lucrezia, je le répète et je suis sûre de ne pas me tromper... pardonnez-moi donc si ma question est indiscrète, c'est l'affection seule qui me la dicte... Voyons, cher prince, qu'avez-vous?...

Horace hésita de nouveau avant de répondre.

— Si c'est un chagrin, poursuivit l'ex-courtisane, confiez-le moi sans crainte, mon enfant... Ne suis-je pas pour vous une amie... et... par mon âge... presque une mère?...

Ces derniers mots étaient prononcés à dessein.

Ils avaient pour but de faciliter à Horace une entrée en matière.

Ils produisirent leur effet.

— Vous pourriez être ma mère... balbutia le jeune homme; oh! madame! voulez-vous l'être en effet?

— Comment cela?... demanda Lucrezia.

— Ne le savez-vous donc point?

— Je m'en doute...

— Eh bien?

— Mais je souhaite vous l'entendre dire à vous-même.

— J'aime Olympia.

— Je le sais.

— Et je viens vous demander à genoux de me la donner pour femme...

Et en effet Horace mit un genou en terre.

Lucrezia lui tendit la main pour le relever.

— Acceptez-vous? — demanda-t-il.

Lucrezia ne répondit rien.

Un frisson passa dans les veines du prince.

Il répéta avec angoisse :

— Acceptez-vous, madame?... acceptez-vous?

Quelques larmes vinrent perler sous les longs cils de Lucrezia.

Elle tenait toujours la main tremblante d'Horace.

Elle le conduisit jusqu'à une causeuse sur laquelle elle s'assit la première.

— Placez-vous là, à côté de moi, — lui dit-elle, — et écoutez-moi...

Le prince fit un geste pour indiquer que son attention était profonde.

— Vous êtes un bon et noble jeune homme, — poursuivit Lucrezia avec une émotion admirablement jouée, — et je vous aime autant que si vous étiez mon propre

fils : aussi je ne veux pas, je ne peux pas vous tromper...
Lucrezia s'interrompit.
— Me tromper !... — s'écria Horace ; — au nom du ciel, madame, expliquez-vous.
— C'est ce que je vais faire, — poursuivit la courtisane, — et quand vous m'aurez entendue, hélas ! c'est vous peut-être qui repousserez avec dédain la main de ma pauvre Olympia...
Horace se sentit devenir pâle.
Une idée horrible lui traversa l'esprit.
Olympia avait-elle donc commis une imprudence ou une faute ?
Les blanches ailes de cet ange de pureté allaient-elles tomber devant lui ?...
Lucrezia devina les pensées d'Horace.
Elle y répondit, quoiqu'il ne les eût point exprimées.
— Oui, — dit-elle, — oui, en effet, Olympia est coupable... Olympia a commis une faute irréparable...
Un nuage de sang et de feu passa devant les regards du prince.
— Une faute... — murmura-t-il d'une voix éteinte ; — laquelle ?
— Celle de m'avoir pour mère.
Le prince regarda Lucrezia.
Elle baissait les yeux et elle avait su faire monter à son visage le rouge de la honte.
— Je ne vous comprends pas, — dit-il.
— Je suis sa mère, — continua Lucrezia, — voilà son seul malheur, — voilà sa seule faute... — Olympia est pure comme la Vierge Marie. — Olympia vous aime, — elle me l'a dit, la pauvre enfant, et pourtant vous la repousserez, car Olympia n'a pas de père !... — je ne me nomme point Antonia Paoli ainsi que vous le croyez, — je n'ai jamais été mariée et je suis Lucrezia la Romaine, — Lucrezia la pécheresse... Et maintenant que vous savez tout, j'attends que vous prononciez l'arrêt de la mère et de la fille...
Le coup avait été rude.
Pendant une seconde, Horace, malgré son amour, chancela sous le choc de cette révélation foudroyante.

Mais l'impression fut aussi passagère qu'elle avait été vive.

La voix de son cœur lui cria qu'il y aurait autant de cruauté que de folie à faire subir à la fille innocente le châtiment des erreurs de la mère.

Et cette voix ajouta en un instant, pour soutenir cette thèse, des myriades d'ingénieux paradoxes.

Lucrezia se hâta d'achever son œuvre.

Elle raconta au prince Horace l'enfance et la jeunesse d'Olympia.

Elle lui dit comment elle avait eu le courage de se séparer pendant si longtemps de son enfant bien-aimée.

Elle ajouta qu'Olympia vivait dans une ignorance absolue à l'endroit du passé de sa mère.

Mais elle se garda bien de dire un seul mot de la scène de Rome.

Il n'en fallait pas tant pour remettre Horace entièrement et plus que jamais sous le prisme.

La franchise de la confession de Lucrezia lui parut un acte de sublime loyauté.

Et enfin l'entretien se termina par ces mots :

— Ma mère, amenez-moi ma fiancée...

— Dieu vous récompensera, mon fils, car vous êtes bon et loyal ! — répondit Lucrezia en embrassant Horace sur le front.

Puis, joyeuse et triomphante, elle sortit pour aller chercher Olympia.

V

PRINCESSE

Au bout de quinze jours, le mariage du prince Horace et d'Olympia était célébré.

Immédiatement après, Lucrezia repartait pour Rome avec son gendre et sa fille.

Elle avait hâte de se faire aux yeux de tous un trophée de cette illustre alliance.

Elle avait hâte de montrer son rêve accompli et sa fille princesse.

Son triomphe fut complet, mais court.

Six mois à peine s'étaient écoulés qu'une imprudence conduisit Lucrezia au tombeau.

Par une ardente journée du mois de juin, elle baigna d'eau glacée son visage et ses épaules.

Une fluxion de poitrine se déclara aussitôt.

Au bout de trois jours, l'ex-courtisane succomba.

Son enterrement fut splendide.

Une partie de ses anciens amants accompagnèrent le cercueil de la Lucrezia jusqu'au champ du repos.

C'est assez dire que l'affluence était grande.

Olympia pleura sa mère, autant qu'il était décemment convenable de le faire.

Puis elle se consola, et il ne fut pas plus question de la Lucrezia que si la Lucrezia n'avait jamais existé.

§

Il arrive quelquefois que la possession tue l'amour.

Mais — plus souvent — elle produit l'effet contraire, c'est-à-dire elle le développe et lui donne une énergie nouvelle.

Il en est ainsi, du moins, toutes les fois qu'on n'a pas trouvé une désillusion dans les bras de la femme aimée.

L'amour, dans ce cas, devient en même temps la soif du plaisir et la reconnaissance du bonheur.

Ceci nous conduit naturellement à dire que la passion du prince Horace avait atteint, à la suite de la nuit des noces, les extrêmes limites du délire le plus exalté.

Olympia, de son côté, sembla d'abord partager ce brûlant amour.

Si son âme était froide, ses sens étaient ardents.

Elle s'abandonna avec une délicieuse ivresse au torrent de volupté qui l'entraînait.

Elle se figura même, pendant quelque temps, qu'elle aimait follement son mari.

Olympia se trompait.

Ce n'était point son mari qu'elle aimait dans le prince Horace.

Non.

C'était l'homme qui, le premier, avait donné à ses rêves une forme matérielle et palpable.

Olympia ne tarda pas beaucoup à comprendre cela.

Elle s'interrogea à propos de ce qui se passait en elle-même à l'aspect de certains des jeunes gens qui lui faisaient une cour assidue, — car sa maison était sans cesse ouverte et elle recevait l'élite de l'aristocratie romaine.

Olympia se répondit avec une franchise effrayante qu'une femme serait heureuse de choisir parmi ces jeunes gens, — et surtout de changer souvent.

La jeune princesse, on le voit, tenait amplement de sa mère.

Elle était encore une épouse fidèle dans la plus rigoureuse acception du mot, que déjà par la pensée elle était une femme adultère.

Pour qu'elle fût tout à fait coupable, il ne lui manquait que l'occasion d'une faute.

Cette occasion ne se fit guère attendre.

Parmi les soupirants d'Olympia, il y avait un jeune homme, presque un enfant, car il atteignait à peine sa dix-huitième année.

C'était le fils du prince Farnèse.

Nous ne ferons pas son portrait.

Tout le monde connaît la comédie immortelle qui a nom : *le Mariage de Figaro*.

Notre personnage aurait pu servir de modèle à Beaumarchais pour le type du joli page Chérubin.

Même grâce.

Même timidité mêlée de hardiesse.

Même sève amoureuse.

Il était impossible de lui résister.

On ne lui résista point.

La camériste d'Olympia s'était chargée du rôle de Suzanne.

Nous ne savons d'où lui venait pour Ascanio Farnèse un si grand fonds de tendre bienveillance.

Toujours est-il qu'un beau jour, ou plutôt une belle nuit, pendant une courte absence du prince Horace, Olympia trouva Ascanio caché derrière les rideaux de son lit.

Évidemment il y avait trahison.

Olympia s'en plaignit.

Mais bien peu.

Peut-être aussi Ascanio trouva-t-il moyen de lui prouver que son action était la chose du monde la plus innocente et la plus naturelle.

Nous ne savons.

Toujours est-il que le charmant enfant resta jusqu'au matin.

Et que, comme l'absence du prince Horace se prolongea trois jours encore, il revint les trois nuits d'après.

Olympia venait de faire le premier pas.

Elle avait descendu le premier degré de l'échelle.

Rien désormais ne devait plus l'arrêter.

Au page Chérubin, ou plutôt à son vivant portrait Ascanio Farnèse, succéda, sans doute pour l'amour du contraste, un magnifique et gigantesque officier des dragons du pape.

A l'officier, un jeune cardinal.

Au cardinal, un musicien français.

Au musicien, un gentilhomme piémontais.

Nous nous sommes servis à dessein du mot : *succéder*.

En effet, Olympia ne prit ces quatre amants que les uns après les autres.

C'était exemplaire, comme on voit.

A partir du quatrième, elle apporta une légère modification dans ses habitudes.

Ce qui veut dire qu'elle lâcha complétement la bride à ses goûts et à ses instincts, et qu'elle prit plusieurs amants à la fois.

Il y avait progrès.

Nous n'entreprendrons point ici la nomenclature des galanteries de la jeune femme.

La tâche serait trop longue.

Et, d'ailleurs, où serait l'intérêt, et quel charme pourrait-on trouver à cette liste aride et interminable des amants favorisés par Olympia?

Mais, se demandent sans doute nos lecteurs, que devenait le prince Horace, tandis que sa femme laissait à tout venant dénouer sa ceinture?

Le prince Horace avait vécu d'abord dans la confiance la plus absolue à l'endroit de la fidélité conjugale d'Olympia.

Puis, un beau jour, des soupçons jaloux lui étaient venus en tête.

Nous savons trop bien, hélas! que ces soupçons étaient fondés.

Mais déjà Olympia avait pris sur son mari un empire absolu.

D'ailleurs, le caractère d'Horace, caractère naturellement faible, s'était complétement annulé par suite de l'excessif amour qui dévorait le cœur du jeune homme.

En face d'Olympia, il n'osait plus, il ne savait plus prononcer que des paroles de tendresse.

Cependant, mordu au cœur par les dents de feu du serpent de la jalousie, il essaya d'entamer timidement une humble explication.

Olympia répondit, avec une souveraine hauteur, qu'un soupçon était une insulte, et que, si son mari doutait d'elle, il était libre de la quitter.

Horace courba la tête.

Il avoua ses torts et demanda grâce.

Olympia saisit cette occasion de river solidement et à tout jamais la chaîne de son esclave.

Elle ne se laissa point facilement fléchir.

Cependant le prince, à force de supplications, obtint un pardon généreux.

Mais, à partir de ce moment, Olympia détesta son mari, que jusqu'alors elle se contentait de ne plus aimer.

Une pensée horrible lui vint à l'esprit.

La pensée de se débarrasser de lui.

Mais comment?

Olympia ne reculait point devant l'exécution d'un crime.

Mais elle voulait un crime habile, ingénieux, un de ces crimes qui ne relèvent point de la justice humaine.

La loi défend à une femme d'empoisonner son mari ou de lui donner un coup de couteau.

Mais elle ne lui défend point de le tuer à force de tendresse.

Olympia savait cela, et son parti fut bientôt pris.

Le lent assassinat de l'alcôve nuptiale, la mort se cachant sous des baisers, tout cela convenait d'une façon merveilleuse à la nature perverse et dissolue de la princesse.

Elle se mit immédiatement à l'œuvre.

Horace ne devina pas le piége sous les fleurs vénéneuses dont le couvrait Olympia.

Il crut, de la part de la jeune femme, à une recrudescence amoureuse.

Son front rayonnait de bonheur à mesure qu'il pâlissait davantage.

L'éclair de la joie brillait dans ses yeux caves qu'entourait une large auréole de bistre.

Il dépérissait de jour en jour.

Mais jamais il n'avait été plus heureux.

Six mois devaient amplement suffire à une femme jeune et belle comme Olympia pour assassiner un homme aussi amoureux que le prince Horace.

Dieu en avait ordonné autrement.

Horace ne mourut point.

Seulement le divin flambeau de l'intelligence éteignit en lui sa flamme.

Une sorte d'idioïsme s'empara de l'âme qui régnait sur ce corps épuisé.

Et personne, dans ce fantôme pâle et chancelant, aux regards hébétés, aux lèvres pendantes, murmurant des mots sans suite, personne, disons-nous, n'aurait pu reconnaître ce prince si jeune, si élégant, dont l'Italie entière connaissait et citait la beauté.

Voilà ce qu'avait fait Olympia.

Son but était atteint.

Sinon complétement, au moins d'une façon suffisante.

Être mariée à ce corps, qui n'était plus un corps et qui n'avait plus d'âme, n'était-ce pas être veuve ?

Sans doute Olympia avait rêvé un veuvage plus réel encore.

Mais peut-être n'avait-elle que bien peu de temps à attendre pour être entièrement satisfaite.

Elle se résigna.

VI

LA CARRIOLE.

Elle se résigna, nous l'avons dit, et se remit à mener une vie tellement dissolue que les courtisanes de Rome l'accusaient hautement de leur faire une insoutenable concurrence.

— Cette princesse nous ruine, disaient-elles, elle est riche et elle fait pour rien le métier dont nous vivons ! Qu'allons-nous devenir, si cela continue ?...

Cela continua pendant quelques années, au grand désespoir des pauvres pécheresses sans emploi auxquelles elle volait la riche clientèle qui les défrayait autrefois.

Puis Olympia avisa que Rome n'était plus pour elle un théâtre assez vaste et elle résolut d'aller demander des voluptés nouvelles à la seule ville du monde où tous les plaisirs ont des temples et tous les vices des autels.

On devine sans peine que nous voulons parler de Paris.

Aussitôt qu'Olympia eut pris cette détermination, elle donna des ordres à son intendant qui partit.

Quinze jours après, le petit hôtel de la rue du Mont-Blanc était acheté au nom de la princesse.

Nous avons assisté, dans le premier chapitre de cette première partie, à l'arrivée à Paris d'Olympia et de son mari.

Et maintenant que nous avons esquissé, trop longuement peut-être, le portrait et les antécédents de cette femme étrange à laquelle nous destinons un rôle important dans notre récit, rien ne retardera plus notre marche, nous l'espérons du moins.

§

Raphaël, nous l'avons dit, après avoir enfoncé jusqu'à la garde son couteau catalan dans la poitrine du baron de Maubert, était sorti de la petite maison de Marly et s'était éloigné dans la direction opposée à celle que prenait Camisard.

Raphaël, en ce moment, ne s'appartenait plus à lui-même.

Une sorte de délire dominait tout son être.

Au lieu de la volupté divine de la vengeance accomplie, le malheureux jeune homme ne ressentait que l'horreur du sang versé.

La nuit était profonde.

L'ouragan grondait toujours.

Dans ce bouleversement de la nature, la conscience troublée de Raphaël évoquait des fantômes.

Des spectres au visage livide surgissaient de toutes parts autour de lui.

Ces spectres avaient au cœur une plaie profonde et saignante.

Raphaël les reconnaissait.

C'était l'image cent fois répétée de sa victime.

C'était le baron de Maubert !

Ces spectres se donnaient la main et commençaient à enlacer Raphaël dans les anneaux d'une ronde infernale.

C'en était trop pour la raison chancelante et pour l'esprit frappé de l'infortuné jeune homme.

Il essaya de fuir.

Mais, comme dans un rêve, ses pieds s'attachaient au sol.

Il ne pouvait faire un seul pas.

Une force invincible et surnaturelle le clouait là, à cette place, sur le théâtre de son crime.

Les fantômes à la poitrine trouée se rapprochaient de plus en plus.

Ils touchaient presque Raphaël, qui déjà croyait sentir sur sa figure leur souffle fétide et glacé.

Raphaël mit ses deux mains sur ses yeux pour échapper à ces visions terribles.

Il fit une nouvelle tentative pour s'éloigner de ce lieu maudit.

Vains efforts !

Ses yeux se fermèrent.

Ses jambes fléchirent.

Il tomba sur le sol couvert de neige et y resta sans connaissance.

. . . .

Les premières sensations de Raphaël, en revenant à lui-même, furent celles-ci :

Il lui sembla qu'une sorte de balancement faible et régulier le berçait mollement.

Il lui sembla, enfin, qu'autour de ses oreilles murmurait ce petit bruissement métallique et sonore des clochettes agitées.

Mais ces perceptions étaient vagues et indistinctes.

Raphaël éprouvait et entendait tout cela à travers les brumes de son intelligence engourdie.

Il n'essaya ni de lutter, ni de se rendre compte.

Il n'aurait pas pu le faire.

Bientôt les perceptions s'éteignirent. A l'évanouissement avait succédé le sommeil.

Raphaël dormait profondément.

Quand il s'éveilla il faisait jour.

Le balancement continuait.

Les clochettes bruissaient plus que jamais.

Raphaël comprit alors qu'il était étendu sur une énorme botte de paille fraîche et sous un lourd manteau de laine, dans l'intérieur d'une de ces voitures de rouliers que recouvre une sorte de berceau de grosse toile.

Sur l'avant de la voiture était assis un homme qui, le fouet à la main et les jambes pendantes, fredonnait le refrain d'une ronde populaire.

Raphaël se persuada qu'il était arrêté et qu'une escouade de gendarmes et d'agents de police entouraient la voiture.

Il fit un mouvement pour se soulever et tâcher de fuir.

Ce mouvement fit retourner le compagnon de Raphaël.

Ce dernier aperçut alors une large et bonne figure, amplement colorée, dont les gros traits exprimaient la jovialité la plus franche et dont les lèvres s'entr'ouvraient dans un sourire permanent.

Cette vue rassura le jeune homme.

D'autant plus que son compagnon lui demanda tout aussitôt et avec une vive expression d'intérêt :

— Eh bien ! mon pauvre garçon, vous voilà donc éveillé, à la fin... savez-vous que je vous ai joliment cru mort ? Voyons, que vous est-il donc arrivé ?...

Raphaël comprit que son interlocuteur ne savait rien de ce qui s'était passé.

Il se dit qu'une réponse imprudente pouvait le compromettre et il résolut de ne rien dire avant d'avoir bien réfléchi à sa situation.

— Que vous est-il donc arrivé ? demanda pour la seconde fois le propriétaire de la voiture.

Raphaël porta la main à son front et murmura :
— Je ne me souviens pas...
— Vous souffrez ?
— Oui.
— Vous êtes malade ?
— Oui, bien malade !
— Pauvre garçon ! Ça vous fait peut-être du mal de parler ?
— Je le crois.
— Alors taisez-vous. Nous causerons plus tard. Je m'en vais seulement vous expliquer comment il se fait que vous vous trouviez ainsi dans la carriole de quelqu'un que vous ne connaissez pas et qui ne vous connaît pas davantage. Ça vous fera plaisir de savoir cela, n'est-ce pas ?

Raphaël fit signe que oui.

VII

LOUIS DUBOURG.

L'interlocuteur de Raphaël continua :
— Il faut vous dire que je suis voiturier de mon état et pour mon compte, mais pas dans le grand.

« Je fais un petit roulage entre Paris et Saint-Germain, je transporte des marchandises et je vis comme je peux, moi et ma famille, avec ce que ça me rapporte.

« Et, pour que vous ne l'ignoriez point, je vous apprendrai aussi que je m'appelle Jacques Potard.

« Or hier matin je suis parti pour Saint-Germain.

« Je devais revenir à Paris le soir, mais je me suis un peu attardé dans la ville et comme je ne voulais pas perdre ma journée d'aujourd'hui, je me suis mis en route cette nuit, malgré le mauvais temps...

« Hue donc, Bichette!... hue donc! ma pauvre cocotte!... »

Ceci s'adressait, soit dit en passant, à la vieille jument poussive qui traînait au petit trot le véhicule de Jacques Potard.

Ce dernier accentua d'un coup de fouet sur les reins du maigre animal son exclamation excitante, puis il reprit :

— Nous roulions tout doucement, Bichette, la voiture et moi, sur le pavé de Sa Majesté.

« Bichette connaît le chemin aussi bien que moi...

« Elle l'a fait si souvent, la pauvre vieille, qu'elle s'y retrouverait, bien sûr, les yeux fermés et sans bâton...

« Rassuré par son expérience et fatigué de ma journée, je dormais paisiblement dans la voiture.

« Tout à coup je me réveille en sursaut.

« Nous ne marchions plus.

« Je fouette Bichette.

« Au lieu d'avancer, Bichette recule.

« C'était étonnant, vous en conviendrez, monsieur, une bête qui n'a jamais reculé depuis quinze ans que nous sommes au service l'un de l'autre !

« Je descends de voiture pour aller voir ce qui causait une pareille révolution dans les habitudes de ma jument.

« Qu'est-ce que je vois, alors ?

« Vous en doutez-vous ?

— Non, répondit Raphaël.

— Je vois, poursuivit Jacques, je vois un corps humain étendu dans la neige tout au beau milieu de la route.

« C'était vous, ni plus ni moins.

« Je ramasse ce corps, je l'examine, je le tâte, il était encore chaud et le cœur battait, quoiqu'il ne battît pas bien fort...

« Certain, ou à peu près, de ne pas emmener avec moi un cadavre, je mets le corps dans ma voiture, je le couvre de mon mieux et je refouette Bichette.

« Vous en savez maintenant aussi long que moi.

« Enchanté, jeune homme, d'avoir eu le plaisir de faire votre connaissance. »

Raphaël tendit la main à Jacques Potard.

— Sans vous, lui dit-il, je serais mort de froid à la place où j'étais tombé...

— Dame ! ça me fait assez cet effet-là.
— Vous m'avez sauvé, monsieur...
— C'était bien naturel.
— Merci de cette bonne action...
— Bonne action !... pourquoi ? Tout le monde en aurait fait autant à ma place... mais ne parlons plus de cela et dites-moi, si toutefois vous pouvez causer un instant sans que ça vous fasse du mal, dites-moi comment il se fait que vous vous soyez trouvé dans le mauvais cas d'où j'ai eu la chance de vous retirer ?...

— C'est bien simple, répondit Raphaël qui avait eu le temps de bâtir l'histoire qu'il allait raconter à Jacques Potard...

— Je vous écoute de mes deux oreilles.
— Je venais de faire une longue route, à pied et presque sans ressources...
— Pauvre garçon !
— Mes forces avaient été encore diminuées par une maladie longue et pénible.

« Cependant, comme j'avais hâte d'arriver au but de mon voyage et que d'ailleurs l'argent me manquait pour payer l'hospitalité, je voyageais la nuit aussi bien que le jour.

« Sans doute, la nuit dernière, j'étais parvenu au dernier degré de l'épuisement.

« Mes jambes ont fléchi. Je suis tombé.
« Vous savez le reste.
— Et, demanda Jacques, où allez-vous ?
— A Paris.
— Rejoindre votre famille ?
— Je suis orphelin, je n'ai pas de famille...
— Au moins, des amis, des connaissances ?
— Je ne connais personne à Paris.
— Mais, alors, qu'y venez-vous donc faire ?...
— Essayer d'y gagner ma vie.
— Comment ?
— Je l'ignore.
— Vous avez un métier, sans doute ?...
— Aucun.
— Mais, demanda Jacques en fronçant le sourcil, de quoi viviez-vous donc avant de vous mettre en route

pour venir à Paris, puisque vous n'avez pas de métier ?...

— J'ai reçu quelque instruction; je donnais des leçons dans un pensionnat.

— Pourquoi avez-vous quitté ?

— Parce que la personne qui dirigeait cette pension est morte et que son successeur a donné ma place à un autre.

— Où était-il, ce pensionnat ?

— A Rouen.

— Je comprends tout cela, jeune homme, mais comment se fait-il que, n'étant pas ouvrier, vous portiez le costume d'un ouvrier ?...

— J'avais d'autres vêtements, je les ai vendus pour manger ; avec une partie de l'argent qu'ils ont produit j'ai acheté ceux-ci qui conviennent mieux, par leur simplicité, à ma condition malheureuse.

— Espérez-vous, une fois à Paris, tirer quelque parti de cette éducation que vous avez reçue et dont vous me parliez tout à l'heure ?...

— Je n'en sais rien.

— Ne croyez-vous pas qu'il vaudrait mieux entreprendre quelque chose de plus modeste, mais aussi de plus solide ?

— Sans doute, mais quoi ?...

— Nous nous occuperons de ça tout à l'heure. Comment vous appelez-vous, jeune homme ?

— Louis.

— Louis, quoi ?

— Louis Dubourg, répondit Raphaël, s'improvisant à la hâte un nom de famille.

— Eh bien ! mon cher Louis Dubourg, votre figure me revient, je vous crois un honnête garçon, et je vais vous le prouver : tant pis pour vous si vous me trompez !...

— Que voulez-vous dire, monsieur ?...

— Je veux dire que j'ai un frère, ce frère est fabricant de meubles dans le faubourg Saint-Antoine, il fait de très-grandes affaires. Ces jours derniers il me demandait encore si je connaissais un jeune homme actif et intelligent qui pût se charger de tenir ses livres en ordre ; je vous proposerai à lui, il vous acceptera, car je lui répondrai de vous, et vous aurez votre pain assuré...

Raphaël ne pouvait en croire ses oreilles.

Le hasard mettait a sa disposition le seul moyen vraiment efficace de cacher ses traces dans Paris, si la police venait à le rechercher pour le crime de la nuit précédente.

Les plus fins limiers de la rue de Jérusalem ne seraient-ils pas déroutés?

Sous l'humble apparence de Louis Dubourg, le teneur de livres, qui donc soupçonnerait l'individualité brillante du vicomte Raphaël?

Jacques Potard continua :

— Sans doute, c'est bien léger, peut-être même bien imprudent, ce que je fais là, car enfin je n'ai sur votre compte aucun renseignement positif, jeune homme, et je ne connais de vous que ce que vous avez jugé à propos de m'en apprendre... Mais j'ai confiance dans les physionomies, moi, et la vôtre me paraît franche et loyale... d'ailleurs, vous êtes jeune, et, à votre âge, il est rare que l'âme soit mauvaise et le cœur corrompu, et enfin, je vous le répète, tant pis pour vous si vous me trompez, le bon Dieu vous en punira.

« Vous voyez que je fais de mon mieux. J'offre ce que j'ai et c'est de bon cœur...

« Ma proposition vous va-t-elle ? »

VIII

DE BRAVES GENS.

Nous ne savons si nous sommes parvenus à faire partager à nos lecteurs une partie de l'intérêt, et surtout de la pitié profonde que nous inspire le héros de ce livre, le pauvre Raphaël...

Une constante fatalité, des entraînements presque irrésistibles, dominaient sa vie entière et le poussaient sans cesse au mal.

Et cependant, la nature de Raphaël n'était point mauvaise, son âme n'était point perverse.

Il y avait en lui de nobles sentiments, de bons et généreux instincts.

La preuve, c'est qu'après quelques secondes de réflexion il accepta avec une reconnaissance infinie l'offre bienveillante de l'honnête Jacques Potard, et il entrevit dans cette offre non-seulement le salut, mais encore l'avenir.

— En effet, se dit Raphaël, quelle existence est possible pour moi désormais?...

« Reprendre cette vie de luxe et de mollesse, cette vie éblouissante dont j'ai payé si cher le passager éclat, je n'en ai ni le pouvoir, ni la volonté, ni même le désir...

« Descendre les derniers degrés de l'échelle sociale, ramper dans les bas-fonds du monde souterrain, demander au vice et au crime le pain de l'oisiveté et l'or de la débauche, mieux vaut mourir que de vivre ainsi...

« S'armer de courage, au contraire, rompre avec de pernicieuses habitudes, chercher dans le travail l'oubli et le repos, étouffer un passé funeste, fonder un avenir de calme et de bonheur peut-être, voilà ce qu'il faut essayer...

« Il faut que le gentilhomme disparaisse.

« L'ouvrier le remplacera.

« Plus de vicomte Raphaël.

« Louis Dubourg subsiste seul!... »

Tandis que ces réflexions et bien d'autres de la même nature se formulaient dans l'esprit du jeune homme, sinon dans les termes que nous venons d'employer, du moins avec des expressions équivalentes, la carriole roulait toujours.

Vers les neuf heures du matin, elle entrait dans Paris.

Jacques Potard demeurait dans la rue Sainte-Avoie.

Bichette hâta le pas en approchant de son domicile et une sorte de frémissement joyeux parcourut sa longue échine tandis qu'elle franchissait le seuil de la porte cochère et qu'elle entrait dans une vaste cour, fort mal tenue et enfermée entre quatre corps de logis d'une gigantesque hauteur.

— Donnez-moi un coup de main, dit Jacques à Raphaël, et, sitôt que nous aurons dételé Bichette et remisé la carriole, nous irons dire deux mots à une certaine gamelle de soupe que ma'me Potard doit tenir prête...

Raphaël se hâta de rendre à son guide le service que ce dernier attendait de lui, et, l'instant d'après, il gravissait à sa suite les nombreuses marches qui conduisaient au logement du voiturier.

La porte du logement leur fut ouverte par une petite femme toute ronde et toute rougeaude dont la physionomie était aussi joviale que celle de son mari.

Derrière elle, deux enfants de six à huit ans, un garçon et une fille, notablement barbouillés de raisiné, tenaient ses jupes à pleines mains et se jetèrent dans les bras paternels quoiqu'ils fussent un peu intimidés par la figure inconnue de Raphaël.

Le logement était simple mais propre, et se composait de trois petites pièces.

L'une servait de cuisine.

La seconde de chambre à coucher.

La troisième était la chambre des enfants.

— Bonjour, Héloïse, bonjour, ma boulotte, dit Jacques à sa femme après avoir caressé son fils et sa fille et en appuyant deux robustes baisers sur les joues rebondies qu'Héloïse lui présentait.

— As-tu fait bon voyage, Jacques? lui demanda-t-elle.

— Parbleu! est-ce que nous ne faisons pas toujours bon voyage, Bichette et moi?... Tu sais bien qu'il y a une providence pour les honnêtes gens...

— Je t'attendais hier au soir...

— Je n'ai pas pu revenir, heureusement...

Jacques, tout en parlant, regarda Raphaël.

— Heureusement?... répéta sa femme, pourquoi?...

— Pour quelque chose que je ne peux pas te dire... Mais c'est assez causer... Voyons, Héloïse, la soupe est-elle prête?

— Elle mijote sur le poêle.

— Très-bien... j'amène quelqu'un à déjeuner.

— Qui donc?

— M. Louis Dubourg que voici et dont j'ai eu le plaisir de faire la connaissance...

— Mais, mon ami, y aura-t-il assez de soupe pour monsieur?...

— Quand il y a assez pour un, il y a assez pour deux, c'est le proverbe qui le dit, et les proverbes ont toujours raison; d'ailleurs tu nous confectionneras une omelette de douze œufs avec un joli morceau de lard, gras et maigre...

Raphaël voulut essayer quelques excuses à propos du dérangement qu'il apportait dans le ménage Potard.

Mais Jacques lui ferma la bouche.

— A table, dit-il, et dépêchons-nous. Tout de suite après le déjeuner, j'irai au faubourg Saint-Antoine pour ce que vous savez.

Le repas ne dura pas bien longtemps.

La soupe fut expédiée en un clin d'œil.

L'omelette de douze œufs disparut comme par enchantement, arrosée de deux litres d'un petit vin violet des coteaux d'Argenteuil.

Ce vin grattait, mais il passait.

Au premier verre, Raphaël faillit faire la grimace.

Mais il se rappela que le lafitte et le chambertin n'étaient plus faits pour lui.

Et il but.

Jacques Potard, en sortant de table, échangea sa blouse contre une redingote en drap marron qui ui tombait jusqu'aux chevilles, et sa casquette de peau de loutre contre un chapeau à longs poils.

Puis, avant de quitter la maison, il prit Raphaël à part et lui dit:

— Je vous laisse avec Héloïse, il est inutile de lui raconter la manière dont je vous ai rencontré; c'est la meilleure femme du monde, mais, vous savez, le sexe est bavard, c'est plus fort que lui; il ne peut pas tenir sa langue, et Héloïse irait raconter à droite et à gauche ce qu'il vaut mieux qui reste entre nous... vous comprenez?...

— Parfaitement, répondit Raphaël, et je ne dirai rien.

— Si Héloïse vous questionne, répondez-lui que vous êtes de la connaissance d'un fort épicier de Saint-Germain qui vous a recommandé à moi.

— Soyez tranquille.

— Si elle vous demande le nom de cet épicier, répondez qu'il s'appelle Blanchard. Justement, c'est comme ça que se nomme celui pour lequel je travaille.

— C'est convenu.

— Maintenant je vais sortir pour votre affaire. Ne vous impatientez pas, je reviendrai le plus tôt possible.

— Merci, monsieur, merci mille fois de tout ce que voulez bien faire pour moi !

— Chut! chut! en voilà assez... A propos, avez-vous une bonne écriture ?

— Passable.

— Donnez-m'en quelques lignes pour que je les montre à mon frère; c'est très-utile pour la tenue des livres.

Raphaël traça sur une feuille de papier trois ou quatre phrases insignifiantes.

— Superbe ! s'écria Jacques. Vous savez le calcul?

— Assez bien.

— Décidément, c'est un trésor que je donne à mon frère.

Et Jacques sortit.

Pendant son absence, la grosse Héloïse, curieuse comme toutes les filles d'Ève, ne se fit point faute de questionner son hôte.

Mais Raphaël, obéissant ponctuellement aux recommandations de Jacques Potard, ne répondit que ce qui avait été convenu entre eux, et, pour le reste, se renferma dans des banalités et des généralités.

Nous ne savons si Héloïse trouva son compte dans cette réserve.

Toujours est-il que si elle fut mécontente elle n'en laissa rien paraître et ne perdit pas un instant sa physionomie souriante.

Quand Jacques rentra, ses deux enfants s'étaient déjà familiarisés avec Raphaël.

Ils jouaient autour de lui, grimpaient à ses jambes et montaient sur ses genoux comme s'ils n'eussent fait autre chose de toute leur vie.

— Eh bien? demanda Raphaël au voiturier.

— Eh bien! c'est fait.

— Vous avez vu monsieur votre frère?...

— Oui.
— Vous lui avez parlé de moi ?
— Je n'allais chez lui que pour cela.
— Et il consent à m'employer ?...
— Sans doute. Vous entrerez en fonctions dès demain, et il vous attend tout à l'heure pour convenir de certains détails. Venez, dépêchons-nous.

Jacques Potard sortit avec Raphaël.

IX

LA FABRIQUE.

Isidore-Anselme Potard, frère aîné de notre ami Jacques, avait, dans la rue du Faubourg-Saint-Antoine, cette longue artère du quartier démocratique par excellence, une importante fabrique de meubles.

Il occupait près de cinquante ouvriers.

Ses ateliers jouissaient d'une réputation méritée.

Les principaux tapissiers de Paris lui accordaient leur confiance.

Son industrie reposait sur une large base.

On trouvait tout chez lui, depuis les mobiliers les plus simples jusqu'aux ameublements les plus somptueux.

La mansarde de l'artisan et le salon du grand seigneur pouvaient s'y fournir également.

La commode en noyer du petit bourgeois y coudoyait les fauteuils d'ébène sculpté du banquier.

Le chêne modeste et le bois des îles y dormaient côte à côte dans une paix fraternelle.

Isidore Potard faisait d'excellentes affaires.

Jusqu'à cette époque, il avait surveillé lui-même ses ouvriers et n'avait voulu confier à personne le soin de tenir ses livres.

Mais l'âge arrivait.

Et avec l'âge la fatigue.

Isidore Potard sentait le besoin d'être aidé dans ses travaux.

De là, sa demande à son frère.

Jacques et Raphaël traversèrent ensemble une longue cour ou plutôt une sorte d'avenue, garnie de chaque côté d'appentis sous lesquels étaient entassées des pièces de bois de toutes les espèces, noyer, acajou, palissandre, etc..., etc...

Les ateliers se trouvaient au bout de cette avenue.

Le voiturier et son jeune compagnon entrèrent dans ces ateliers.

L'ordre le plus parfait y régnait, joint à l'activité la plus bruyante.

Les ouvriers ébénistes, pour la plupart joyeux enfants de Paris, s'y livraient au travail avec une ardeur et une gaieté surprenantes.

Presque tous étaient jeunes.

Presque tous accompagnaient par des chants leur coup de rabot, de scie ou de marteau.

Aussi c'était un mélange inouï de flons-flons dépareillés et de refrains bizarres.

Toutes ces notes, tous ces refrains, se fondaient et se croisaient dans une cacophonie originale.

Les couplets anacréontiques du Caveau s'y mêlaient aux sanglots langoureux des romances élégiaques dont les orgues de Barbarie soupiraient dans les rues les mélodies mélancoliques.

C'était un pandémonium musical à faire dresser les cheveux sur la tête de tout amateur musical.

L'aspect de ce travail et de cette gaieté réjouit le cœur de Raphaël.

— Ces gens sont heureux, se dit-il, ils gagnent chaque jour le pain du lendemain, ils n'ont pas de remords, pas d'ambition, pas de soucis... Leur bonheur, un jour peut-être, pourra devenir le mien...

La porte du cabinet d'Isidore Potard se trouvait dans le fond des ateliers.

Jacques frappa à cette porte.

Le maître lui-même vint leur ouvrir.

— Tiens, c'est toi! dit-il à son frère, déjà revenu! Tant mieux, car j'ai à sortir tout à l'heure pour une commande importante qui vient de m'arriver...

— Dame! répondit Jacques, nous n'avons pas perdu de temps...

— Monsieur est sans doute le jeune homme dont tu m'as parlé?...

— Lui-même.

— Asseyez-vous, monsieur, et causons...

Raphaël prit une des quatre chaises foncées en paille qui, avec un bureau et un fauteuil garni de cuir noir, formaient tout l'ameublement du cabinet d'Isidore Potard.

Nous ne parlons que pour mémoire de quatre gravures encadrées, représentant quatre victoires de Napoléon et suspendues à la muraille.

Raphaël regarda le fabricant.

Isidore ressemblait beaucoup à son frère Jacques.

Seulement il avait dix ans de plus et ses cheveux épais et crépus blanchissaient par places.

Sa physionomie était douce et bienveillante.

Ses lèvres épaisses respiraient la bonté.

Ses yeux exprimaient l'honnêteté et la franchise.

— Causons, répéta Isidore, vous désirez entrer chez moi comme teneur de livres?...

— Oui, monsieur.

— Vous n'avez pas encore rempli ces fonctions?

— Non, monsieur.

— Peu importe. Comme vous avez de l'éducation et de l'intelligence, et que d'ailleurs ma comptabilité est des plus simples, j'aurai bien vite fait de vous mettre au courant...

— Je ferai de mon mieux, monsieur.

— C'est une bonne réponse, cela. Quand on fait de son mieux, il n'est rien que l'on ne fasse pas très-bien; n'est-ce pas ton avis, Jacques?

— Parbleu! répliqua le voiturier.

— Mon frère me répond de vous, continua Isidore, je n'ai pas besoin d'autres renseignements. Vous vous appelez, je crois, Louis Dubourg?...

— Oui, monsieur.

— Eh bien! mon cher Louis Dubourg, il ne nous reste plus, pour être d'accord, qu'un seul point à traiter.

— Lequel, monsieur?

— Celui des appointements. Quelles sont vos prétentions?

— Je n'en ai pas.

— Comment?

— Je veux dire que j'accepterai ce que vous jugerez convenable de m'offrir.

— Diable! vous êtes facile en affaires, mon jeune ami!

— Non, monsieur, mais je sais que j'ai peu de mérite et je m'en rapporte à vous pour évaluer à leur juste valeur les services que je pourrai vous rendre...

— Voilà un garçon qui parle bien ! dit tout bas Isidore à Jacques.

Puis il ajouta tout haut :

— Je vous donnerai provisoirement cent francs par mois. Cela vous va-t-il ?

— Cela dépasse mes espérances.

— Un peu plus tard, si je suis content de vous, comme je n'en doute pas, je vous augmenterai...

— Comme vous voudrez, monsieur, et quand vous voudrez...

— Vous sera-t-il indifférent de loger dans ma maison ?

— Non pas indifférent, monsieur, mais agréable.

— C'est le mieux du monde. J'ai une chambre toute prête à vous donner. Vous pourrez y coucher dès ce soir.

— Je vous remercie mille fois.

— Je n'ai pas besoin de vous dire que je tiens à des mœurs irréprochables...

— Sous ce rapport du moins, monsieur, vous n'aurez aucun reproche à me faire.

— Demain matin, à huit heures, nous nous mettrons en besogne et je vous indiquerai ce que vous aurez à faire.

— Oui, monsieur.

— A propos, mon ami, vous avez besoin sans doute d'acheter différentes petites choses avant de vous installer ici... Avez-vous l'argent nécessaire ?

Raphaël se sentit rougir.

— Non, monsieur, répondit-il.

— Tenez, voici un mois d'avance.

Isidore Potard ouvrit un des tiroirs de son bureau.

Il y prit une pile de pièces de cinq francs, qu'il mit dans la main de Raphaël.

Puis il ajouta :

— Maintenant je vous renvoie, car, ainsi que je vous le disais, j'ai à sortir pour une affaire pressante... Au revoir, Jacques ! Mon cher Louis, venez ce soir de bonne heure, on vous conduira à la chambre qui vous est destinée...

Raphaël se leva.

Il allait sortir du cabinet avec Jacques, quand la porte de ce cabinet s'ouvrit vivement.

Une jeune fille parut sur le seuil.

Elle fit un pas pour entrer, mais à la vue de Raphaël elle s'arrêta dans une pose charmante de timidité et d'indécision.

— Bonjour, ma petite Mélie... lui dit le voiturier.

Ces mots semblèrent décider la jeune fille.

Elle courut à Jacques et l'embrassa sur les deux joues en lui disant :

— Bonjour, mon oncle. Comment va ma tante Héloïse, et mon cousin Charles, et ma cousine Juliette ?

— Merci, ma petite Mélie, répondit Jacques, tout le monde va bien chez nous.

— Qu'est-ce que tu me veux, mon enfant ? demanda Isidore.

— Il y a dans les ateliers un entrepreneur qui voudrait vous parler, père, répondit la jeune fille.

— C'est bon, j'y vais.

Et tous nos personnages sortirent du cabinet.

Émilie, par abréviation *Mélie*, fille unique d'Isidore Potard, était une toute jeune fille de seize à dix-sept ans, petite et mignonne comme une enfant, blanche et rose avec de grands yeux bleus candides et étonnés, une bouche fraîche et souriante et un front pur couronné d'une forêt de beaux cheveux châtains naturellement ondés.

On ne pouvait rêver une plus charmante image de la gaieté et de l'innocence.

Elle était l'idole, non-seulement de son père, mais de tout l'atelier.

Les ouvriers d'Isidore, depuis le premier jusqu'au dernier, se seraient volontiers jetés dans l'eau ou dans le feu pour lui éviter une contrariété ou un chagrin.

Enfin, l'un d'eux, Parisien par excellence et chansonnier par tempérament, avait célébré les grâces et les vertus de *Mam'zelle Mélie*, dans une romance en seize couplets sur l'air célèbre du *Premier Pas*.

X

AMOUR...

Le soir de ce même jour, Raphaël revint à l'atelier du faubourg Saint-Antoine et fut installé par Isidore Potard dans la chambre qui lui était destinée.

Cette chambre, située au rez-de-chaussée, comme tout le logement du fabricant, était du reste parfaitement indépendante, et Raphaël pouvait y entrer et en sortir sans être vu de personne.

Un papier frais et doux à l'œil y tapissait les murs.

Un lit, une commode, un grand miroir, une petite table et quelques chaises composaient le mobilier, modeste assurément, mais presque neuf et d'une irréprochable propreté.

Certes, il y avait loin de cet humble logis de Louis Dubourg aux coûteuses somptuosités du charmant appartement qu'occupait sur le boulevard des Italiens le vicomte Raphaël.

Mais ce luxe, cette élégance, le vicomte Raphaël les devait au baron de Maubert d'exécrable mémoire.

Tandis que Louis Dubourg ne devait rien qu'à lui-même.

Ce qui faisait, selon lui, une compensation plus que suffisante.

Dès le lendemain, ainsi que cela avait été convenu, Raphaël entra en fonctions.

Isidore Potard ne s'était point trompé.

Au bout de deux ou trois jours, Raphaël était admirablement au fait de ses nouvelles occupations.

Le fabricant l'avait dit lui-même, la comptabilité de son établissement était des plus simples.

Bientôt Raphaël trouva cette besogne insuffisante.

Il avait besoin d'occuper sans relâche son corps et son esprit pour chasser les souvenirs douloureux ou funestes qui venaient l'assiéger et pour vivre en paix avec son âme.

Il demanda à son patron l'autorisation de passer dans les ateliers tous les instants pendant lesquels sa présence au bureau était inutile.

Cette permission lui fut accordée sans conteste.

A partir de ce moment, Raphaël se mit en quelque sorte en apprentissage.

Il travailla comme un simple ouvrier, et jamais il ne se sentait plus heureux que lorsque la sueur ruisselait sur son front ou que de grosses ampoules se faisaient à ses mains délicates.

L'épuisement et la douleur physique le distrayaient alors des souffrances morales.

Quelquefois Raphaël parvenait à engourdir ainsi son cœur, à endormir sa conscience...

Il oubliait !

Mais bien vite, trop vite, hélas ! l'image de Mathilde morte, de Mathilde adorée, venait rouvrir ses plaies saignantes.

Trop vite aussi le regret de ses fautes, le remords de ses crimes, lui refaisaient une couronne d'épines, d'incertitudes et d'angoisses.

— Soyez juste, mon Dieu ! murmurait quelquefois Raphaël, soyez juste, vous qu'on appelle le Dieu de clémence et de miséricorde !...

« Pardonnez-moi, car j'ai bien souffert !

« Pardonnez-moi, car je me repens !

« Pardonnez-moi, car je ne demande qu'à racheter mes fatales erreurs.

« Ne permettez pas qu'un passé maudit pèse sur ma vie tout entière.

« Je vous implore à deux genoux, mon Dieu, laissez ma voix monter jusqu'à vous, rendez-moi le repos ! »

. . . .
. . . .

Un jour arriva où la prière de Raphaël parut exaucée.

Le printemps était venu.

Les tièdes haleines des vents du midi remplaçaient les souffles glacés de la bise.

Trois ou quatre grands marronniers, plantés devant l'atelier, projetaient leur ombre sur les pavés, et dans leur feuillage épais criaillaient joyeusement des escouades de moineaux francs, ces *pierrots* parisiens, aussi spirituels et aussi effrontés que de vrais gamins des faubourgs.

Raphaël laissait ouverte la fenêtre du cabinet d'Isidore Potard, cabinet dans lequel il écrivait et faisait des chiffres pendant une partie de la journée.

A côté de cette fenêtre s'en trouvait une autre, toujours ouverte également.

C'était celle de la chambre de mademoiselle Émilie Potard.

Tant que la journée durait, la jeune fille se livrait auprès de cette fenêtre à toutes sortes de travaux d'aiguille, en chantant comme un chardonneret.

Elle avait une jolie voix, fraîche, pure, vibrante et assez étendue.

Aussi, du matin au soir, elle égrenait le chapelet mélodieux de ses notes perlées et de ses naïves chansonnettes.

Son répertoire était des plus étendus, et il fallait qu'elle fût douée d'une mémoire musicale véritablement surprenante pour s'être meublé la tête d'une telle quantité d'ariettes, de ponts-neufs, de romances et de chansonnettes.

Depuis le bureau devant lequel il travaillait, Raphaël entendait Émilie aussi bien que s'il se fût trouvé à côté d'elle et dans la même chambre.

Dans les premiers moments, ces rossignolades non interrompues lui causèrent des distractions intempestives et lui donnèrent un peu d'impatience.

Comment, en effet, prendre son parti d'une erreur dans une addition ou d'un énorme pâté d'encre sur une page du grand livre, vierge de toute tache jusqu'alors?...

Peu à peu cette impression disparut pour faire place à une autre.

Ces chansons, qui d'abord lui paraissaient importunes, lui parurent attrayantes.

Il les entendit sans impatience.

Bientôt après il les écouta avec charme.

Bientôt enfin il laissa tomber sa plume et suivit d'une oreille attentive et délicieusement émue les sons qui s'échappaient, comme un ruisseau mélodieux, des lèvres roses de la jeune fille.

Jamais dilettante enthousiaste ne prêta une attention plus fanatique aux accords des Pasta, des Malibran ou des Sontag.

A dater de ce jour, Raphaël déserta complétement

l'atelier et les travaux manuels qu'il y avait entrepris.

En revanche, il ne quitta plus le cabinet d'Isidore Potard.

Les ouvriers s'étonnaient de ne plus voir leur jeune compagnon, jadis si infatigable.

Isidore s'étonnait de l'ardeur que Raphaël apportait aux additions du *Compte courant* et au *Doit* et *Avoir* du grand livre.

Raphaël, lui, ne s'étonnait de rien...

De rien, que de ne plus souffrir.

Nos lecteurs se rendent compte à merveille du nouveau sentiment qui prenait sur notre héros un empire assez grand pour absorber et anéantir ainsi ses regrets et ses souvenirs.

Il aimait.

Il aimait à son insu, sans s'en rendre compte à lui-même, sans soupçonner seulement que cet amour fût possible.

Cette ignorance dura quelque temps.

Puis, un jour, Raphaël interrogea son cœur.

Son cœur lui répondit.

Il se fit en lui une lumière soudaine.

Mais cette lumière le blessa, comme un jour trop vif blesse les yeux de l'aveugle à qui on vient de rendre la vue.

Il essaya d'éteindre cette clarté, et il répondit à son cœur :

— Aimer!... moi!...

« Aimer encore une fois!...

« Aimer après Mathilde!...

« Après tout ce que j'ai souffert!...

« Allons donc! C'est impossible!... Tais-toi, mon cœur, et ne parle plus ainsi, car, en vérité, tu es fou. »

Et Raphaël ne s'apercevait point que, tandis qu'il s'efforçait d'évoquer ainsi le spectre de son premier amour, l'image de Mathilde ne lui apparaissait plus que lointaine et entourée de brumes et qu'il pouvait prononcer le nom de la duchesse, morte pour lui, sans qu'une douleur poignante étreignît et brisât son cœur et sans que des larmes jaillissent de ses yeux.

Quelques jours se passèrent encore.

Puis l'heure arriva où le doute ne fut plus permis.

Raphaël, honteux et désespéré, nous écrivons à dessein ces deux mots, fut forcé de s'avouer qu'il aimait Émilie.

XI

UN RÊVE.

Raphaël, honteux et désespéré, avons-nous dit à la fin du chapitre précédent, fut forcé de s'avouer qu'il aimait Émilie.

Ici nous devons commenter notre pensée, qui ne nous paraît pas suffisamment intelligible.

Raphaël avait honte de son nouvel amour, parce qu'il trouvait lâche de donner à une autre femme, et de lui donner si vite, cette place dans son cœur qu'il s'était juré de conserver toujours à Mathilde.

Le désespoir se mêlait à la honte, parce qu'il se disait que jamais Émilie ne pourrait lui appartenir, le passé mettant un abîme entre lui et la fille d'Isidore Potard, et l'idée de payer par une séduction infâme le confiant accueil qu'il avait reçu dans cette maison ne pouvant pas même se présenter à son esprit.

Ainsi donc, le cœur du pauvre Raphaël allait se déchirer à de nouvelles ronces!...

Ainsi donc, la destinée inexorable lui préparait de nouvelles tortures!...

Raphaël était las de combattre contre le sort et de sortir toujours vaincu de cette lutte inégale.

Il se dit qu'il fallait en finir.

Mais comment?...

Il songea au suicide.

Mais il éloigna cette pensée.

N'avait-il pas déjà essayé de mourir?...

La mort l'avait repoussé.

D'ailleurs le suicide était la ressource des lâches...

Et Raphaël ne voulait plus être lâche.

Il songea à partir.

Mais où irait-il?...

Que faire!...

Que devenir?...

Raphaël prit dans ses deux mains sa tête brûlante dont les artères douloureuses battaient à rompre ses tempes.

Il la serra convulsivement.

Alors il eut un mouvement de joie.

Il lui sembla, pendant une seconde, que la folie descendait en lui...

Et la folie, cette mort de la pensée, c'était presque le repos de la tombe.

Vain espoir!

Raphaël ne devenait pas fou.

Dieu ne le prenait point en pitié.

Seulement la force physique du malheureux jeune homme ne pouvait résister à d'aussi terribles secousses. La fièvre s'empara de lui.

A cette fièvre se joignit un effrayant délire.

Le troisième jour, on désespérait de le sauver.

Cette maladie inattendue causa une stupeur générale et un chagrin vivement senti dans la maison et dans les ateliers.

Tout le monde aimait Raphaël.

Les ouvriers, parce qu'ils lui reconnaissaient sur eux une supériorité intellectuelle très-marquée, et que, malgré cela, il ne se montrait ni fier ni arrogant, mais au contraire doux, modeste et presque timide.

Isidore s'était pris pour son teneur de livres d'une sympathie et d'une affection que méritaient d'ailleurs le zèle, l'intelligence et la bonne conduite du jeune homme.

Enfin Émilie, la plus réservée de tous dans l'expression de ses craintes et de son chagrin, n'était pas celle, à coup sûr, qui sentît le moins vivement.

Nous ne prétendons pas dire qu'elle aimât Raphaël, ou du moins qu'elle l'aimât d'amour.

Mais, en outre de cette affection machinale dont il est impossible de se défendre à l'endroit d'un commensal de tous les jours et de tous les instants, la gentille enfant n'avait pu se défendre d'éprouver quelque émotion à la vue de ce jeune homme, si beau malgré sa pâleur, si élégant de tournure et de manières malgré ses vêtements plus que simples, si rêveur presque toujours et si triste quelquefois.

Aussi la pauvre petite priait Dieu, matin et soir, de rendre la santé au malade.

Dieu ne sembla point d'abord écouter cette fervente prière.

Le mieux ne venait point.

Tout au contraire, l'état de Raphaël empirait d'heure en heure.

Le quatrième jour, le médecin, en faisant sa visite du soir, hocha la tête d'un air sinistre.

— Eh bien ! docteur ?... demanda Isidore avec inquiétude.

Le médecin ne répondit pas d'abord.

Il interrogea de nouveau le pouls du malade.

Puis il sembla se consulter.

— Eh bien, répéta M. Potard, que dites-vous, docteur ? Votre silence m'épouvante !...

— Je dis, répondit le praticien, je dis que ce jeune homme est perdu...

— Perdu ? — s'écrièrent à la fois Isidore et Émilie.
— Oui.
— Sans ressource ?
— A moins d'un miracle...
— Docteur... docteur, prenez garde...
— A quoi ?...
— Ne peut-il vous entendre ?
— C'est impossible.
— Pourquoi donc ? il ne dort pas...
— Sans doute, mais il a le délire, et ce délire ne finira qu'avec sa vie...
— A son âge, la jeunesse est si forte et le corps a tant de ressources...
— Cette force, ces ressources du corps, seront impuissantes dans le cas présent.
— Ainsi, docteur, plus d'espoir ?...
— Aucun, — je répète qu'à moins d'un miracle le malade succombera dans la nuit, et comme je suis voltairien dans l'âme, je vous avoue que je crois fort peu aux miracles !...

Et, sur ce, le docteur sortit, enchanté de l'aimable plaisanterie qu'il venait de se permettre.

Le docteur se trompait cependant.

Il ne croyait point aux miracles.

Un miracle se fit.

Au point du jour, — le lendemain, — le délire avait disparu, la fièvre diminuait sensiblement et Raphaël était sauvé.

Quand le médecin se présenta à la fabrique, croyant n'avoir autre chose à faire que de constater un décès, sa surprise fut si grande qu'il ne put prononcer un seul mot.

Ce jour-là il ne fit pas d'autres visites.

Il rentra chez lui et se mit au lit.

La stupeur et le saisissement avaient causé en lui une révolution.

Il en mourut la semaine suivante.

§

Voici d'où provenait l'amélioration inattendue et incompréhensible de l'état de Raphaël.

Au milieu des fantômes incohérents, fils de la fièvre et du délire, — au milieu de cette crise suprême qui devait jeter son âme dans les abîmes de l'inconnu, Raphaël avait fait un rêve ou plutôt il avait eu une vision.

Deux figures, nuageuses et indistinctes comme ces filles fantastiques de la brumeuse Écosse chantées par le barde Ossian, avaient lentement surgi devant lui.

Peu à peu ces figures, flottantes d'abord et indécises, sorte de brouillard affectant une forme humaine, avaient matérialisé leurs contours.

C'étaient deux femmes.

Dans les traits charmants de ces femmes, Raphaël avait reconnu le beau visage de Mathilde, le doux visage d'Émilie.

Mathilde n'était plus pâle, Mathilde ne pleurait plus.

Une auréole lumineuse, celle sans doute que Dieu met au front des anges, entourait son front rayonnant.

Ses regards étaient radieux.

Sa bouche souriait.

Ses beaux yeux s'attachaient sur ceux de Raphaël avec une expression d'une douceur infinie.

Chose étrange !

La grande dame, — la femme de race, — Mathilde de Simeuse, duchesse de La Tour-du-Pic, donnait la main à la fille du peuple, à Émilie, à sa rivale, et semblait serrer cette main.

Pourquoi ce rapprochement bizarre ?...

Pourquoi venaient ainsi au chevet de son lit de mort ces deux femmes, ces deux amours ?...

Voilà ce que se demandait Raphaël.

Voilà ce que Raphaël ne pouvait comprendre.

— Mon ami, — lui dit alors Mathilde d'une voix qui remua profondément toutes les fibres du cœur du jeune homme, — nous avons beaucoup souffert l'un par l'autre, parce que nous nous sommes beaucoup aimés et que le ciel maudit les amours adultères...

« Aujourd'hui Dieu m'a pardonné, Dieu m'a rendu ma pureté primitive et il n'y a plus pour vous, dans mon âme, que la sainte affection d'une sœur...

« Une chose manque à mon bonheur, Raphaël, c'est de vous voir heureux autant que je le suis moi-même...

« Ce bonheur que j'envie pour vous, je viens vous l'apporter, mon ami... »

XII

L'AVANT-SCÈNE DU COTÉ DROIT.

Raphaël écoutait.

Il écoutait, haletant, l'œil fixe, la poitrine soulevée, le cœur battant à peine.

Il écoutait cette voix ressuscitée ; — il regardait cette vision de l'autre monde que Dieu envoyait à son délire.

Car ce rêve fiévreux, ces fantômes menteurs, prenaient pour lui toutes les proportions d'une vision céleste.

Mathilde poursuivit de sa voix douce et fière qui semblait à Raphaël un écho des harmonies du ciel :

— Je vous amène le bonheur...

« Il est là... près de vous...

« Le bonheur, c'est cette enfant candide que je tiens par la main...

« Elle n'a pas, comme moi, prononcé des serments qu'elle trahirait en vous aimant...

« Son amour renfermera des joies divines, car elle est libre de donner son cœur, et sa tendresse ne sera point coupable...

« Elle vous aimera, Raphaël, elle vous aimera si vous l'aimez...

« Aimez-la donc, Raphaël, aimez-la en souvenir de moi...

« C'est le dernier vœu, c'est la dernière prière de Mathilde, morte pour vous... »

Il se fit un instant de silence.

Puis il sembla à Raphaël que la duchesse faisait deux pas en avant et mettait dans sa main brûlante la main virginale d'Émilie.

L'instant d'après, tout disparut, et Raphaël se retrouva seul.

L'effet de cette vision fut immense sur l'imagination frappée du malade.

Elle fit couler un baume bienfaisant et sauveur dans son sang calciné.

Jusqu'alors le souvenir de Mathilde avait été pour lui amer et déchirant.

A partir de cette heure, il se persuada que la duchesse, devenue son bon ange, le protégeait du haut du ciel.

Le calme lui revint aussitôt.

Or, le calme, c'était le salut.

§

Raphaël, une fois guéri, osa donc s'abandonner tout entier à la passion violente qu'il ressentait pour Émilie.

Ceci veut dire qu'il ne résista plus à l'entraînement de son cœur, mais il renferma cet entraînement en lui-même et ni un mot ni un regard ne vinrent révéler à la jeune fille les sentiments qu'elle avait inspirés.

Cet état de choses dura deux mois environ, jusqu'au moment où des événements nouveaux vinrent jeter du drame dans l'existence, passagèrement calme, de nos personnages.

On jouait au théâtre de la Gaîté une pièce à grand spectacle intitulée : *La Fiancée du Bandit*.

Cette pièce obtenait un succès colossal.

Tout Paris encombrait chaque soir la salle de spectacle fondée jadis par Nicolet.

On parlait beaucoup de *la Fiancée du Bandit* dans les ateliers du faubourg Saint-Antoine.

Plusieurs des ouvriers d'Isidore Potard avaient consacré leurs soirées du dimanche à l'audition de ce chef-d'œuvre entremêlé de coups de fusil et de combats au sabre.

Ils en racontaient des merveilles.

La curiosité d'Émilie fut vivement excitée.

Elle témoigna à son père le désir d'aller jouir à son tour du spectacle si vanté.

Le fabricant ne se fit point prier.

Ce soir-là même, la jeune fille se vêtit coquettement d'une jolie robe de mousseline fond blanc à mille raies roses.

Elle noua sous son cou mignon les brides d'un petit chapeau de paille à rubans cerise.

Et, toute joyeuse, elle se mit en route au bras de son père qui, voulant que la partie fût complète, la mena dîner au *Cadran Bleu*.

Raphaël les suivait de loin.

Il dîna, d'une façon modeste, dans un petit établissement presque contigu au grand restaurant que nous venons de nommer.

Puis il entra à la Gaîté de son côté.

Et là, tandis que le père et la fille prenaient place à la première galerie, il s'installait dans un coin du parterre, ayant peu de souci de mal voir la pièce pourvu qu'il lui fût possible de ne pas perdre Émilie de vue un seul instant.

Le spectacle commença.

On joua d'abord un petit vaudeville qui ne fut guère écouté.

Aussitôt après cette bluette, sorte de hors-d'œuvre jeté en pâture à l'appétit robuste des habitués du boulevard, on fit un court entr'acte et la toile se leva pour la pièce de résistance.

Nos lecteurs, sans doute, se soucient fort peu d'être par nous mis au courant des péripéties de l'odyssée héroï-comique dont un chef de brigands italiens était le principal personnage.

Dans le cas où, par impossible, ils attacheraient à cette analyse plus d'importance que nous ne le supposons, nous prendrions la liberté de les renvoyer aux feuilletons des journaux de l'époque, si tant est que les journaux se soient occupés de cette œuvre indigeste.

Enfin la brochure de la pièce se trouve facilement dans les casiers des bouquinistes du Pont-au-Change.

Elle y est cotée : *Deux sous.*

Chacun a le droit de s'en passer la fantaisie.

La salle de la Gaîté était plus que pleine.

On avait refusé beaucoup de monde à la porte.

Et cependant le deuxième acte touchait déjà à sa fin, que deux loges, évidemment louées à l'avance, restaient encore inoccupées.

C'étaient les avant-scènes du côté droit et du côté gauche.

Celle du côté droit s'ouvrit la première.

Une jeune femme y fit son entrée.

A son aspect, un murmure d'admiration s'éleva de toutes les parties de la salle.

Nos lecteurs n'auront point de peine à s'expliquer ce murmure flatteur quand ils sauront que cette femme si belle était la princesse Olympia.

Raphaël regarda comme tout le monde.

Comme tout le monde, il admira la splendide beauté de la nouvelle venue.

Puis son regard, un instant distrait, se reporta sur Émilie et ne s'en détourna plus.

La princesse, conduite dans cet humble théâtre par un de ces caprices qui lui étaient fréquents et qui nous seront plus tard expliqués, était absolument seule.

Elle ne sembla ni étonnée, ni dépaysée en se trouvant dans un lieu si différent des théâtres aristocratiques dont elle avait l'habitude.

Elle ne parut nullement se préoccuper du spectacle, et se mit à braquer sa lorgnette sur tous les points de la salle avec un aplomb inouï et une suprême impertinence.

Le double canon de sa jumelle errait de loge en loge, ne dédaignant point de s'arrêter à l'amphithéâtre et descendant même au parterre.

Cet examen minutieux et détaillé ne la satisfaisait point sans doute, car elle allait le cesser et déjà elle se retournait à demi vers le théâtre d'un air distrait et dédaigneux.

Mais soudain son rayon visuel rencontra par hasard le profil de Raphaël.

La princesse tressaillit légèrement.

Elle regarda de nouveau le jeune homme avec attention et persistance.

Et s'apercevant à merveille que de son côté il regardait quelqu'un, elle se pencha hors de sa loge et chercha à découvrir ce quelqu'un.

Mais la position de sa loge rendait cette tentative impossible.

Émilie et son père étaient placés du même côté que l'avant-scène de la princesse.

Olympia ne put les voir.

Elle ne s'obstina point et, reprenant sa première position, elle dirigea plus que jamais sur Raphaël les verres grossissants de sa lorgnette.

Le jeune homme ne se doutait même pas de l'attention étrange dont il était l'objet.

Depuis assez longtemps le manége d'Olympia se continuait sans aucun résultat, quand enfin l'avant-scène située en face de celle de la princesse cessa d'être inoccupée.

Mais ce ne fut pas une femme qui vint en prendre possession.

Un jeune homme, de ceux qu'on appelait alors des *dandys*, vêtu avec une élégance si incroyable qu'elle devançait de six mois les modes ridicules de l'époque, entra bruyamment dans cette avant-scène sur le rebord de laquelle il étala ses manchettes et ses gants paille.

En même temps, un grand valet de pied, galonné sur toutes les tailles, entra de vive force dans le parterre déjà trop plein et, quoique sa venue intempestive soulevât des orages, il se fit faire violemment place à côté de Raphaël.

Le jeune homme de l'avant-scène paraissait avoir vingt-cinq ou vingt-six ans, tout au plus.

Ses traits étaient d'une régularité charmante et il y avait dans son apparence une distinction innée qui décelait au premier abord le gentilhomme et l'homme du monde.

Quelque chose cependant déparait ce séduisant extérieur.

Une large auréole bleuàtre entourait de grands yeux noirs et trahissait les fatigues de l'orgie.

Les lèvres minces et pâles devaient mettre en garde contre la franchise et la loyauté du caractère.

Et enfin le regard avait une insoutenable expression de fatuité et d'insolence.

Ce jeune homme ne se servait pas de lorgnette.

Il portait un binocle en or émaillé, ciselé avec un goût exquis et suspendu à un ruban de moire qui tranchait sur son gilet blanc.

Il dirigea ce binocle du côté de l'avant-scène d'Olympia.

La princesse le lorgnait en ce moment.

Évidemment ils se connaissaient, car le jeune homme salua de la main.

Olympia répondit par un sourire à ce salut impertinent.

Puis elle se remit à regarder Raphaël, tandis que le jeune homme se livrait à son tour à un examen détaillé des spectateurs ou plutôt des spectatrices qui garnissaient la salle.

Il ne tarda point à distinguer Émilie.

Et, à partir de ce moment, il attacha sur la jeune fille un regard aussi obstiné que celui que la princesse adressait à Raphaël.

L'obsession de ce regard fixe et perçant exerça sur Émilie une influence en quelque sorte magnétique.

Malgré elle, ses yeux se tournèrent du côté de l'avant-scène.

Elle devina l'attention cynique dont elle était le but.

Elle changea de visage et se sentit rougir.

Raphaël s'aperçut du trouble d'Émilie.

Il en chercha la cause et ne tarda point à la découvrir.

Son cœur battit plus vivement, la jalousie et la colère fouettèrent son sang dans ses veines.

L'acte suivant lui sembla d'une interminable longueur.

A peine la toile venait-elle de retomber pour l'entr'acte, que le jeune homme de l'avant-scène se pencha du côté du parterre.

Il sembla chercher quelqu'un, puis il fit un signe que Raphaël crut d'abord s'adresser à lui.

Mais il reconnut aussitôt qu'il se trompait, car le valet de pied, son voisin, répondit à ce signe par une respectueuse inclination de tête et sortit.

Raphaël, poussé par une sorte de pressentiment, quitta le parterre en même temps que lui.

Le valet de pied gravit l'escalier qui conduisait au premier étage.

Raphaël le suivit.

Le jeune homme de l'avant-scène attendait dans le couloir.

Le valet s'approcha de lui le chapeau à la main.

Raphaël, dont le costume modeste ne pouvait un seul instant attirer l'attention du dandy, commença à se promener dans le couloir, de l'air le plus indifférent du monde, passant et repassant sans affectation de manière à entendre d'une façon presque complète la conversation suivante :

— Écoute-moi avec attention, Georges, et sois habile, si tu peux...

— Je ferai de mon mieux, monsieur le marquis...

— Il y a en face de toi une fort jolie fille... l'as-tu remarquée?...

— Non, monsieur le marquis... je n'ai remarqué personne...

— Que faisais-tu donc?

— Je regardais le spectacle.

— Imbécile!!

— Monsieur le marquis est bien bon.

— Enfin, maintenant que tu es prévenu, regarde...

— Je n'y manquerai pas. La jolie fille en question est-elle dans une loge?...

— Non, elle est à la galerie.

— Seule?

— Non, avec un homme âgé qui doit être le père.

— Monsieur le marquis veut-il être assez bon pour me détailler un peu la toilette afin qu'il n'y ait pas de confusion possible?

— Robe blanche et rose, chapeau de paille à rubans cerise...

— A merveille.

— D'ailleurs, approche-toi de la lucarne de cette loge et regarde...

— Je vois le mieux du monde ; il n'y a pas d'erreur possible.

— Comment trouves-tu la jeune fille ?...

— Délicieuse ! D'ailleurs le goût de monsieur le marquis est bien connu !...

— Tu sais ce qui te reste à faire ?

— Parfaitement. Je vais suivre le père et la fille à la sortie du spectacle. Ce soir je connaîtrai la demeure et demain je saurai le nom.

— C'est cela même, prends garde d'être remarqué... ta livrée est bien voyante...

— Que monsieur le marquis se rassure, je suivrai de très-loin, en amateur, personne ne fera seulement attention à moi.

— Fort bien.

— Où devrai-je rendre compte à monsieur le marquis de la commission dont il me charge ?...

— A l'hôtel ; je rentre ce soir.

Le valet de pied s'inclina de nouveau et s'en fut reprendre sa place au parterre.

Celui qu'on appelait monsieur le marquis se réinstalla dans son avant-scène.

Quant à Raphaël, aveuglé à demi par le sang qui du cœur lui montait à la tête, il passa l'acte suivant à se promener comme un fou dans les couloirs, au grand étonnement des ouvreuses qui ne comprenaient point qu'on payât sa place pour ne pas voir le spectacle, surtout quand le spectacle était aussi intéressant que *la Fiancée du Bandit*.

Olympia avait suivi du regard la sortie de Raphaël.

Elle avait épié son retour, et, ne le voyant pas reparaître, elle semblait s'être décidée à écouter la prose excentrique qui se débitait sur la scène.

Cependant le spectacle s'acheva.

La toile tomba sur le dernier acte, les portes des loges et des galeries s'ouvrirent à la fois, et le public commença à engorger les corridors et les escaliers.

Raphaël avait eu le temps de prendre un parti.

Il s'était décidé à suivre le jeune homme de l'avant-scène afin de savoir qui il était et où il demeurait, chose indispensable pour pouvoir se mettre en mesure de déjouer ses projets.

En conséquence, il attendit que le marquis parût.

Mais le marquis n'était point homme à se commettre dans la cohue.

La porte de sa loge fut la dernière qui s'ouvrit, alors que la foule était presque entièrement écoulée.

Olympia avait agi de la même façon.

Le marquis et elle se rencontrèrent en haut de l'escalier.

La princesse tendit cavalièrement la main au jeune homme.

— Bonsoir, princesse, lui dit ce dernier.

— Bonsoir, Hector, répondit-elle.

— Qu'avez-vous donc ? vous semblez soucieuse.

— Moi, je n'ai rien... une petite contrariété... une bagatelle...

— Puis-je savoir?...

— Non, vous vous moqueriez de moi et vous auriez, ma foi, raison...

— Princesse!...

Le marquis allait continuer.

Olympia l'interrompit vivement.

— Regardez donc! lui dit-elle.

— Quoi?

— Ce jeune homme...

Et la princesse désignait, du bout de son éventail, Raphaël qui marchait à huit ou dix pas devant eux.

— Eh bien! ce jeune homme...

— Ne trouvez-vous point qu'il est merveilleusement beau? demanda Olympia.

— Beau, peut-être, mais bien mal mis, répondit le marquis Hector.

Olympia haussa les épaules.

— Pauvre sot que vous êtes, murmura-t-elle à demi-voix, vous n'admireriez point le Bacchus indien, s'il n'était pas habillé comme vous.

Les deux interlocuteurs étaient arrivés au bas de l'escalier.

Le marquis offrit sa main à Olympia pour lui faire traverser le boulevard et la conduire à sa voiture.

La princesse, durant ce trajet, se retourna plus d'une fois.

Mais elle ne vit plus Raphaël qui semblait s'être perdu dans la foule.

Le marquis, après avoir mis Olympia en voiture, s'élança dans la sienne en criant au cocher :

— Chez moi !

Les chevaux partirent au grand trot.

— Dix francs pour vous si vous suivez cette voiture, dit Raphaël au conducteur d'un cabriolet de place dans lequel il venait de monter.

— Nous la suivrons, mon bourgeois, ou j'y crèverai ma bête, répondit le cocher.

Et il ajouta mentalement :

— Ça m'est bien égal, elle est à mon patron !...

Et les coups de fouet commencèrent à pleuvoir dru comme grêle sur le dos du pauvre animal.

La malheureuse bête regimba d'abord.

Puis, obéissant à des arguments sans réplique, elle partit presque aussi vite que les chevaux anglais du marquis.

XIII

LE MARQUIS HECTOR.

Le cocher de Raphaël gagna consciencieusement ses dix francs.

Deux ou trois fois, à la vérité, dans des embarras de voitures, notre héros faillit perdre de vue le coupé du marquis.

Mais son humble véhicule parvint toujours à rejoindre l'élégant équipage, qu'il vit enfin entrer dans un petit hôtel complètement isolé et bâti, entre une vaste cour et d'immenses jardins, dans cet espace qu'occupent aujourd'hui les rues de Berlin et de Milan.

Raphaël laissa s'écouler dix minutes.

Puis il descendit de cabriolet et frappa à la porte cochère.

Cette porte s'ouvrit et un gros *suisse*, énormément galonné et cependant plus poli que ne le sont d'habitude messieurs ses collègues, demanda à Raphaël :

— Qu'y a-t-il pour votre service, jeune homme ?
— N'est-ce pas ici, fit Raphaël, que demeure M. le comte de Sarcelles ?...
— Non, répondit le suisse.
— Vous en êtes bien sûr ?...
— Parbleu ! cet hôtel appartient à monsieur le marquis de Châteaudieu, mon maître, qui l'occupe en totalité.
— Je vous remercie, dit notre héros, c'est qu'on m'aura mal indiqué l'adresse.
— C'est plus que probable; de quelle part veniez-vous ?...
— De la part de Binder, le carrossier, dont je suis le premier commis...
— Eh bien ! jeune homme, cherchez ailleurs...
— C'est ce que je vais faire...
— Je vous préviens, du reste, ajouta le suisse, que je ne connais dans ce quartier aucun comte de Sarcelles, et pourtant je suis assez répandu dans le monde aristocratique...

Raphaël quitta l'hôtel.
Son but était atteint.
Il savait que le jeune homme de l'avant-scène s'appelait le marquis Hector de Châteaudieu.
Il remonta dans son cabriolet et se fit conduire au faubourg Saint-Antoine, où il arriva une heure après Isidore Potard et sa fille Émilie.

§

Le marquis Hector attendait dans sa chambre à coucher que son valet de pied vînt lui rendre compte de la commission dont il l'avait chargé.

L'ameublement de cette chambre était d'un goût exquis.

Un lit à colonnes torses, en ébène sculpté, en occupait le fond.

Les couleurs vives et bigarrées de ses lourds rideaux de lampas oriental tranchaient avec le ton mat des boiseries, rehaussé par un léger filet d'or bruni.

L'étoffe des portières, des rideaux des fenêtres et des meubles était pareille à celle des rideaux du lit.

Le tapis blanc semblait jonché de bouquets de roses.

La cheminée en marbre blanc, ciselée précieusement par l'un des premiers sculpteurs de l'époque, supportait en guise de pendule un socle de granit rose, couronné par une magnifique copie de la Vénus accroupie.

Les candélabres, à huit branches, figuraient des nymphes et des faunes capricieusement enlacés.

A côté de ces candélabres se trouvaient d'énormes potiches du Japon remplies de fleurs.

Des tableaux de maîtres, presque tous de l'école italienne, brillaient dans chacun des panneaux.

Le valet de chambre d'Hector venait de déshabiller son maître.

Le jeune homme, vêtu d'une légère robe de chambre en toile perse et à demi couché dans un large fauteuil, dégustait lentement un sorbet au marasquin, contenu dans une coupe en verre de Bohême.

L'une des fenêtres entr'ouverte laissait arriver jusqu'à lui une brise tiède et odorante qu'embaumaient les parfums des arbres du jardin.

De temps en temps, il bâillait avec nonchalance.

Somme toute, il paraissait s'ennuyer prodigieusement.

Hector de Châteaudieu avait vingt-six ans.

Il était orphelin et depuis sa dix-huitième année, il jouissait d'une fortune de deux cent mille livres de rentes.

Hector avait reçu du ciel les trois choses qui, au dire de certains philosophes matérialistes, doivent suffire pour constituer la plus grande somme possible de bonheur :

Beaucoup d'argent.

Un mauvais cœur.

Et un bon estomac.

Cependant Hector n'était rien moins qu'heureux.

La raison en est simple.

Dès sa jeunesse, Hector n'avait pas pu former un désir sans que ce désir fût immédiatement accompli.

Aussi n'avait-il point tardé à se trouver en face de toutes les jouissances de la vie, dans la situation d'un convive attablé devant un festin splendide et auquel l'appétit manque dès le premier service.

Les passions d'Hector étaient vives, — sa nature vicieuse et dissolue.

Il y avait en lui de l'Arétin et du marquis de Sade.

Un esprit vif et une intelligence développée étaient venus en aide à ses vices.

Bien peu de femmes avaient résisté aux séductions réunies de sa jeunesse, de son esprit, de sa beauté et de sa fortune.

Hector s'était promptement blasé.

Incapable de comprendre et de partager une affection sincère et sérieuse, il n'avait jamais vu dans l'amour que le libertinage.

A vingt ans il lui fallait ces surexcitations factices, ce galvanisme de la débauche que recherchent certains vieillards épuisés.

Pour lui la maîtresse de la veille ne pouvait plus être celle du lendemain.

Chaque jour devait lui amener, non pas un nouvel amour, mais un nouveau plaisir.

Ces plaisirs sans cesse renaissants, Hector les cherchait partout, les voulait à tout prix.

Il explorait lui-même les régions du grand monde et celles de la haute galanterie.

D'autres fouillaient pour lui les étages inférieurs et les bas-fonds du vice.

Hector s'était mis en tête de continuer les mœurs de la Régence.

Il donnait de petits soupers qui continuaient la tradition des fabuleuses orgies de Mousseaux.

Les choses allèrent si loin que la police faillit s'en émouvoir.

Mais quelques centaines de louis, distribuées à propos, rendirent la police sourde et aveugle.

L'hydre de la rue de Jérusalem avait à cette époque plus d'un rapport avec le cerbère de la mythologie.

Il suffisait de lui jeter un gâteau pour le faire taire.

Hector se plaisait à certains détails qui, selon lui, donnaient du piquant à une aventure.

Les enlèvements lui souriaient comme une anomalie piquante et originale en plein dix-neuvième siècle.

Le viol lui semblait assaisonner merveilleusement une heure de volupté.

Pour Hector, une femme en pleurs, suppliant et se débattant, était plaisir de roi.

Une dépendance de l'hôtel avait été disposée pour servir de théâtre à des distractions de ce genre.

Il y avait là des tentures épaisses propres à étouffer les cris.

Il y avait aussi des meubles d'une combinaison ingénieuse, destinés à neutraliser tous les efforts et à paralyser toutes les résistances.

Oh! le marquis Hector était un homme de précautions et d'habileté.

Eh bien! malgré tout cela le marquis Hector s'ennuyait.

La vie lui semblait un fardeau lourd à porter et, par moments, il songeait très-sérieusement à s'en débarrasser, comme après une orgie on se débarrasse d'une bouteille vide, en la brisant.

Ce soir-là, ses idées étaient moins sombres que de coutume.

Il espérait une distraction et il attendait assez patiemment le retour de son valet de pied.

XIV

TEL MAITRE, TEL VALET.

Le valet de pied ne se fit pas longtemps attendre.

Cet excellent domestique n'avait point perdu une minute.

Hector entendit doucement gratter à la porte de sa chambre à coucher.

— Entrez, dit-il.

Georges parut.

— Eh bien? lui demanda le jeune homme.

— Les ordres de monsieur le marquis sont exécutés.

— Vous avez suivi la petite?...

— J'ai eu cet honneur.

— Famille de mince bourgeoisie, n'est-ce pas?...

Le valet aristocrate fit une moue significative.

— Pis que cela, monsieur le marquis, répondit-il, c'est peuple en diable!...

— La toilette de la jeune fille annonçait cependant quelque chose de mieux...

— Sans doute, et je l'ai cru comme monsieur le marquis, mais je m'étais trompé...

— Qui vous fait supposer cela?

— D'abord la petite et son père n'ont pas pris de voiture en sortant du spectacle, pas seulement un malheureux fiacre...

— Le temps était superbe et peut-être ne demeuraient-ils pas bien loin.

— Monsieur le marquis ne se trompe point; en effet, le quartier était assez voisin, mais quel quartier !...

Georges fit une nouvelle pantomime plus significative encore que la première.

Puis il ajouta :

— Faubourg Saint-Antoine... numéro 152, un bâtiment immense, maison d'ouvriers et de petites gens !...

— Eh bien ! demanda Hector, qu'est-ce que cela me fait, après tout ?... Une fille du peuple vaut mieux qu'une duchesse quand la fille du peuple est jolie et quand la duchesse ne l'est pas.

— J'ai l'honneur de partager entièrement l'opinion de monsieur le marquis...

— Cela est, en vérité, fort heureux ! dit ironiquement Hector.

Le valet de pied s'inclina d'un air confus.

Le marquis reprit :

— Enfin savez-vous le nom? avez-vous quelques renseignements?

— Aucun, monsieur le marquis.

— Et pourquoi ?...

— La chose était, ce soir, complétement impossible...

— Impossible ! Voilà un mot qui me déplaît, monsieur Georges...

— J'ose affirmer à monsieur le marquis que ce n'est point le zèle qui me manque; mais, j'en fais juge monsieur le marquis lui-même, pouvais-je, à cette heure de la nuit, compromettre la livrée que je porte en entrant dans une loge de portier, si tant est que la maison dont il s'agit ait un portier ?...

— Vous avez raison, fit Hector, et ce que vous me dites là est assez juste, mais demain...

— Oh ! demain, dès la pointe du jour je m'habillerai en bourgeois et je m'arrangerai de façon à pouvoir apporter à monsieur le marquis, à l'heure de son réveil, tous les renseignements désirables...

— N'y manquez pas...

— Que monsieur le marquis soit tranquille.

— C'est bien.

— Monsieur le marquis n'a pas de nouveaux ordres à me donner?

— Non.

— J'ai l'honneur de souhaiter une bonne nuit à monsieur le marquis.

Le valet de pied sortit.

Hector se coucha.

Nous ne saurions apprendre à nos lecteurs si son sommeil fut paisible ou agité, attendu que nous ne le savons pas nous-même.

Vers les onze heures du matin, il sonna.

Le valet de chambre qui guettait le réveil de son maître parut aussitôt.

— Georges est sorti ce matin, n'est-ce pas? lui demanda Hector.

— Oui, monsieur le marquis, dès le point du jour.

— Est-il rentré à l'hôtel?

— Depuis cinq minutes.

— Que fait-il?

— Il attend les ordres de monsieur le marquis.

— Faites-le entrer.

Georges se montra à l'instant même.

Il avait entendu les derniers mots par la porte entre-bâillée.

— Voyons, lui dit le marquis, que savez-vous aujourd'hui?

— Tout ce qu'il est possible de savoir, répondit le valet de pied en tirant de sa poche un petit agenda; et j'ai pris des notes qui viendraient à mon aide dans le cas où ma mémoire serait infidèle sur quelque point.

— Comment s'appelle la jeune fille?

— Émilie Potard.

— Potard ! répéta Hector, quel nom !

— Ah! le fait est, reprit Georges, que c'est d'un commun à faire frémir!...
— Que fait le père?
— Il est fabricant de meubles.
— En grand?
— En très-grand, monsieur le marquis.
— Riche?
— A son aise. Il occupe cinquante ouvriers.
— Quel âge a la petite?
— Pas tout à fait seize ans.
— Lui connaît-on un amant?
— Non, monsieur le marquis; c'est naïf et c'est innocent, à ce qu'on prétend, comme l'enfant à naître...
— Ces innocences-là, je n'y crois guère; mais enfin nous verrons bien..
— Si monsieur le marquis veut s'en donner la peine, il ne tardera guère à savoir à quoi s'en tenir...
— La petite sort-elle seule?
— Jamais.
— A-t-elle une mère?
— Non. Le père est veuf depuis dix ans.
— Par qui avez-vous eu ces détails?
— Par le portier, qui est Allemand et cordonnier; je lui ai acheté deux paires de bottes, je lui ai promis la clientèle d'une maison riche, je l'ai fait boire et causer.
— Il ne se doute de rien?
— De rien au monde. J'ai eu ces renseignements-là en même temps que d'autres sur tous les locataires de la maison; mais ce n'est pas tout...
— Quoi encore?
— Je suis entré dans les ateliers et j'ai parlé au père, sous un prétexte de commande...
— Quel homme est-ce?...
— Dame, monsieur le marquis, c'est un fabricant comme tous les autres, fort empressé de vendre sa marchandise; je crois que si on le taquinait il deviendrait brutal...
— Qu'est-ce que ça me fait?...
— C'est juste...
— Avez-vous vu la petite?
— J'ai eu cet honneur.

— Comment est-elle en plein jour?

— Si j'ose me permettre d'exprimer mon opinion devant monsieur le marquis, je dirai qu'elle est adorable, un vrai bouton de rose!...

— Fort bien. Ouvrez le tiroir de ce chiffonnier qui est auprès de la cheminée.

— C'est fait, monsieur le marquis.

— Qu'y voyez-vous?

— Des billets de banque et de l'or.

— Prenez une pièce d'or et mettez-la dans votre poche.

— J'aurai l'honneur de faire observer à monsieur le marquis qu'il y en a de vingt francs et qu'il y en a de quarante francs... quelles sont les intentions de monsieur le marquis?

— Prenez une pièce de quarante francs, pardieu! Je ne suis pas mécontent de vous.

Le valet de pied en prit deux et se confondit en remerciements.

— Assez, dit Hector; envoyez-moi le valet de chambre et donnez l'ordre qu'on serve mon déjeuner.

— A l'instant, monsieur le marquis..

— Dites aussi au cocher d'atteler une voiture.

— De laquelle monsieur le marquis veut-il se servir?

— Je prendrai le tilbury.

Georges sortit.

Il fut remplacé par le valet de chambre.

Hector se mit à sa toilette.

Elle fut longue et minutieuse.

Le marquis tenait à mettre en relief tous ses avantages personnels, et nous savons qu'ils étaient nombreux.

Cette toilette achevée, Hector, vêtu avec une simplicité élégante du meilleur goût, passa dans sa salle à manger.

Il y déjeuna copieusement et vida deux bouteilles de porto et une bouteille de vin de Champagne, sans que sa démarche trahît la plus légère émotion à la suite de ces libations copieuses.

Ensuite il descendit dans la cour de l'hôtel.

Un cheval anglais d'une beauté singulière piaffait devant le perron entre les brancards d'un tilbury venu de Londres.

Le marquis monta dans ce tilbury, reçut des mains d'un groom microscopique les rênes de soie blanche qui suffisaient à contenir le fougueux animal, et dit seulement, en faisant claquer sa langue contre son palais, ces deux mots :

— Hop! Yorick!

Le cheval partit comme un trait.

Hector allait au faubourg Saint-Antoine.

XV

HECTOR, ÉMILIE, RAPHAEL.

Le marquis arrêta sa voiture devant le numéro 152.

Il jeta les guides à son groom et descendit.

— Monsieur Potard, fabricant de meubles? demanda-t-il au portier.

— Au bout de l'avenue, au rez-de-chaussée, le nom est peint sur le mur, répondit ce dernier.

Hector arriva aux ateliers et entra.

A sa vue, les ouvriers interrompirent leurs chansons.

Un contre-maître s'approcha de lui et lui dit :

— Que désire monsieur?

— Je voudrais parler à M. Potard.

— Est-ce pour des meubles?

— Précisément.

— M. Potard est absent pour le quart d'heure....

— C'est fâcheux.

— Mais il ne tardera pas à rentrer, et si monsieur veut se donner la peine de l'attendre.

— Volontiers... dans le cas cependant où vous seriez certain que l'absence de M. Potard ne sera pas longue, car je suis un peu pressé.

— Il y a ici quelqu'un qui pourra vous renseigner positivement à cet égard... répondit le contre-maître, c'est la fille de notre patron.

En même temps il fit un porte-voix avec ses deux mains et il cria :

— Mamzelle Mélie!... mamzelle Mélie!...

La jeune fille montra presque immédiatement son frais visage à l'une des portes de l'atelier.

— Qu'est-ce que vous me voulez, monsieur Charles? fit-elle?

— Il y a quelqu'un qui vient pour les meubles, répondit le contre-maître, et qui demande dans combien de temps le patron rentrera. Venez donc un peu par ici, mamzelle Mélie.

Émilie, dont la timidité était extrême, s'avança vers Hector, rougissante et les yeux baissés.

Le marquis la salua, puis, sans remettre son chapeau sur sa tête et en enveloppant la jeune fille de son regard ardent, il répéta sa question.

— Mon père, monsieur, fit Émilie, est allé à la Douane pour un chargement de bois des Iles qui lui arrive. Il est parti depuis plus d'une heure et je l'attends d'une minute à l'autre...

— Monsieur votre père, reprit Hector, doit avoir en magasin un choix considérable de meubles tout confectionnés?

— Sans doute, monsieur...

— Ne pourrais-je, d'ici à son retour qui peut se faire attendre plus que vous ne le supposez, jeter un coup d'œil sur ces meubles?...

— Si, monsieur, parfaitement.

— Auriez-vous l'extrême bonté, mademoiselle, de me faire conduire à ces magasins?

— Ils sont au premier étage, et je vais vous y conduire moi-même...

Le marquis radieux touchait à son but.

Il venait, sans s'être donné une grande peine pour cela, d'obtenir un tête-à-tête avec la jeune fille.

Or le marquis savait par expérience jusqu'où pouvait conduire un tête-à-tête de cinq minutes.

Émilie fit quelques pas.

Puis elle se retourna vers Hector pour lui montrer le chemin.

Dans ce mouvement, elle leva les yeux pour la première fois sur le visage du marquis.

Elle reconnut aussitôt le jeune homme de l'avant-scène, dont le regard étrange l'avait fait, la veille, pâlir et se troubler.

Or le regard qu'il fixait sur elle en ce moment avait la même expression que celui de la soirée précédente.

Émilie se sentit frissonner.

Il lui sembla que la présence de cet étranger dans la maison de son père était le présage d'un grand malheur.

Elle frissonna de tous ses membres et fut obligée de s'appuyer sur l'angle d'un établi pour ne pas chanceler.

Heureusement cette émotion fut de courte durée.

Émilie reprit bien vite son empire sur elle-même.

Seulement, sans en rien témoigner, elle changea de direction et prit le chemin du bureau, au lieu de celui des magasins du premier étage.

Le marquis la suivait toujours.

Émilie ouvrit vivement la porte du cabinet et, mettant à l'improviste le marquis stupéfait en présence de Raphaël, elle s'esquiva et courut s'enfermer dans sa chambre, après avoir dit à notre héros, d'une voix presque inintelligible :

— Monsieur Louis, voici monsieur qui désire visiter les magasins; chargez-vous de le conduire, s'il vous plaît...

Hector se retourna et voulut retenir Émilie.

Mais il était trop tard.

La jeune fille venait de disparaître.

Un seul coup d'œil avait suffi à Raphaël pour reconnaître le marquis Hector de Châteaudieu.

A défaut de la mémoire de ses yeux, la haine instinctive qu'il ressentit à son aspect lui aurait surabondamment désigné son rival.

Raphaël ne pouvait non plus se faire illusion sur les motifs qui amenaient le marquis au faubourg Saint-Antoine.

Ces motifs étaient évidents.

Raphaël pâlit de colère.

Ses dents se heurtèrent.

Ses poings crispés se contractèrent violemment.

L'instinct de sa haine jalouse lui criait de se jeter sur Hector, de le prendre à la gorge et de le fouler sous ses pieds comme on y foule un reptile venimeux.

Il marcha vers lui dans cette intention.

Mais la réflexion l'arrêta.

— De quel droit, se dit-il, vais-je troubler, par une scène violente, le calme de cette demeure ?

« De quel droit, apparent du moins, vais-je prendre la défense de celle qui n'est pas encore attaquée ?...

« Qui me croira quand je dirai : Cet homme est venu ici dans le but d'y semer le déshonneur et d'y récolter la honte ?...

« Quelle preuve aurai-je à donner à l'appui de mon accusation ?

« Ne prendra-t-on mes paroles pour les rêveries d'un fou amoureux ?

« Car il me faudra bien avouer que j'aime Émilie...

« Et, alors, qu'arriverait-il ?...

« Non ! non ! pas d'imprudence !... Pas de précipitation !...

« De la défiance et de la dissimulation, voilà ce qu'il faut aujourd'hui.

« Il n'y a pas encore pour Émilie de danger sérieux.

« Quand viendra le jour du péril, ce marquis me trouvera entre lui et la proie qu'il convoite.

« Ce jour-là, je serai Raphaël, Raphaël amoureux d'Émilie et défendant celle qu'il aime !

« Aujourd'hui je ne suis que Louis Dubourg, le teneur de livres ; je ne puis pas, je ne dois pas être autre chose !... »

. . . .

Toutes ces réflexions, que nous venons de sténographier très-lentement, s'étaient succédé avec la rapidité de l'éclair dans l'esprit de notre héros.

Il avait pris sur lui-même, depuis quelque temps, un empire extraordinaire.

Il commanda à son visage de revêtir une apparence impassible.

Il commanda à son cœur d'apaiser ses battements tumultueux.

Le cœur et le visage obéirent.

Raphaël, alors, s'adressa au marquis de Châteaudieu, et lui dit d'une voix dont la colère contenue faisait sourdement vibrer les notes :

— Monsieur désire visiter les magasins ?... Je suis aux ordres de monsieur...

Le marquis ne répondit pas tout d'abord.

Il considérait Raphaël avec un peu d'étonnement et beaucoup de curiosité.

Cet examen embarrassait le jeune homme.

— Quand monsieur voudra... fit-il pour y couper court.

Et il s'avança vers la porte.

Mais le marquis l'arrêta en lui disant :

— Pardieu ! mon cher monsieur, je suis certain de vous avoir déjà vu quelque part... Mais où ? Je n'en sais rien... Aidez donc mes souvenirs, s'il vous plaît...

Raphaël frissonna...

Peut-être, autrefois, le marquis l'avait-il rencontré dans le monde !...

Peut-être allait-il le reconnaître et le nommer !...

Si la fatalité permettait cela, Raphaël se sentait perdu.

Aussi se hâta-t-il de répondre avec une indifférence admirablement jouée :

— Il est bien possible que monsieur m'ait déjà vu... J'ai été teneur de livres dans plusieurs autres maisons avant d'entrer dans celle-ci...

— Eh non ! interrompit le marquis, il ne s'agit pas de teneur de livres ! M'y voici, maintenant. Ce n'était pas vous, c'était quelqu'un qui vous ressemble d'une façon surprenante... un jeune homme dont le nom m'échappe, et qui l'année dernière, aux courses de Satory, montait *Miss Ophélie*, une jument ravissante que j'avais eu pendant dix minutes la fantaisie d'acheter... Il surmena tellement la pauvre bête qu'elle en mourut séance tenante.

« Parole d'honneur ! c'est une chose bizarre qu'une ressemblance pareille, quoique maintenant je voie, entre ce jeune homme et vous, des différences essentielles...

« Il était plus grand, plus distingué et, somme toute, beaucoup plus joli garçon !

« Ah ! je me souviens de son nom, maintenant ; il se nommait le vicomte Raphaël...

« Allons voir les magasins, si vous voulez ! »

Le marquis sortit le premier du cabinet.

Raphaël le suivit machinalement.

A peine pouvait-il se soutenir.

Le malheureux n'avait plus une seule goutte de sang dans les veines.

XVI

LE MARQUIS ET LE FABRICANT.

Raphaël, au bout de quelques instants, reprit un peu de présence d'esprit.

Évidemment le marquis n'avait pas de soupçons et il était de bonne foi en s'étonnant de l'étrange ressemblance du vicomte Raphaël et de Louis Dubourg.

Notre héros se rassura donc sur les suites possibles de cette entrevue.

Mais son émotion avait été si grande qu'il resta dans ses allures des traces manifestes du désordre momentané de son esprit.

Il répondait d'une façon décousue et incohérente aux questions que le marquis lui adressait à propos des meubles qu'ils visitaient dans les magasins.

Il semblait avoir oublié le prix et jusqu'à l'usage de ces meubles.

Bref, Hector de Châteaudieu dut croire et crut en effet qu'il avait affaire à un garçon dont le cerveau était malade.

Heureusement, le retour de M. Potard vint arracher notre héros à cet odieux tête-à-tête.

Il courut en toute hâte se renfermer dans le bureau, et là, sa tête cachée dans ses mains, il se mit à réfléchir avec angoisse aux embarras et aux dangers de sa situation.

Pendant ce temps le marquis achetait sans marchander une quantité assez considérable de meubles dont il n'avait pas le moindre besoin.

Il payait comptant son acquisition.

Il donnait son nom et son adresse.

Il refusait de prendre une facture acquittée, répondant à M. Potard que lorsqu'on traitait avec un homme d'une réputation aussi honorable que la sienne, un reçu était la chose du monde la plus inutile.

Enfin il laissait le digne fabricant rempli de la plus haute estime pour une nouvelle pratique tout à la fois si facile et si confiante.

Au moment de quitter le magasin, Hector demanda à Isidore Potard :

— Qu'est-ce que c'est donc que ce jeune homme avec lequel je me trouvais ici avant votre arrivée?

— C'est un de mes employés, Louis Dubourg, un bien brave garçon.

— Est-il chez vous depuis longtemps?

— Depuis quelques mois.

— Et vous êtes content de lui!

— On ne peut plus.

— Cela m'étonne...

— Pourquoi donc?

— Parce qu'il m'a fait l'effet d'être à moitié fou.

— Aurait-il par hasard manqué de respect à monsieur le marquis.

— Oh! pas le moins du monde, mais il m'a été impossible de tirer de lui une seule parole qui ait l'ombre du bon sens.

— C'est la première fois qu'une semblable plainte est articulée sur le compte de Louis Dubourg; j'aurai soin, monsieur le marquis, de lui en adresser des reproches sévères.

— A quoi bon? Je ne me plains nullement de ce garçon, il m'a semblé seulement qu'il avait la tête faible et si je vous ai questionné à ce sujet, monsieur Potard, c'est par pure curiosité; vous m'obligerez donc en ne lui parlant de rien...

— Je ne ferai à ce sujet que ce qui sera agréable à monsieur le marquis.

— J'y compte. A quelle heure ferez-vous apporter chez moi les meubles que je vous ai achetés?

— Je vais m'occuper immédiatement de l'emballage de ces meubles et, dans le courant de la journée, ils seront à l'hôtel de monsieur le marquis.

— D'ici à quelques mois, selon toute apparence, je renouvellerai entièrement mon mobilier. Ce sera une fourniture des plus importantes, car mon hôtel est vaste et j'ai la passion des beaux ameublements.

— Si monsieur le marquis était assez bon pour penser à moi?...

— J'y penserai certainement, monsieur Potard, car tout ce que renferment vos magasins brille par le confortable et le bon goût...

— Monsieur le marquis me comble!...

— Mon Dieu! non, l'opinion que j'exprime prouve que je suis connaisseur, et voilà tout...

— Ainsi, je puis compter...

— Sur cette fourniture? oui, je vous en donne ma parole. Vous vous entendrez à ce sujet avec mon architecte et mon tapissier. Je vous ferai prévenir.

— Je quitterai tout pour me mettre aux ordres de monsieur le marquis. Le bon ordre de mes ateliers et le nombre de mes ouvriers me permettent de ne craindre aucune concurrence.

— A propos, monsieur Potard, est-ce votre fille, une jeune personne de quinze à seize ans à laquelle j'ai eu le plaisir de parler au moment de mon arrivée?...

— Oui, monsieur le marquis, ma fille unique.

— Je vous en fais mon compliment, elle est charmante!

— Ah! monsieur le marquis, s'écria Potard dans son orgueil paternel poussé jusqu'à l'enthousiasme, elle est aussi bonne qu'elle est jolie!... Au moral comme au physique, c'est tout le portrait de sa pauvre mère.. Un ange, monsieur le marquis, un ange!...

— Vous songez à la marier bientôt, sans doute?...

— Oh! pas encore; elle est trop jeune, et je vous assure d'ailleurs qu'elle se trouve heureuse avec moi et ne pense guère au mariage...

— C'est un trésor qu'une fille comme celle-là, monsieur Potard...

— Monsieur le marquis a dit le mot, et tous les jours je remercie le bon Dieu de me l'avoir donnée...

— Mais un trésor comme celui-là, poursuivit Hector, est quelquefois difficile à garder. Veillez bien, monsieur Potard, veillez bien!...

— Ah! répondit le fabricant en redressant sa taille, en étendant son bras droit et en fronçant ses sourcils épais sur ses yeux pleins d'éclairs, ah! il n'y a point de danger, monsieur le marquis; on me connaît, Dieu merci! on sait que je suis un bon homme, mais intraitable sur certains chapitres, et celui qui toucherait à ma fille, aussi vrai que vous et moi nous sommes d'honnêtes gens, monsieur le marquis, celui-là, quel qu'il fût, dût-on me couper la tête après, ne sortirait pas vivant de mes mains!

— Monsieur Potard, répondit Hector, vous êtes un bon et brave père...

— Ce n'est pas un mérite, monsieur le marquis, c'est un devoir, et un devoir bien facile à remplir...

— Et je suis certain, poursuivit Hector, que vous défendriez vaillamment votre fille; mais il y a des gens que rien n'épouvante...

— Tant pis pour ceux-là, monsieur le marquis! il leur arriverait malheur; car il y a un Dieu au ciel et ce Dieu protége les pères qui veillent bien sur leurs enfants!...

La conversation s'arrêta là.

Le marquis et le fabricant se séparèrent.

Isidore Potard alla, comme il l'avait dit, surveiller l'emballage des meubles qu'il venait de vendre.

Hector de Châteaudieu remonta dans son tilbury et reprit le chemin de son hôtel.

Voici quel fut à peu près le texte de ses réflexions chemin faisant :

— En vérité, cet homme est d'une vertu antique à l'endroit de sa fille!...

« Je l'aurais jugé tout différemment en le voyant courbé devant moi d'une façon si plate, à propos d'une misérable acquisition d'un millier d'écus!...

« Un moment j'ai eu l'idée de lui marchander la petite péronnelle...

« Vertuchoux! comme disait mon grand-père le marquis Stanislas, j'aurais été joliment reçu!...

« Impossible de songer à m'introduire dans la famille et d'y faire mes affaires moi-même!

« Je suis dans les meilleurs termes avec ce marchand de fauteuils, mais que le plus petit soupçon lui passe par la tête et je le verrai soudain s'effaroucher et montrer les dents!...

« Ajoutez à cela que je parais causer à la petite une horrible frayeur!...

« Décidément, il faut recourir aux grands moyens, et cela le plus tôt possible!... »

XVII

MERCURE GALANT.

Hector, aussitôt rentré chez lui, fit appeler le fidèle Georges qui cumulait auprès de sa personne les fonctions de valet de pied et celles de mercure galant.

— Je viens de chez ces Potard, lui dit-il ; vos renseignements étaient exacts.

— J'espère que monsieur le marquis ne doutait pas de moi ?... répondit le domestique d'un air patelin et d'un ton hypocrite.

— Non, sans doute, et je vous répète que je suis satisfait de vous. Je me suis assuré qu'il était impossible de réussir autrement que par ruse et peut-être même par un peu de violence...

— Ah ! tant mieux !

— Pourquoi *tant mieux?*...

— Monsieur le marquis me permet-il de lui dire ma pensée tout entière ?...

— Oui.

— Monsieur le marquis ne se fâchera pas ?

— Non.

— Eh bien ! monsieur le marquis est fort généreux en toute occasion, mais il l'est bien davantage encore quand on entreprend pour son compte quelque expédition un peu dangereuse, où il y a risque de se faire casser les reins par un père ou par un mari ; c'est pour cela que je ne puis m'empêcher de me réjouir de ce que monsieur le marquis vient de me faire l'honneur de me dire...

Hector se mit à rire de la franchise impudente et cynique de son valet.

— Vous êtes un mauvais drôle, maître Georges, répliqua-t-il, mais un gaillard assez adroit !

— Je fais de mon mieux, monsieur le marquis.

— Vous irez loin, savez-vous ?...

— Hélas ! trop loin, peut-être...

— Comment ? Que voulez-vous dire ?

— Je veux dire qu'entraîné comme je le suis par mon zèle pour les plaisirs de monsieur le marquis, je finirai peut-être par m'en aller jusqu'à Brest ou jusqu'à Toulon ramer en amateur sur les galères de Sa Majesté le roi Louis XVIII...

— Vous savez bien que ma fortune et mon crédit vous tireront toujours de tous les mauvais pas où vous vous serez engagé pour mon service?...

— Je sais cela à merveille, monsieur le marquis, mais la bagatelle qui se nomme *détournement de mineure*, surtout quand il y a accompagnement de *violence*, est chose prévue par le Code pénal, et MM. les procureurs du roi sont quelquefois si intraitables que ni fortune ni crédit ne parviennent à les attendrir... De plus, monsieur le marquis n'ignore pas que, souvent, quand l'instrument dont on s'est servi devient compromettant, on le brise ou on donne...

— En voilà assez sur ce chapitre. Si le Code pénal vous effraye, vous êtes libre de chercher ailleurs une place moins dangereuse.

— Bien loin de m'épouvanter, monsieur le marquis, le péril me donne une nouvelle ardeur.

— Alors, convenons de nos faits.

— J'écoute religieusement monsieur le marquis.

— Il faut enlever mademoiselle Emilie Potard.

— Nous enlèverons.

— Croyez vous que ce soit si facile?

— Je crois, au contraire, que c'est excessivement difficile.

— Et vous réussirez, malgré cela?

— Je le promets à monsieur le marquis.

— Vous avez un plan?

— Pas encore, mais j'aviserai.

— Songez que le père est un Argus qui veille jour et nuit !

— On lui fermera les yeux.

— Songez que la petite ne sort jamais seule !

— Ceci et un détail de peu d'importance et qui ne m'arrêtera pas un instant.

— Songez que je ne veux pas de scandale... du moins jusqu'à ce que la petite m'ait appartenu, car, après, je m'inquiète fort peu des suites... D'ailleurs, dans l'intérêt même de sa fille, une fois la chose faite, le père ne soufflera mot... ou s'il parle, on le fera taire !...

— Que monsieur le marqqis soit tranquille.

— Songez enfin que lorsque je désire une chose il me la faut tout de suite et que je ne veux pas attendre.

— Monsieur le marquis n'attendra pas.

— Je vous donne huit jours. Est-ce assez?

— C'est trop.

— Vous faut-il de l'argent?

— Oui, monsieur le marquis.

— Beaucoup?

— Le plus possible. Je ne puis agir seul, et dans une opération du genre de celle-ci les auxiliaires coûtent fort cher.

— Vous allez me voler horriblement.

— Non, monsieur le marquis, ce n'est pas mon intérêt.

— Qu'entendez-vous par là?

— J'entends par là qu'il vaut mieux pour moi m'en rapporter à votre générosité que de vous voler. Il y a tout bénéfice.

— Voici deux mille francs. Vous suffisent-ils?

— Je l'espère.

— Ne perdez pas une minute.

— Je ne perdrai pas une seconde et je tiendrai monsieur le marquis au courant de toutes mes démarches. Je prierai monsieur le marquis de me faire remplacer temporairement dans mon service de valet de pied, car pendant quelques jours je ne serai guère à l'hôtel.

— Dites à Baptiste de prendre votre place.

— J'espère que demain il y aura du nouveau à apprendre à monsieur le marquis...

§

Pendant que la scène que nous venons de raconter avait lieu entre Hector et son valet, voici ce qui se passait dans la maison du faubourg Saint-Antoine.

Raphaël avait guetté par la fenêtre le départ du marquis.

Aussitôt qu'il l'eut vu franchir le seuil de la porte extérieure, il quitta le cabinet et courut trouver son patron.

— Monsieur Potard, lui dit-il, j'ai à causer avec vous, pouvez-vous m'accorder quelques minutes?

— Vous avez à causer avec moi, mon cher Louis?

— Oui, monsieur Potard, de choses très-graves.

— Et il faut que ce soit tout de suite?

— Il faut que ce soit à l'instant même.

« Ce que j'ai à vous dire est plus pressé que ce que vous avez à faire.

— Comme vous avez l'air... troublé!

— Cette émotion, ce trouble n'ont rien que de fort naturel... Venez, monsieur Potard, venez avec moi et vous comprendrez tout.

Raphaël parlait ainsi d'une voix nerveuse, saccadée, inintelligible par moments.

Le fabricant le regarda avec surprise.

— Est-ce qu'il deviendrait fou en effet? pensa-t-il.

Cependant, la curiosité le guidant, il suivit Raphaël.

Ce dernier poussa le verrou de la porte du cabinet aussitôt qu'ils furent entrés dans cette dernière pièce.

— Eh bien! demanda le fabricant, voyons, qu'avez-vous à me dire?

— Vous aimez votre fille, n'est-ce pas? fit brusquement Raphaël.

— Si j'aime ma fille! Pardieu! tout le monde sait cela!

— Eh bien! un grand danger la menace.

— Un danger menace ma fille?

— Oui, le plus grand, le plus terrible de tous!...

— Mais lequel, enfin? lequel?

— Un homme était ici tout à l'heure.

— Le marquis Hector de Châteaudieu, répondit Potard en regardant la carte qu'Hector lui avait remise.

— Savez-vous ce que ce marquis venait faire chez vous?

— Certainement.

— Vous le savez!... s'écria le jeune homme avec stupeur.

— A merveille... il venait m'acheter des meubles.

— Il venait, reprit Raphaël avec éclat, il venait mettre un pied dans votre famille où il s'est juré de semer la honte! il venait poser les premiers jalons de je ne sais quel piége infâme dans lequel se prendra l'honneur de votre fille..

— Ah çà! répondit Isidore Potard en haussant les épaules, savez-vous bien, mon cher Louis, que le marquis, en me parlant de vous, me disait tout à l'heure que vous lui aviez fait l'effet d'être un peu plus d'à moitié fou?

— Ah! il vous a dit cela? murmura Raphaël.

— Oui, et, ma foi! je commence à être presque de son avis.

— Ainsi vous ne me croyez pas?

— Que voulez-vous que je croie? Un honorable gentilhomme vient chez moi m'acheter des meubles; il les achète, il les paye, il s'en va; il ne me parle de ma fille qu'il a à peine entrevue que pour me dire de bien veiller sur elle, car une enfant aussi jolie est un trésor difficile à garder; et voilà que sans rime ni raison, sans motifs d'aucune sorte, vous jetez feu et flammes contre cet excellent jeune homme et vous l'accusez des projets les plus abominables!... Franchement, mon cher Louis, cela a-t-il l'ombre du sens commun?

— Savez-vous, reprit Raphaël, savez-vous où il était hier au soir, cet excellent jeune homme, comme vous dites?

— Non, je ne le sais pas... est-ce que vous le savez, vous?

— Il était, poursuivit notre héros, il était au théâtre de la Gaîté, dans l'avant-scène du côté gauche, par conséquent presque en face de vous...

— Eh bien! où est le mal? poursuivit Potard; nous y étions bien, nous, au théâtre de la Gaîté, et vous aussi, à ce qu'il paraît, mon cher Louis, quoique jusqu'à ce moment vous ne m'en ayez rien dit, je ne devine pas pourquoi!

XVIII

UN ROUÉ.

Ce fut au tour de Raphaël de hausser les épaules avec une colère impatiente :

— Ah! murmura-t-il, cet homme! cet homme qui ne veut ni me croire, ni me comprendre!.. et cependant il aime sa fille!

Puis il reprit :

— Vous ne savez pas tout, monsieur Potard; attendez donc et écoutez-moi...

— Quoi encore?... voyons!... dites! Mais je vous répète que je suis très-pressé... Ce n'est pas en écoutant vos rêveries que j'amasserai une belle dot à ma fille...

— A côté de moi, au parterre, poursuivit Raphaël, il y avait un homme, un domestique...

— Le domestique de qui?... demanda Potard.

— Eh! pardieu! le domestique de ce marquis de l'avant-scène?

— Eh bien?

— Eh bien! dans un entr'acte, le maître fit signe à son valet de sortir et d'aller le rejoindre; je suivis le valet. Vous ne vous doutez pas, j'imagine, de ce que son maître avait à lui dire?

— Ma foi, non.

— Il avait à lui parler de votre fille, monsieur Potard!...

— De ma fille! s'écria le fabricant stupéfait.

— Il avait à lui donner l'ordre de vous suivre tous deux à la sortie du spectacle, afin de savoir votre demeure et votre nom. Comprenez-vous, maintenant, quelles étaient les intentions de cet honorable jeune homme, ainsi que vous l'appeliez tout à l'heure, et pourquoi, ce matin, il arrivait chez vous, ce digne marquis de Châteaudieu?

Potard resta pendant un instant immobile et muet de stupeur.

— Est-ce possible? murmura-t-il enfin, est-ce possible?

— Dans tout ce que je viens de vous dire, répondit Raphaël, il n'y a pas un mot qui ne soit de la plus exacte vérité.

— Vous m'avez ouvert les yeux, mon cher Louis; c'est un service immense! mais que faire, maintenant, que faire?...

— D'où vient votre embarras?

— Ce marquis m'a acheté des meubles!

— Ne les lui livrez pas.

— Il me les a payés, je vous l'ai déjà dit!

— Reportez-lui son argent.

— Vous avez raison, cent fois raison ; je vais courir chez lui, lui jeter ses mille écus à la figure, et lui dire en même temps ce que je pense de lui, malgré son nom et malgré son titre ! Je lui montrerai, à ce gentilhomme, ce que vaut un homme du peuple, quand on s'attaque à ses enfants !

— A la bonne heure! répondit Raphaël avec joie, vous voilà redevenu vous-même!... Allez vite et soyez ferme!

Potard sortit aussitôt du cabinet.

Il donna l'ordre à ses ouvriers de suspendre l'emballage commencé.

Il s'assura que le portefeuille contenant les trois billets de banque du marquis étaient toujours dans la poche de sa redingote.

Il mit son chapeau.

Il monta, place de la Bastille, dans un cabriolet numéroté et il se fit conduire à l'hôtel de Châteaudieu.

Le suisse auquel il s'adressa lui répondit qu'Hector s'apprêtait à sortir et ne voulait recevoir personne.

Isidore Potard fit dire au marquis qu'il était le fabricant de meubles du faubourg Saint-Antoine et il fut introduit sur-le-champ.

— A quoi dois-je le plaisir de votre visite, mon cher monsieur Potard? lui demanda Hector; est-ce que vous accompagnez déjà vos meubles?

— Non, monsieur, répondit sèchement Isidore.

— Alors vous avez quelque chose à me dire?

— En effet, monsieur.

— Je vous écoute, monsieur Potard.

Le fabricant tira les billets de banque de son portefeuille et les présenta à Hector.

— Qu'est-ce que c'est que cela? demanda ce dernier.

— Cela, monsieur, c'est votre argent.

— Mon argent!

— Ah çà! mais vous êtes fou!

— Non, monsieur, j'ai tout mon bon sens, plus peut-être que vous ne le souhaiteriez.

— Décidément vous parlez par énigmes, monsieur Potard; ces trois mille francs que vous tenez là, au bout de vos doigts, sont bien votre légitime propriété, puisqu'ils paient des meubles que vous m'avez vendus et qui vont arriver.

— Vous vous trompez, monsieur, ils n'arriveront pas.
— Comment?
— Votre acquisition n'était qu'un prétexte pour vous introduire chez moi...
— Un prétexte!
— Oui, monsieur; et comme à l'avenir vous ne franchirez pas le seuil de ma maison, ce prétexte devient inutile et je ne veux pas vous avoir vendu des meubles dont vous n'avez aucun besoin.
— Monsieur Potard...
— Monsieur le marquis.
— Ne pensez-vous pas qu'il serait bientôt temps de nous expliquer un peu?
— Nous expliquer?
— Mon Dieu, oui. Depuis cinq minutes je vous écoute, mais, franchement, je ne comprends pas un mot à tout ce que vous me dites...
— Vous souhaitez que je sois plus clair?
— Je le souhaite vivement.
— Soit! Si la colère me gagne, tant pis!
— Oh! oh! si la colère vous gagne!... Eh bien! dans ce cas, nous vous calmerons, monsieur Potard... Et d'ailleurs, pour se mettre en colère, il faut un motif quelconque et vous n'en avez pas, que je sache...
— Monsieur! s'écria le fabricant avec une expression foudroyante, vous étiez hier au soir au théâtre de la Gaîté?
— Sans doute! Eh bien! après?
— Cela ne vous dit pas tout?
— Cela ne me dit absolument rien.
— Votre conversation avec un de vos domestiques a été entendue... Cela vous suffit-il, monsieur le marquis?

Hector eut un moment de trouble intérieur, mais rien n'en parut sur son visage.

Il répondit sans hésitation, avec l'aplomb d'une rouerie effrayante :

— Et c'est de là que vient tout ce grand courroux?
— En douter, monsieur le marquis, serait une nouvelle insulte...
— Monsieur Potard, vous êtes un brave homme...

— Je l'espère, et personne ne refuse d'en convenir.

— Vous avez toute mon estime...

Le fabricant s'inclina sans répondre, mais d'un air qui voulait dire :

— Je tiens fort peu à l'estime de monsieur le marquis!

Hector poursuivit :

— Je vais être franc avec vous... je vais vous faire ma confession générale et je suis sûr que vous m'absoudrez...

— J'en doute fort ! pensa Isidore Potard.

— Je suis jeune et j'aime les femmes, continua le marquis; mais jamais, entendez-vous, jamais, monsieur Potard, je n'ai porté le déshonneur dans une famille honnête !

Un sourire ironique vint effleurer les lèvres de l'interlocuteur d'Hector.

— Vous ne me croyez pas ? demanda ce dernier.

— Pas beaucoup, répliqua Potard.

— Vous avez tort, continua le marquis, et je vais vous le prouver :

« Hier soir, au théâtre de la Gaîté, je remarquai mademoiselle votre fille... »

Isidore fronça le sourcil.

— Je la trouvai charmante, poursuivit le jeune homme, et, comme je ne connaissais ni elle ni vous, comme j'ignorais entièrement si vous aviez, l'un et l'autre, des droits au respect des honnêtes gens, je donnai l'ordre à mon domestique de vous suivre.

« J'appris ainsi votre adresse et votre nom.

« Ce matin, je me présentai chez vous.

« Mes intentions, en arrivant, étaient en effet celles que vous me supposez...

« Mais à peine avais-je franchi votre seuil...

« A peine avais-je compris l'honorabilité inattaquable de votre intérieur si patriarcal et si pur, que mes idées avaient entièrement changé de cours...

« Je me serais méprisé moi-même, si, en face de la chaste beauté et de la candeur sans tache de mademoiselle votre fille, j'avais pu conserver d'autres sentiments que ceux de l'intérêt le plus vif, comme le plus respectueux...

« Soyez sévère avec moi, monsieur Potard, mais soyez juste.

« Je suis un mauvais sujet, soit ! un libertin, j'y consens !...

« Mais je suis avant tout un homme d'honneur, un garçon loyal...

« Vous pouvez donc me croire quand je vous affirme et quand je vous jure que mademoiselle votre fille est aussi sacrée pour moi que le serait une sœur !... »

Nous ne saurions faire bien comprendre à nos lecteurs l'accent de vérité inimitable et de profonde loyauté qu'Hector sut mettre dans ces paroles.

Une émotion contenue, mais irrésistible, semblait le dominer malgré lui et faisait trembler sa voix.

Isidore Potard fut complétement sa dupe.

Il sentit ses soupçons et ses inquiétudes s'envoler et disparaître l'un après l'autre.

Et il tendit sa main à Hector en lui disant :

— Je vous crois, monsieur le marquis, je vous crois !...

XIX

PEAU-D'ANGUILLE.

Isidore Potard rentra chez lui enchanté.

Raphaël l'attendait avec impatience.

— Eh bien ? lui demanda-t-il vivement.

— Eh bien ! répondit Potard, tout est expliqué, j'ai vu M. de Châteaudieu.

« Nous l'avions mal jugé, mon cher Louis, c'est le plus honnête et le plus digne jeune homme qu'il soit possible d'imaginer... »

Raphaël devint pâle.

— Ainsi, murmura-t-il, le marquis vous a prouvé qu'il ne songeait point à votre fille ?...

— Il me l'a prouvé le mieux du monde et avec une franchise étonnante.

— Et maintenant vous n'avez conservé contre lui aucune défiance ?...

— Aucune.

Le jeune homme baissa la tête et ne répondit pas.

Isidore Potard le quitta pour aller faire emballer en toute hâte les meubles du marquis.

Raphaël, resté seul, s'écria avec exaltation :

— Emilie, ô ma bien-aimée !... puisque ton père devient aveugle et sourd et t'abandonne... ton amant veillera sur toi ; et, quoiqu'il soit seul pour te défendre, dors en paix, pauvre enfant, tu seras bien gardée !...

§

Dans l'une des maisons de la rue de Valois, près le Palais-Royal, se trouvait, à l'époque où se passent les scènes que nous racontons, un estaminet d'un ordre très-inférieur et fréquenté par une société infiniment douteuse, ainsi que nos lecteurs pourront s'en convaincre dans peu d'instants.

Cet estaminet s'était décoré, nous ne saurions dire à quel propos, de ce nom mythologique et anacréontique :

CAFÉ DES TROIS GRACES.

Jamais, au grand jamais, enseigne ne fut plus impudemment menteuse.

Le *Café des Trois Grâces* était situé à un rez-de-chaussée à demi souterrain.

Ceci veut dire qu'on y descendait par un escalier de quatre ou cinq marches.

Cette disposition locale et la saleté véritablement surprenante du vitrage des fenêtres entretenaient dans l'estaminet une obscurité permanente, assez mal combattue par la lueur de plusieurs quinquets qui ne s'éteignaient ni le jour ni la nuit.

Ceux qui n'ont pas connu le Palais-Royal tel qu'il était alors et tel que nous avons essayé de le décrire dans les *Confessions d'un Bohême*, au chapitre des *Galeries de bois*, ne peuvent se faire une idée exacte de l'intérieur de l'estaminet qui nous occupe et de la composition de son public.

Nous avons déjà dit qu'on descendait quelques marches pour arriver à l'intérieur du café.

Cet intérieur se composait de deux salles.

Dans celle du fond se trouvait un billard.

La dame de comptoir trônait dans la première.

Autour de cette dame, beauté jadis célèbre parmi les houris des galeries de bois, se groupait un cercle d'adorateurs.

C'étaient des officiers mis en non-activité par retrait d'emploi, des comédiens de province, des pontes faméliques, échappés avec quelques écus dans leur poche des maisons de jeu du voisinage.

C'étaient enfin les *protecteurs* soudoyés des misérables créatures qui cherchaient fortune sous les galeries du palais et dans les rues adjacentes.

Joignez à cela un ramassis de filous de toute sorte et d'industriels du plus bas étage, et vous connaîtrez le mieux du monde le personnel de l'établissement.

Des divans circulaires, mal rembourrés avec du foin et recouverts en velours rouge souillé de taches et hérissé de reprises, s'adossaient aux murailles.

Des consommateurs, pourvus de mines plus que suspectes, jouaient aux cartes ou aux dominos, au milieu du bruit des disputes et parmi la vapeur des pipes et des flots de la bière frelatée.

Çà et là, quelques filles, traînant sur la boue permanente du plancher raboteux les haillons de leurs robes de satin, attiraient l'œil par le décousu de leur toilette impudique, l'oreille par le diapason aigu de leurs voix effrontées, et se rafraîchissaient à grand renfort d'eau-de-vie ou de limonade.

A une petite table située à peu près au troisième plan de la décoration que nous venons d'esquisser se trouvaient assis, en face d'un bol de cuivre désargenté rempli de punch au tafia, deux individus plus calmes et plus silencieux que la cohue qui les entourait.

Nous connaissons déjà l'un de ces individus.

C'était l'honorable valet de pied du marquis de Chateaudieu.

Nous n'avons pas besoin de dire qu'il ne portait point sa livrée.

Il avait pour compagnon un homme de vingt-huit à trente ans, dont la physionomie exprimait l'astuce et toutes sortes de mauvaises passions.

Ce quidam portait un costume prétentieux à l'excès et du plus mauvais goût.

Une haute cravate de couleur voyante entourait son cou.

Des boutons ciselés, d'une invraisemblable largeur, étincelaient sur son habit d'un bleu vif.

Une chaîne l'or, à gros anneaux, serpentait sur son gilet de satin nacarat, piqué de paillons d'argent.

Enfin ses bottes à la Souvarow s'ajustaient sur une culotte collante, couleur gris de souris effrayée.

Georges et cet homme parlaient rarement.

Le peu de paroles qu'ils échangeaient se disaient à voix basse.

Depuis près de cinq minutes aucun d'eux n'avait prononcé un seul mot.

Georges semblait contrarié.

Son compagnon se versait lentement du punch, le buvait à petites gorgées et ricanait intérieurement.

Georges se pencha tout d'un coup vers lui et murmura à son oreille :

— Voyons, Peau-d'Anguille, as-tu réfléchi ?...

— A quoi ? demanda l'autre.

— A la proposition que je viens de te faire...

— Certainement, que j'ai réfléchi.

— Et le résultat de tes réflexions, quel est-il ?

— Ah ! voilà...

— Réponds-moi nettement, Peau-d'Anguille ; tâche, une fois dans ta vie, de faire mentir ton surnom et qu'on sache à quoi s'en tenir avec toi...

— Je ne demande pas mieux.

— Eh bien ! ce que je t'offre te va-t-il, oui ou non ?

— Oui et non.

— Comment ?

— La chose me va ; le prix ne me va pas.

— Tu es insatiable !

— Non, mais je ne veux pas être dupe.

— Il me semble pourtant que dix louis sont une jolie somme et qu'elle peut décemment s'offrir...

— Sans doute, si on la gagnait à ne rien faire ; mais ici ce n'est pas le cas.

— Peau-d'Anguille, mon ami, sois gentil, ne me rançonne pas !

— Enfin, parle, qu'est-ce que tu veux ?

— Je te l'ai déjà dit, vingt-cinq louis.

Georges fit un brusque haut-le-corps.

— Mais, s'écria-t-il, voilà des choses par-dessus les maisons !...

— Alors, mon bonhomme, n'en parlons plus.

— Vingt-cinq louis ! c'est beaucoup trop cher !!...

— Je ne trouve pas.

— Y songes-tu ?

— J'y songe beaucoup.

— Peau-d'Anguille, tu manques les bonnes occasions, tu ne feras pas fortune...

— Tant pis pour moi.

— Je suis accommodant ; veux-tu quinze louis ?

— Je t'ai dit mon chiffre, vingt-cinq ou rien.

— Mais...

— Il n'y a pas de *mais* qui tienne, je suis entêté comme une mule espagnole ; si tu peux te passer de moi, c'est au mieux ; si au contraire tu ne peux pas t'en passer, tu paieras ce que je te demande.

— C'est ton dernier mot ?

— Oui.

— Mais, si je consens à subir tes folles exigences, te chargeras-tu de tout, au moins ?...

— Je me chargerai de tout.

— Tu fourniras les deux hommes ?

— Je les fournirai.

— Et tu répondras d'eux ?

— Comme de moi-même. Seulement le fiacre et l'attelage te regardent

— C'est convenu. Touche là, voilà une affaire faite.

— Pas tout à fait.

— Quoi donc encore ?

— Un marché n'est conclu que quand on a donné des arrhes.

— Et tu en veux ?

— Dame !...

Georges mit la main à son gousset.

— Tiens, dit-il, voilà quinze louis ; je te remettrai les dix autres le jour de l'exécution de notre projet.

— Je te ferai crédit jusque-là, répondit Peau-d'Anguille en riant.

Et il fit glisser les pièces d'or dans la vaste poche de sa culotte.

XX

ROCAMBOLE ET ÉLODIE.

En ce moment, deux nouveaux personnages descendaient les quelques marches de l'escalier et faisaient leur entrée dans la première salle.

C'étaient un homme et une femme.

L'homme n'avait pas trente ans.

Sa compagne en avait dix-huit à peine.

Tous les deux frappaient le regard par l'étrangeté de leur accoutrement.

L'homme portait un pantalon garance, pareil à ceux qui sont aujourd'hui d'uniforme pour nos soldats.

Son gilet, de couleur chamois et fort délabré, se boutonnait jusqu'au cou.

Une énorme cravate rouge, de celles que Frédérick Lemaître a immortalisées dans sa hideuse et célèbre création de Robert Macaire, dissimulait l'absence ou le désarroi de la chemise avec un soin scrupuleux.

Un habit vert à queue de morue, notoirement endommagé aux coudes et blanchi sur toutes les coutures, tombait presque jusqu'aux talons.

Un chapeau de feutre gris, à poils jadis longs, aujourd'hui râpés par place, avachi par la pluie et les contusions, rougi par le soleil, maculé par l'usage, se penchait crânement du côté de l'oreille droite de son propriétaire.

Au-dessous de ce chapeau se voyait une figure un peu étrange, un visage astucieux et flétri, dont l'aspect se gravait du premier coup dans la mémoire et dont le souvenir vous poursuivait longtemps.

Un nez long et en bec d'aigle, des lèvres pâles et mobiles, un front déprimé, des yeux si petits qu'on les eût dit percés avec une vrille, mais étincelants d'effronterie et de cynisme, tels étaient les traits principaux de cette figure caractéristique.

Deux longues mèches de cheveux, d'un blond douteux, formaient tire-bouchons et, huilés à outrance, pendaient de chaque côté des joues et se balançaient au moindre mouvement.

Les oreilles étaient percées.

De longs anneaux en cuivre doré s'y suspendaient triomphalement.

Une vieille guitare, à laquelle un ruban ponceau servait de bandoulière, complétait l'équipement du nouveau venu dont nous venons d'esquisser le portrait peu flatteur.

La jeune femme qui se trouvait avec lui avait la mise fantastique qu'au théâtre on attribue volontiers aux gypsies et aux bohémiennes.

Un jupon noir, à gros plis, tout constellé de paillettes, s'ajustait sur les hanches à un corsage de velours rouge.

Ce jupon, excessivement écourté, laissait voir presque jusqu'au genou une jambe très-bien faite, chaussée d'un bas couleur de feu.

Les épaules, fort blanches, mais un peu maigres, étaient à moitié nues.

Deux nattes épaisses, longues et brillantes, s'échappaient de dessous un petit toquet de velours brodé d'argent et se terminaient par des nœuds de ruban cerise.

Cette toilette de saltimbanque allait bien avec un visage d'une grande beauté, mais dont la pâleur était si grande qu'elle se devinait même sous le rouge dont la jeune femme s'était barbouillée les joues.

Elle tenait de la main droite une petite sébile de cuivre.

Ses mains nues étaient jolies, quoique hâlées par l'air et le soleil.

Des souliers à boucles d'argent chaussaient ses petits pieds.

L'homme à la guitare, à peine entré dans l'estaminet, détacha son instrument, passa son pouce sur les cordes afin d'en tirer quelques accords, prit une pose de troubadour et déclama d'une voix sonore et bien timbrée le *boniment* suivant :

— Messieurs et mesdames et toute la société de cet établissement estimable, s'il se trouve parmi vous, comme je n'en doute point, quelques véritables amateurs de la musique et de l'harmonie, je les engage à me prêter toute leur attention...

« Et afin qu'ils ne me répondent point ainsi qu'ils y seraient autorisés par l'usage :

« — Chanteur, mon ami, fais-nous le plaisir de nous laisser tranquilles : nous n'avons besoin ni de toi ni de tes chansons!... » je vais avoir l'honneur de leur expliquer en peu de mots à qui ils ont affaire en ce moment.

« Je ne suis point un artiste vulgaire, un de ces exécutants sans mérite comme il y en a tant dans les rues, dans les concerts et jusque dans les théâtres lyriques de cette capitale.

« Non, messieurs, non, mesdames, non!

« Je suis, et je décline ici mon nom avec un légitime orgueil, je suis le fameux Rocambole, surnommé *le Rossignol* à cause de la douceur de mes chants.

« Je suis le virtuose favori de plusieurs rois et de pas mal d'empereurs...

« Tous m'ont fait des propositions...

« Il n'est pas jusqu'à notre saint-père le pape qui voulait m'avoir pour la chapelle Sixtine.

« Il m'offrait cent mille francs par an et des gratifications fréquentes.

« C'était beau.

« Mais il y avait dans l'engagement une clause qui ne pouvait me convenir.

« Je tenais trop à rester moi-même.

« Messieurs, vous devez me comprendre!

« Mesdames, vous devez m'applaudir!...

« Je gardai donc et je garderai toujours ma guitare et ma liberté.

« Sans doute ma place est marquée à l'Académie royale de musique.

« Si je refuse d'aller l'occuper, c'est que ma conscience me crie que je me dois à mes concitoyens et que mon devoir est de propager dans mon beau pays le goût de la belle musique.

« Vous allez, d'ailleurs, messieurs et mesdames, être à même de décider si j'exagère en quelque chose mon mérite.

« Je vais, avec le gracieux concours d'Élodie, ma jeune compagne, vous chanter la romance à la mode.

« Après le concert, Élodie fera la quête.

« Ceux qui ne seront pas contents ne donneront rien

« Mais je suis certain d'avance que tout le monde donnera.

« Un peu de silence, je commence... »

Après ce long préambule, Rocambole, surnommé *le Rossignol*, se cambra d'une façon prodigieuse.

Il gratta sa guitare à deux ou trois reprises, en manière de prélude.

Il dodelina sa tête de droite à gauche et d'avant en arrière.

Et enfin il chanta, avec toutes sortes de rossignolades et de fioritures, les couplets suivants que nous croyons devoir reproduire, parce qu'ils donnent une idée exacte des thèmes poétiques sur lesquels les compositeurs de l'époque avaient à broder leur musique.

Voici ces couplets :

« Un beau navire à la riche carène,
« Allait quitter la plage de Madras,
« Et sur la rive une jeune Indienne,
« A sa compagne ainsi parlait tout bas :

« Si tu le vois, dis-lui que je l'adore ;
« Rappelle-lui qu'il m'a donné sa foi.
« Demande-lui s'il me regrette encore,
« S'il se souvient d'avoir vécu pour moi. » (*bis.*)

Rocambole regratta sa guitare, il jeta autour de lui un regard triomphant qui caressa ceux de ses auditeurs qui semblaient lui accorder leur attention tout entière et foudroya les profanes qui se laissaient séduire par les cartes ou les dominos.

Puis il reprit, après avoir essayé de donner à ses petits yeux une expression de langueur amoureuse :

« Tu vas, Zémire, au beau pays de France,
« Pour des plaisirs changer ta liberté !...
« Mais là, Zémire, on dit que l'inconstance
« Aime à braver les pleurs de la beauté !... » (*bis.*)

Ensuite, tous deux, Rocambole et Élodie, reprirent avec entraînement :

« Si tu le vois, dis-lui que je l'adore ;
« Rappelle-lui qu'il m'a donné sa foi.
« Demande-lui s'il me regrette encore,
« S'il se souvient d'avoir vécu pour moi... » (*bis.*)

Rocambole seul poursuivit :

« Tu sauras bien le découvrir sans peine.
« Sa voix est fière et tendre tour à tour!
« Et son œil noir, qu'ombrage un cil d'ébène,
« T'embrasera de tous les feux d'amour! » (*bis*.)

Rocambole fit un magnifique point d'orgue sur le dernier mot.

Puis, après avoir savouré pendant une seconde les applaudissements de son public, il répéta avec Élodie en pinçant furieusement sa guitare et en agitant plus que jamais la tête :

« Si tu le vois, dis-lui que je l'adore;
« Rappelle-lui qu'il m'a donné sa foi.
« Demande-lui s'il me regrette encore,
« S'il se souvient d'avoir vécu pour moi. » (*bis*.)

— Quatrième et dernier couplet! dit Rocambole. Qu'on apprête les mouchoirs! plus d'une larme va couler! parole d'honneur, c'est déchirant!...

Et il chanta :

« Tu m'enverras, par le prochain navire,
« Les mots d'amour qu'il doit te confier!
« Mais, par pitié! ne m'écris pas, Zémire,
« Si pour une autre il a pu m'oublier!... » (*bis*.)

A ce couplet succéda une véritable reprise en chœur :

« Si tu le vois, dis-lui que je l'adore! etc. »

Puis Élodie fit la quête.

Les trois ou quatre filles des galeries de bois qui se trouvaient dans l'estaminet sanglotaient.

Pas mal de gros sous tombèrent dans la sébile d'Élodie.

XXI

TRAITÉ D'ALLIANCE.

La quêteuse, en finissant sa tournée, s'approcha de la table où Georges et Peau-d'Anguille sirotaient leur punch au tafia après avoir conclu le marché que nous connaissons.

Élodie tendit sa sébile en stéréotypant un sourire banal sur ses lèvres et en murmurant :

— Messieurs, si vous êtes contents, n'oubliez pas les artistes...

Georges prit le menton de la jeune femme, en vrai valet de grand seigneur, et fouilla dans sa poche.

Mais Peau-d'Anguille l'arrêta du geste et dit à la chanteuse :

— Bonsoir, Lodie... nous ne reconnaissons donc pas les amis ?...

— Tiens, fit Élodie, c'est vous, m'sieu Peau-d'Anguille ! comment que ça va ! Eh ! Rocambole, viens donc un peu par ici ; voilà m'sieu Peau-d'Anguille avec sa société...

Rocambole accourut.

Il étreignit Peau-d'Anguille à deux reprises en s'écriant :

— Eh ! bonsoir, mon pauvre vieux ! mais que je suis donc aise de te voir !...

Et il allait l'embrasser pour la troisième fois.

Peau-d'Anguille se déroba à cette accolade.

— Tu me trouves peut-être un peu vif dans mes démonstrations, fit Rocambole ; que veux-tu ? c'est la sympathie qui me pousse !...

Et il ajouta aussitôt en désignant Georges :

— Monsieur est de ta société ?... il me paraît admirablement couvert ! d'ailleurs, quoi d'étonnant à cela ? tu n'as que de belles connaissances !... présente-moi, je te prie, mon cher ami...

— Monsieur est un *larbin*[1] de la haute, répondit Peau-d'Anguille ; il fait la commission chez un marquis pour l'article beau sexe...

— Superbe ! s'écria Rocambole ; enchanté, monsieur, d'avoir eu l'honneur de vous être présenté... Si le marquis, votre honorable maître, est amateur de jolies femmes, voici Élodie, ma jeune compagne, que je prendrai la liberté de vous recommander.

— Mademoiselle est charmante, en effet... répondit Georges...

— Ah ! fit Rocambole avec entraînement et convic-

---
1. *Larbin*, domestique.

tion, elle mérite bien le bonheur qui pourrait lui arriver!...
Ça a dix-huit ans et c'est ménager comme une femme de quarante... pauvre ange! et quel cœur! Qu'il lui tombe du ciel un équipage et un hôtel, et je vous réponds bien qu'elle n'oubliera pas son petit Rocambole!...

— Ah! Dieu non! répliqua Élodie, jamais! plutôt mourir! Si je souhaite de devenir riche, c'est autant pour lui que pour moi! parole sacrée, aussi vrai que je suis une brave fille, il a toujours eu les trois quarts de tous les hommes que j'ai faits!...

— Hein, quels tourtereaux? dit Peau-d'Anguille en se tournant vers Georges.

— C'est touchant! répondit ce dernier.

Pendant les quelques mots qui précèdent, Rocambole s'était assis.

Il avait pris le bol encore à moitié plein, il l'avait approché de ses lèvres et vidé d'un seul trait.

— Chenu! fit-il après avoir dégusté la liqueur alcoolique. Tafia première qualité!...

— Par quel hasard ici ce soir? demanda Peau-d'Anguille.

— C'est bien simple. Nous avons passé la journée aux Champs-Élysées...

— A chanter?...

— Évidemment. La recette était maigre, et je me sentais le gosier fourbu...

« — Il n'y a plus rien à frire aujourd'hui, dis-je à Élodie, rentrons... »

« Et nous voilà en train de revenir en nous *tenant par l'anse* [1].

« Comme nous passions à dix pas d'ici pour regagner notre domicile, ma jeune compagne s'écrie tout à coup avec cette ingénuité qui la caractérise :

« — Vieux troubadour, j'ai bien soif!

« — Tendre amie, répliquai-je aussitôt, tu licherais de bon cœur une canette?...

« — Et même deux, ô Rocambole, ô mon idole!...

« — Quoi de plus facile? entrons à *l'Estam* des Trois-Grâces, je roucoulerai la *Jeune Indienne*, et la bière de

---

1. Donnant le bras.

mars coulera pour ton larynx de fauvette et pour mon gosier de rossignol !...

« — O Rocambole, me répondit Élodie enthousiasmée, tu es un vrai n'amour ! tu es le n'amour de mon âme ! »

« Ce qui fut dit fut fait...

« Nous entrâmes...

« Nous chantâmes...

« Nous quêtâmes...

« Et nous allions nous désaltérer, quand nous vous rencontrâmes...

« Qu'est-ce que vous payez aux artistes ?...

— Tout ce que tu voudras ; mais, d'abord, réponds à une question ? dit Peau-d'Anguille.

— A vingt-trois, si tu le souhaites, ami véritable, répondit Rocambole.

— Combien gagnez-vous par jour, Élodie et toi, avec vos rossignolades ?...

— Cela dépend...

— De quoi ?

— Du temps qu'il fait... de l'endroit où nous allons... de la générosité du public... de la concurrence, etc., etc...

— Mais enfin, en moyenne ?

— Dame ! en moyenne, six à sept *balles* et quelques *ronds*...

— Aussi peu que cela ?

— Hélas !...

— Eh bien ! si on t'offrait trois louis pour une seule journée ?...

— D'Élodie ou de moi ?

— De tous les deux, que dirais-tu ?...

— Je dirais : *merci !*

— Et tu accepterais ?...

— Parbleu ! Mais on ne me les offre pas...

— Je te demande pardon, on te les offre.

— Qui ça ?

— Moi.

— Plaisantes-tu ?

Peau-d'Anguille tira trois napoléons de sa poche et les fit étinceler sous les yeux avides de Rocambole.

— Tu vois bien que non, dit-il.

Georges se pencha à l'oreille de Peau-d'Anguille.

— Est-ce que tu vas mettre cet individu au courant de notre affaire ? lui demanda-t-il à voix basse.

— Certainement.

— Mais, il me semble...

— Il te semble mal... Nous avons besoin de deux hommes... Le hasard m'envoie celui-ci... Ne nous plaignons pas, car c'est un bon, et juste ce qu'il nous fallait...

— Allons, soit ; comme tu voudras.

— J'y compte bien !

Rocambole, qui ne pouvait entendre, avait suivi de l'œil ce colloque avec une inquiétude manifeste.

Il craignait que le résultat de cette conversation ne fût d'annuler la bonne volonté de Peau-d'Anguille à son endroit.

Et il étendait instinctivement la main vers les pièces d'or dont l'éclat le fascinait.

Peau-d'Anguille se tourna de nouveau vers lui, et reprit :

— Nous disions donc ?

— Nous disions, répondit Rocambole, que tu m'offrais trois louis pour une journée de mon temps...

— C'est cela même.

— J'accepte avec empressement.

— Il est bien entendu que je ferai de ton temps, et par conséquent de toi, ce que bon me semblera.

— Tu n'as personne à me faire assassiner, n'est-ce pas ?

— Non.

— Alors, c'est convenu, je t'appartiendrai corps et âme, ainsi qu'Élodie, ma jeune compagne...

— Demeures-tu loin d'ici ?

— A deux pas, passage Radziwil.

— Eh bien ! allons chez toi, nous serons plus à l'aise pour causer.

— Sans doute... Mais je croyais qu'auparavant nous devions boire quelque chose. Tu sais qu'Élodie meurt de soif, la pauvre chatte !...

— Viens parler à la dame du comptoir avec moi, fit Peau-d'Anguille. Je vais donner l'ordre de porter chez toi tout ce qu'Élodie pourra désirer...

— Fais-y joindre un poulet froid, mon bon vieux, ça

fera le plus grand plaisir à cette petite, avec un pain de quatre livres..

— Va pour le pain et le poulet.

— Quant à moi, j'avoue qu'un jambonneau me sourirait fort...

— C'est-à-dire que tu souhaites souper?

— Je m'y résignerais assez volontiers; j'ai une descente de gosier.

— Qu'à cela ne tienne, nous souperons. As-tu des fourchettes, chez toi ?

— Quatre. Le mois passé, Élodie avait fait un jeune orfévre. Elles ne sont pas encore au clou. En fait de couteaux, rien n'y manque, j'en ai cinq, et huit assiettes...

— C'est au mieux. Viens au comptoir...

La commande fut faite.

Nos quatre individus sortirent de l'estaminet et se dirigèrent vers le passage Radziwil.

XXII

PASSAGE RADZIWIL.

Nous parierions volontiers que les trois quarts et demi de nos lecteurs, même parisiens, ne connaissent point le passage Radziwil, cette hideuse monstruosité qui fait tache dans l'un des plus beaux quartiers de la plus belle ville du monde.

Frédéric Soulié a pourtant pris le passage Radziwil pour théâtre de quelques-unes des scènes émouvantes de son roman magnifique : *Si jeunesse savait, si vieillesse pouvait.*

Mais nous comprenons à merveille qu'un sentiment d'involontaire effroi empêche de s'aventurer dans les couloirs sombres et dans les escaliers de cet antre qui communique de la rue de Valois à la rue des Bons-Enfants.

Georges, Peau-d'Anguille, Rocambole et Élodie, en sortant de l'estaminet des Trois-Grâces, s'engouffrèrent dans les noires profondeurs du passage.

Arrivés au deuxième étage, c'est-à-dire à peu près à

la hauteur de la rue des Bons-Enfants, ils prirent un escalier latéral et grimpèrent jusqu'au cinquième.

Rocambole tira de sa poche une grosse clef avec laquelle il ouvrit une petite porte.

Une odeur fétide de musc, de patchouli et de pommades se répandit aussitôt dans l'escalier.

Georges, accoutumé aux parfums aristocratiques de son maître, regretta presque d'être venu.

Cependant il fit contre fortune bon cœur et il entra comme les autres.

Rocambole battit le briquet, alluma deux bougies et il fut possible de voir dans quel endroit on se trouvait.

Le logement se composait de deux pièces.

Une petite salle à manger et une chambre à coucher qui servait de boudoir à Élodie quand elle exerçait une autre industrie que celle de chanteuse en plein vent.

Chacun des détails du mobilier décelait cette industrie.

Ainsi on devinait que la psyché placée en face du *sofa* devait servir à étudier et à reproduire ces groupes libidineux et ces poses plastiques qu'affectionnent les vieux libertins.

Ainsi les gravures outrageusement obscènes suspendues à la muraille dans des cadres dorés étaient autant de flagrantes excitations à la débauche.

Un tapis en fort mauvais état couvrait le sol carrelé et le laissait voir par places.

Des robes et des jupons en désordre traînaient dans tous les coins.

De chaque meuble s'exhalait cette senteur caractéristique particulière aux mauvais lieux.

Il fallait avoir le sang fouetté par les ardeurs du vice pour ne pas éprouver un violent dégoût en entrant dans ce logis.

— Sais-tu que c'est joli, chez toi ! s'écria Peau-d'Anguille ; on se croirait chez l'épouse d'un fort banquier !...

— Peuh ! répondit Rocambole, nous espérons mieux que cela !... un jour ou l'autre, Élodie trouvera une position sérieuse, et alors...

— Et alors vous roulerez carrosse ?... interrompit Peau-d'Anguille en riant.

— Eh ! eh ! on ne sait pas, riposta Rocambole. Si jamais

Élodie possède une berline, elle payera bien un modeste tilbury à son petit n'amour...

Cette conversation fut interrompue par l'arrivée d'un garçon de café qui apportait dans une corbeille un poulet, un jambonneau, des bouteilles, enfin tous les apprêts du souper commandé.

La table fut dressée en un instant.

Les quatre convives prirent place.

Le commencement du repas fut des plus bruyants.

Tout le monde parlait...

Tout le monde criait...

Tout le monde buvait...

Tout le monde gesticulait à la fois.

Rocambole chantait, à grand renfort de poumons, les refrains de ses romances favorites.

Peau-d'Anguille prenait sournoisement la taille à Élodie.

Élodie lançait à Georges des œillades incendiaires.

Peu à peu, cependant, comme chacun sentait la nécessité de parler de choses sérieuses, et comme Rocambole ne perdait pas de vue ses trois louis, le calme se rétablit.

Une conversation intime et confidentielle s'engagea.

Nos lecteurs connaîtront prochainement cette conversation par ses résultats.

Rien ne nous empêche donc d'abandonner à eux-mêmes jusqu'à nouvel ordre les hôtes du passage Radziwil.

§

Le lendemain de ce jour, un peu après midi, un homme jeune encore, mis avec une extrême recherche et portant à la boutonnière le ruban rouge de la Légion d'honneur, se présenta dans les ateliers de M. Potard.

Il demanda à parler au fabricant.

Isidore se hâta d'accourir.

— Monsieur, lui dit le visiteur, si un particulier s'adressait directement à vous pour une commande énorme, feriez-vous à ce particulier la même remise qu'aux tapissiers que vous fournissez habituellement?...

— Sans doute, monsieur, mais permettez-moi de vous demander à quel propos?...

— Je vous adresse cette question, n'est-ce pas?...

— Précisément.

— Je vais vous satisfaire sur ce point. Je viens d'acheter à Fontenay-aux-Roses une propriété importante. Dans cette propriété se trouve une maison d'habitation fort vaste que je compte habiter le plus tôt possible. Cette maison n'est pas meublée. Or, quoique je sois riche et que la dépense m'effraye peu, je serais bien aise de profiter moi-même de ce qui, à coup sûr, constituera pour un tapissier quelconque un bénéfice considérable ; et je m'adresse à vous pour voir si nous pourrons nous entendre relativement à la fourniture de tous les meubles...

— La maison est vaste? demanda Potard.

— Très-vaste : un rez-de-chaussée et deux étages ; plus de trente pièces en tout.

— Monsieur compte-t-il meubler simplement ou avec luxe?

— Avec beaucoup de luxe... Je ne veux que de l'ébène, du palissandre, du citronnier, etc...

— Je ne doute pas un seul instant que nous ne nous entendions! s'écria Potard alléché par l'espoir du gain et croyant déjà flairer une excellente affaire.

— Vous me ferez donc volontiers des concessions sur vos prix?

— Toutes celles qui seront possibles.

— Je serais bien aise d'être fixé d'avance sur la somm totale à laquelle monteront mes acquisitions...

— Rien n'est plus facile ; monsieur n'a qu'à me donner un devis de ce qu'il lui faut.

— Ce devis n'est pas fait.

— L'architecte de monsieur peut le faire en deux heures.

— Ne sauriez-vous vous-même établir ce devis?...

— Il faudrait pour cela me trouver sur les lieux.

— Qui vous empêche de vous y transporter?...

— Rien absolument, mais il faudrait aussi que monsieur voulût bien m'y accompagner pour me fixer sur ses intentions.

— Cela va sans dire.

— Alors je suis à la disposition de monsieur pour le jour qu'il lui plaira de me désigner.

— Je vais demain à Fontenay, pourrez-vous m'y accompagner?...

— Facilement.

— Ah! j'oubliais de vous dire que je paye toujours comptant.

Le sourire de la satisfaction intérieure s'épanouit sur les lèvres de Potard.

Il répondit cependant :

— Oh! monsieur, peu importe! on voit de suite à qui on a affaire...

— Je vous prendrai à midi, continua l'étranger ; vous pourrez être de retour à Paris à six heures, mes chevaux sont excellents.

— Je serai prêt.

— Voici ma carte, afin que vous sachiez avec qui vous allez entrer en relations.

Potard prit la carte que son visiteur lui tendait.

Puis, avec force salutations, il le reconduisit jusqu'à la porte de la rue où il le vit monter dans une fort jolie calèche, attelée de deux chevaux gris.

Potard salua une dernière fois et reprit le chemin de ses ateliers en regardant la carte qu'il tenait à la main.

Sur cette carte étaient gravés ces mots :

Comte ANATOLE DE SAVERNE.

En même temps le cocher demandait au comte de Saverne :

— Où allons-nous?

Et le comte de Saverne répondait :

— Passage Radziwil.

XXIII

L'INCONNUE.

Le lendemain, à l'heure dite, la voiture du comte de Saverne s'arrêtait devant la maison du faubourg Saint-Antoine.

Isidore Potard ne se fit pas attendre une minute.

Il était rasé de frais et il avait fait faire à sa cravate un nœud magnifique par les mains blanches d'Émilie.

Le reste de sa toilette était à l'avenant.

Il prit place à côté de son noble client et les chevaux partirent au grand trot.

A peine Isidore Potard venait-il de quitter sa demeure que Raphaël frappa légèrement à la porte d'Émilie.

La jeune fille chantait joyeusement.

Elle interrompit la roulade commencée, et elle dit de sa voix fraîche et argentine :

— Entrez.

Raphaël ouvrit la porte.

— Tiens ! c'est vous, monsieur Louis !... dit Émilie en apercevant le commis de son père.

— Oui, mademoiselle... c'est moi.. répondit Raphaël dont le cœur battait à rompre sa poitrine.

— Est-ce que vous avez quelque chose à me dire ?...

Raphaël hésita avant de répondre.

La timidité lui fermait la bouche.

Qui donc, en ce moment, aurait pu reconnaître en lui l'élève du baron de Maubert ?

Émilie s'aperçut du trouble du jeune homme, sans savoir à quoi l'attribuer.

— Est-ce que je vous fais peur ? lui demanda-t-elle en riant.

— Peur ! répondit vivement Raphaël. Oh ! mademoiselle, vous ne le croyez pas !...

— Dame ! on le dirait à vous voir...

— C'est que... balbutia Raphaël, j'ai une prière à vous adresser...

— Une prière ?... répéta Émilie avec étonnement; une prière ?... à moi ?...

— Oui, mademoiselle...

— Et laquelle ?

— Vous allez me trouver bien bizarre... bien étrange... Vous allez peut-être me croire fou... Mais, au nom du ciel, ne vous offensez pas de ma hardiesse...

— Mon Dieu, monsieur Louis, parlez vite ! savez-vous que vous m'effrayez avec tous ces préambules ?...

— Votre père vient de sortir, mademoiselle...

— Oui, comme tous les jours, pour ses affaires...

— Je vous supplie, mademoiselle, de ne pas quitter un seul instant cette maison jusqu'au retour de votre père...

— Ah çà! demanda Émilie avec un peu de hauteur, est-ce que j'ai l'habitude d'aller me promener toute seule?

— Non, sans doute, mais ce qui n'arrive pas un jour peut arriver un autre... que sais-je, une emplette à faire, un instant d'ennui, un mouvement de curiosité, peuvent nécessiter à vos yeux une course dans le voisinage.

— Eh bien! où serait le mal?

— Ne me questionnez pas, mademoiselle, et, je vous en conjure à genoux, accordez-moi ce que je vous demande...

— De ne pas sortir de la maison?...

— Oui, ou du moins de ne pas sortir sans m'en avoir prévenu; je vous accompagnerais partout où vous voudriez aller...

— Je ne vous comprends pas. Vous redoutez donc un danger pour moi?...

— Oui.

— Quel danger?

— Je n'en sais rien... mais je crois aux pressentiments et j'ai le pressentiment d'un malheur...

La jeune fille sourit.

— Je commence à penser, en effet, que vous êtes un peu fou!...

— Eh! pensez-le si vous le voulez! que m'importe? mais on peut avoir pitié des fous, ayez pitié de moi!...

Le trouble de Raphaël était tel, son émotion semblait si grande, qu'Émilie n'ayant aucun motif de refuser ce qu'il demandait, quoique cette demande lui parût absurde, répondit:

— Puisque vous y tenez tant, monsieur Louis, je ne sortirai pas, avant le retour de mon père, du moins sans vous en avoir prévenu d'avance.

— Vous me le promettez?

— Oui.

— Oh! merci, merci, mademoiselle!... vous ne savez pas, vous ne pouvez pas savoir le bien que vous me faites!...

Et Raphaël, le cœur soulagé d'un poids immense, retourna dans le cabinet où l'attendaient ses chiffres.

— Pauvre garçon! se dit Émilie en le voyant sortir; son cerveau se dérange évidemment!... C'est dommage!...

Et, sans y songer plus longtemps, elle reprit avec une verve nouvelle sa chanson interrompue.

Une heure après le départ du fabricant, une voiture de place, attelée de deux chevaux qui semblaient bien fringants et bien vigoureux pour des chevaux de fiacre, s'arrêta à son tour devant la porte de la maison d'Isidore Potard.

Une très-jeune femme descendit de ce fiacre que conduisait un grand cocher de mauvaise mine, embossé, malgré la chaleur, dans un carrick volumineux et porteur d'une barbe énorme.

Cette jeune femme semblait fort jolie, malgré son extrême pâleur.

Sa toilette était de la plus élégante simplicité.

Elle s'adressa au concierge allemand, qui lui indiqua les ateliers, vers lesquels elle se dirigea tout aussitôt de son pied léger.

— Je voudrais parler à mademoiselle Émilie Potard, dit-elle à l'un des ouvriers.

On la conduisit à la chambre de la jeune fille.

Émilie vint à sa rencontre et attendit que l'inconnue expliquât le but de sa visite.

Cette explication ne se fit point attendre.

— Mademoiselle, dit l'inconnue, ce que j'ai à vous apprendre nécessite le plus profond secret... Ne peut-on nous entendre?...

— Personne ne nous écoute, madame, et personne ne peut nous entendre, répondit la jeune fille, étonnée plus que nous ne saurions le dire d'une semblable entrée en matière.

L'étrangère prit les deux mains d'Émilie et les serra dans les siennes de l'air d'une affectueuse compassion.

L'étonnement d'Émilie redoublait.

A cet étonnement se joignait un commencement d'effroi.

— Mon Dieu! madame, demanda-t-elle vivement, qu'y a-t-il, qu'y a-t-il donc?...

— Du courage, ma pauvre enfant!... murmura la jeune femme.

— Du courage?... répéta Émilie.

— Vous en aurez besoin.

— Et pourquoi?

— Je vous apporte de mauvaises nouvelles.

— A moi ?

— Je viens, comme une messagère sinistre, vous annoncer un malheur...

— Un malheur ! je n'en crains aucun, madame, pourvu qu'il ne s'agisse pas de mon père...

— Hélas ! mon enfant, il s'agit de lui...

Les joues roses d'Émilie devinrent à l'instant même aussi pâles que celles de la femme qui lui parlait.

— Ah ! madame, murmura-t-elle, vous voyez bien que vous me faites mourir !... qu'est-il arrivé à mon père ?... je suis forte... j'ai du courage... je puis, je veux tout entendre, mais, je vous en conjure, parlez ! parlez vite !...

— Voici une lettre de votre père, répondit l'inconnue ; lisez, ma pauvre enfant...

Et elle tendit à Émilie un papier plié à la hâte et fermé avec une épingle en guise de cire.

Ce papier ne contenait que quelques lignes.

Ces lignes étaient écrites au crayon et d'une écriture fort tremblée, dans laquelle cependant Émilie crut au premier coup d'œil reconnaître celle de son père.

Pendant un instant un voile épais sembla s'interposer entre les regards de la jeune fille et le papier qu'elle tenait à la main.

Il lui fut d'abord impossible de distinguer un seul mot.

Mais enfin ce voile tomba et Émilie, à travers ses larmes, parvint à lire la lettre que nous allons reproduire dans le chapitre suivant.

XXIV

LA LETTRE.

Voici ce que contenait la lettre remise à Émilie par l'inconnue :

« Un grand danger me menace, ma chère enfant.

« Je n'ai ni le temps ni la liberté de te dire quel est ce danger.

« Mon seul espoir est en toi...

« Il faut que tu viennes à mon aide...

« Il faut que tu m'apportes un secours immédiat...

« La personne qui veut bien se charger de te remettre cette lettre est digne de toute ta confiance.

« Accompagne-la sans hésitation.

« Ne perds pas une minute, chère enfant, pas une seconde.

« Une heure de retard causerait ma perte.

« Le salut est dans la promptitude.

« Hâte-toi donc, si tu aimes ton père.

« Ne montre cette lettre à qui que ce soit.

« Ne parle à personne ni de ce que je t'écris, ni de la démarche que tu vas faire.

« Le mystère le plus impénétrable est de nécessité absolue.

« Une indiscrétion et un retard, je te le répète, perdraient tout.

« Viens donc, mon enfant, viens, je t'attends avec une profonde impatience.

« Ton père qui t'aime,

« Isidore POTARD. »

Émilie, après avoir lu, laissa tomber de ses mains le papier fatal.

L'inconnue le ramassa vivement, le plia et le mit dans sa poche.

La jeune fille semblait pétrifiée par la stupeur et l'épouvante.

Elle chancelait et sa pâleur devenait d'instant en instant plus intense.

L'inconnue s'approcha d'elle et la soutint avec un geste caressant.

Émilie releva la tête.

— Mon Dieu! murmura-t-elle, mon Dieu!...

— Du courage, pauvre enfant! répéta l'inconnue.

— Au nom du ciel! s'écria la jeune fille, qu'est-il arrivé, madame, et quel danger menace mon père?...

— Comment pouvez-vous m'interroger, répondit l'étrangère d'un ton de reproche, quand vous savez que votre père vous attend et que d'un moment à l'autre le péril grandit pour lui?...

— Vous avez cent fois raison, madame, menez-moi auprès de mon père... courons.

— Oui, mon enfant, venez, venez vite !
Émilie mit à la hâte un chapeau.
Elle jeta un petit châle sur ses épaules.
Puis elle se disposa à suivre la jeune femme qui déjà ouvrait la porte de la chambre pour sortir.
Mais soudain elle s'arrêta.
Elle venait de se souvenir de sa promesse à Raphaël.
L'inconnue s'aperçut de ce mouvement d'hésitation.
— Qu'attendez-vous donc? demanda-t-elle avec une impatience mal dissimulée.
— Madame, répondit Émilie, il faut que je parle à quelqu'un.
— A qui?
— A un employé de mon père.
— Pourquoi faire, mon Dieu?
— Pour le prévenir.
— Le prévenir, dites-vous?
— Oui, de ma sortie.
— Êtes-vous folle ! s'écria la jeune femme dont les traits prirent une expression étrange.
— Non, madame, je ne suis pas folle, mais j'ai promis...
— Promis de prévenir si vous sortiez?...
— Oui, madame.
— Mais, malheureuse enfant, vous n'avez donc pas lu la lettre de votre père?... Vous n'avez donc pas compris qu'il vous ordonne de ne parler à qui que ce soit au monde ni de la lettre qu'il vous a écrite, ni de la démarche que vous allez faire!... Vous n'avez donc pas compris que votre hésitation dans ce moment est contre nature et parricide!...
— Parricide! s'écria Émilie avec horreur.
— Sans doute, dit vivement l'inconnue pour ajouter encore à l'effet qu'elle venait de produire. En ne vous hâtant pas, vous tuez votre père!....
Émilie se sentit vaincue.
Cependant elle murmura d'une voix presque indistincte :
— Louis Dubourg garderait bien le secret... Laissez-moi lui parler...
L'inconnue ne se contint plus.
Ses grands yeux noirs étincelèrent et elle fit un geste de menace.

— Parlez à qui vous voudrez, fille sans cœur! s'écria-t-elle. Livrez à ceux qui ont votre confiance un secret d'où dépend la vie de votre père! mais ne comptez plus sur moi pour vous conduire à lui... Je repars seule, et je lui dirai que vous avez refusé de me suivre!...

L'inconnue ouvrit la porte et sortit.

Émilie, fondant en larmes, se précipita sur ses traces.

Elle la rejoignit et, s'attachant à son bras, elle balbutia à travers ses larmes :

— Soyez bonne et indulgente pour mon désespoir... Je m'abandonne à vous, madame, faites de moi ce que vous voudrez...

L'éclair du triomphe passa dans les regards de l'inconnue.

Ses lèvres ébauchèrent un sourire fugitif.

Et elle répondit en entraînant Émilie :

— Venez donc, alors! Venez vite!...

Le cocher du fiacre était debout à côté de la portière et tenait cette portière toute ouverte.

Les deux femmes montèrent.

Le cocher se hissa rapidement sur son siége.

Puis les deux chevaux, dont nous avons signalé précédemment les qualités exceptionnelles, partirent au grand trot.

L'inconnue avait baissé les stores sous le prétexte assez plausible d'empêcher les regards indiscrets des passants de pénétrer dans l'intérieur du fiacre.

Émilie, aussitôt que la voiture se fut mise en mouvement, demanda :

— Maintenant, madame, que mes questions ne peuvent plus retarder notre arrivée auprès de mon père, ne voulez-vous pas me dire quel est le danger qui le menace et d'où vient ce danger?...

— Peut-être ne le devrais-je pas...

— Oh! je vous en supplie...

— Eh bien! soit. N'avez-vous jamais remarqué, dites-moi, que votre père s'occupât de politique?

— Non, madame, je n'ai jamais remarqué cela..., et d'ailleurs les affaires de mon père lui laissaient bien peu de temps pour penser à autre chose...

— Cette ignorance dans laquelle vous êtes restée

prouve que votre père savait cacher ses menées, en habile conspirateur qu'il était...

— Mon père!... un conspirateur!... murmura Émilie; oh! madame, c'est impossible!

— Rien n'est plus vrai, cependant, ma pauvre enfant... Votre père était l'un des membres principaux d'une société secrète organisée dans le faubourg Saint-Antoine pour le renversement de la royauté... Le complot, ténébreusement ourdi, ne devait point tarder à éclater quand la police a tout découvert... L'homme qui ce matin est venu chercher votre père, sous le prétexte d'aller avec lui visiter une maison à Fontenay-aux-Roses, était un agent déguisé... A cette heure votre père est prisonnier, et, comme les rois ne pardonnent guère aux complots qui s'attaquent à eux, sa vie est sérieusement menacée...

Émilie était hors d'état de comprendre combien étaient ridicules et dénués de toute vraisemblance les contes que lui faisait sa compagne.

Elle écoutait tout avec une crédulité aveugle.

Son désespoir grandissait à chaque mot.

Elle éclatait en sanglots et elle se tordait les mains en répétant :

— Mon père en prison!... mon père menacé de mort!... Oh! mon Dieu!... mon Dieu!... mon Dieu!...

— Du courage, ma chère enfant, lui dit la jeune femme ; je vous répète que rien n'est désespéré et que vous pouvez encore sauver votre père...

— Mais comment, madame?... Comment?...

— Il vous l'apprendra lui-même.

— Ne cherchez-vous point à me donner un faux espoir pour calmer un peu ma douleur?

— Non! je ne vous dis que ce qui est vrai...

— Verrons-nous bientôt mon père?...

— Aussitôt que nous serons arrivées.

— Et arriverons-nous bientôt?

— Oui, bientôt.

L'inconnue semblait ne répondre qu'avec contrainte et malaise aux questions qui lui étaient adressées.

Émilie se tut.

La voiture roulait toujours.

XXV

LES PRESSENTIMENTS DE RAPHAEL

Dix minutes environ après le départ des deux femmes, on vint prévenir Raphaël, qu'on regardait presque comme faisant partie de la famille, que l'un des fournisseurs de la maison venait présenter une facture.

Raphaël, depuis quelque temps, cumulait ses fonctions de caissier avec celles de teneur de livres.

— Dites à mademoiselle de vérifier la facture et je paierai, répondit-il.

— Mamzelle Mélie est sortie, répliqua l'ouvrier.

— Sortie!! répéta Raphaël.

— Oui, monsieur.

— C'est impossible!

— Je l'ai vue.

— Vous?...

— Moi et tous les camarades de l'atelier.

— Certainement vous vous trompez, Nicolas!...

— Non, monsieur, je ne me trompe pas... Ils sont quarante, là, à côté, qui peuvent vous affirmer comme moi...

— Oui, mais sans doute elle a passé par les ateliers pour aller dans une autre partie de la maison?...

— Ça ne me fait guère cet effet-là... elle avait mis son chapeau et son châle.

— Était-elle seule?...

— Non, il y avait quelqu'un avec elle.

— Quelqu'un! s'écria Raphaël. Qui donc?

— Une dame que je ne connais pas.

— Jeune?

— Oui. Elles marchaient très-vite toutes les deux. Mamzelle Mélie paraissait très-troublée; je lui ai dit bonjour en passant, elle a eu l'air de ne pas m'entendre et elle ne m'a pas répondu...

— Y a-t-il longtemps de cela, Nicolas?

— Oh! il n'y a pas un quart d'heure.

— C'est bien, allez...

— Que faut-il dire au marchand pour sa facture?...

— Qu'il n'y a personne... qu'il revienne... ce que vous voudrez, enfin..

— Oui, monsieur Louis.

L'ouvrier sortit.

Raphaël, demeuré seul, se laissa tomber sur un siége en proie à un désespoir d'autant plus terrible qu'il était muet et concentré.

Ses pressentiments sinistres se trouvaient donc réalisés à l'improviste.

Car, dans son esprit, il n'y avait pas l'ombre d'un doute sur la cause secrète de ce qui venait de se passer.

La vérité lui apparaissait lumineuse.

Émilie était enlevée.

Cette femme qu'elle avait suivie agissait à coup sûr pour le compte du marquis de Châteaudieu.

Mais comment la jeune fille avait-elle pu oublier la promesse que, deux heures auparavant, elle venait de lui faire à lui-même?...

D'où venait cette vive émotion que les ouvriers de l'atelier avaient remarquée sur son visage?...

Tombait-elle tête baissée dans un piége, ou bien suivait-elle de propos délibéré l'entremetteuse d'un séducteur?...

L'esprit du pauvre Raphaël se perdait dans ce dédale de suppositions, dans cet océan de conjectures.

De quelque côté qu'il se tournât, son cœur se déchirait aux épines du doute et de l'angoisse.

Il cacha sa tête dans ses mains et des larmes amères coulèrent à travers ses doigts crispés.

Mais, soudain, il se reprocha ces larmes comme une faiblesse et presque comme un crime.

— Ce n'est pas le moment de pleurer, se dit-il, c'est le moment d'agir!...

Il prit son chapeau et s'élança comme un fou jusqu'à la porte de la rue.

Là il trouva un petit apprenti de douze ou treize ans, qu'on avait envoyé faire une commission et qui, au lieu de rentrer à l'atelier aussitôt après sa course faite, s'amusait à jouer au bouchon avec des gamins de son âge.

L'apprenti, à la vue de Raphaël, eut peur de recevoir des reproches mérités et voulut s'esquiver.

Mais le jeune homme le retint.

— Alfred, lui dit-il, voilà dix sous, réponds-moi la vérité...

— Soyez tranquille, monsieur Louis, je vous répondrai mieux qu'à confesse...

— Y a-t-il longtemps que tu es là?

— Un gros quart d'heure à peu près.

— Alors tu as vu sortir mademoiselle Émilie?

— Certainement que je l'ai vue...

— Avec qui était-elle?

— Avec une petite dame bien gentille.

— Par où ont-elles passé en s'en allant d'ici?

— Dame! elles ont monté dans un fiacre qui les attendait devant la porte.

— Te souviens-tu du numéro de ce fiacre?

— Ma foi! non, je n'ai pas fait attention. Tout ce que je sais, c'est qu'il était très-grand, tout jaune, avec des chevaux gris et un cocher qui avait une longue barbe et qui était vilain comme le derrière d'un pauvre homme...

— Quel chemin ce fiacre a-t-il pris?

— Il a pris par là...

Et le gamin indiquait le chemin qui conduisait dans la direction de la place de la Bastille.

— Les chevaux allaient-ils vite ou lentement?

— Au galop, monsieur Louis, au galop! Je n'ai jamais vu des chevaux de fiacre aller de ce train-là...

L'apprenti ne pouvait en apprendre davantage à Raphaël, puisque c'était tout ce qu'il savait.

Le seul renseignement de quelque importance que le jeune homme eût obtenu était le signalement du fiacre, du cocher et des chevaux.

Il résolut d'en tirer parti.

Il prit une voiture à son tour, paya largement et se fit conduire ventre à terre à l'hôtel Châteaudieu.

Aucune voiture n'était arrivée en face de la porte.

Raphaël s'adressa à un commissionnaire qui stationnait à peu de distance.

Il mit cinq francs dans la main de cet homme.

— Mon ami, lui demanda-t-il, n'avez-vous pas vu, tout à l'heure, une voiture entrer dans la cour de l'hôtel?...

— Une voiture, monsieur? répéta le commissionnaire en secouant la tête, je n'en ai point vu...

— Rappelez vos souvenirs, mon ami!...

— Oh ! je me souviens bien, monsieur...

— Il s'agit d'un fiacre jaune attelé de chevaux gris...

— Ni fiacre jaune ni chevaux gris, j'en suis aussi sûr, monsieur, que je le suis d'être né à Saint-Flour (Cantal)... La seule voiture qui ait passé aujourd'hui sous la porte est celle de monsieur le marquis qui s'en allait en voyage, avec quatre chevaux de poste, deux postillons et des quantités de grelots...

— Le marquis de Châteaudieu est parti, dites-vous ?..

— Oui, monsieur.

— Aujourd'hui ?

— Ce matin, sur le coup de dix heures.

Raphaël ne savait que penser.

Se serait-il trompé dans ses conjectures ?

M. de Châteaudieu aurait-il réellement quitté Paris, ainsi que l'affirmait le commissionnaire ?

Cela était possible, après tout.

Peut-être Raphaël, en retournant au faubourg Saint-Antoine, allait-il trouver Émilie revenue au logis après une absence très-courte et très-naturelle.

Ces pensées consolantes rafraîchirent un peu le sang du jeune homme.

Il sentit son cœur battre plus librement dans sa poitrine oppressée.

Cependant il alla frapper à la porte de l'hôtel.

Cette porte s'ouvrit sans difficulté.

Le suisse auquel il avait parlé trois ou quatre jours auparavant ne le reconnut pas et lui demanda ce qu'il voulait.

— M. le marquis de Châteaudieu est-il en son hôtel ? dit Raphaël dont la voix tremblait.

— Non.

— J'ai à lui parler.

— Vous repasserez.

— Quand ?

— Quand M. le marquis sera de retour.

— Il est donc en voyage ?

— Oui.

— Pour longtemps ?

— Je n'en sais rien.

— Depuis quand est-il parti ?

— Depuis ce matin.

— Va-t-il bien loin ?

— En Bourgogne, dans une de ses terres.

— Je vous remercie, monsieur, de votre complaisance; je ne manquerai pas de revenir...

Le suisse referma la lourde porte sur Raphaël.

Ce dernier s'était convaincu par ses propres yeux que toutes les persiennes de l'hôtel étaient fermées comme quand une maison est déserte.

Ainsi donc le marquis était parti réellement.

Raphaël attendit encore un peu.

Aucun fiacre ne s'arrêta ni même ne passa dans la rue.

Notre héros reprit, à pied, le chemin du faubourg Saint-Antoine.

XXVI

LE PAVILLON.

Après avoir roulé pendant plus d'une heure, le fiacre qui contenait Émilie et l'inconnue s'arrêta.

— Nous sommes arrivées, dit l'inconnue.

En même temps, le cocher descendit de son siége.

Il vint ouvrir la portière.

La compagne d'Émilie descendit la première.

Puis elle tendit la main à la jeune fille pour l'aider à franchir le marchepied.

Une fois à terre, Émilie regarda autour d'elle.

Elle se trouvait dans un endroit complétement désert.

A gauche, d'immenses terrains vagues et deux ou trois maisons en construction dont les travaux étaient interrompus.

A droite, un mur de clôture, au-dessus duquel s'élevaient les cimes verdoyantes de grands arbres.

En face de l'endroit où s'était arrêté le fiacre, une petite porte peinte en gris était pratiquée dans ce mur.

L'inconnue tira un bouton de cuivre habilement dissimulé entre les jointures de deux pierres de taille.

On entendit aussitôt le bruit vague d'une clochette qui retentissait dans le lointain.

Mais, sans doute, quelqu'un placé dans l'intérieur tout auprès de la porte n'attendait que ce signal, car au même instant la porte tourna sur ses gonds et s'ouvrit.

L'inconnue poussa Émilie en avant et entra après elle.

Jamais la fille d'Isidore Potard n'avait rêvé quelque chose de pareil au spectacle qui s'offrit alors à ses yeux.

Elle se crut, au premier abord, transportée au milieu du paradis terrestre.

Qu'on se figure un jardin immense et que des perspectives habilement ménagées faisaient paraître plus grand encore.

Partout de soyeux gazons d'un vert d'émeraude, ombragés par le feuillage épais de frênes et de tilleuls séculaires.

Au milieu de ces pelouses, un bassin de marbre blanc où deux beaux cygnes se poursuivaient pour une lutte amoureuse.

Les pieds d'Émilie foulaient sur les allées le sable le plus fin.

Ces allées semblaient enchâssées dans une mosaïque de velours et d'émail, car de chaque côté des myriades de fleurs magnifiques étalaient leurs nuances variées à l'infini et embaumaient l'atmosphère de leur parfum doux et subtil.

Çà et là, dans les éclaircies de la verdure, de blanches statues offraient leurs formes grecques aux baisers du soleil.

Tout cet ensemble était magique.

— Mon Dieu, madame, où sommes-nous donc? demanda Émilie à sa compagne.

Cette dernière répondit aussitôt :

— Nous sommes chez la personne de qui dépend le sort de votre père...

— Et cette personne, quelle est-elle ?

— Vous le saurez bientôt.

— Ne pouvez-vous donc me le dire dès à présent ?

— Non.

— Mais mon père est-il ici?

— Sans doute.

— Vais-je le voir?

— Je le pense.

— Hâtons-nous donc, madame, je vous en supplie...

— Je le souhaite autant que vous; venez, mon enfant...

Et les deux femmes suivirent rapidement les détours de l'une des allées du jardin, précédées par le laquais qui leur avait ouvert la porte.

Au bout de quelques minutes de marche, elles atteignirent un petit bois de marronniers qui, tout couverts de leurs belles grappes blanches et roses, ressemblaient à des bouquets gigantesques.

Derrière ce petit bois s'élevait un pavillon, haut d'un seul étage et bâti en briques rouges, avec les angles, les corniches et les encadrements des portes et des fenêtres en pierre vermiculée.

L'effet de ce pavillon était ravissant au milieu des masses de verdure qui mettaient en valeur, par l'opposition, ses tons vifs et colorés.

Trois grandes portes vitrées ouvraient sur le jardin et donnaient accès dans le vestibule.

Ce vestibule, dont les dalles disparaissaient sous une natte chinoise, ressemblait à une serre.

Il y avait des fleurs partout.

Des gerbes de fleurs à l'entour des murailles.

Des potiches remplies de fleurs sur des consoles de forme rustique.

Des guirlandes de fleurs tombant de vases de terre cuite suspendus au plafond par des chaînes de fleurs.

Titania, la fée des jardins, aurait choisi ce vestibule pour sa salle du trône.

Les deux femmes entrèrent.

Arrivée là, l'inconnue dit à Émilie :

— Je vous quitte, mon enfant...

— Comment, madame, vous me laissez seule?..., demanda vivement la jeune fille.

— Il le faut.

— Mais pourquoi ?...

— Votre entrevue avec la personne de qui je vous ai parlé doit être sans témoins.

— Cette entrevue va donc avoir lieu immédiatement?...

— C'est probable.

— Et mon père, quand le verrai-je?...

— Vous saurez cela tout à l'heure.

Puis l'inconnue, sans doute afin d'éviter de nouvelles questions, s'esquiva vivement par l'une des portes du vestibule.

Émilie resta un instant immobile, stupéfaite et épouvantée de son isolement dans ce lieu étranger.

Le valet qui n'avait pas quitté les deux femmes, mais en ayant soin cependant de se tenir toujours à une distance assez grande pour que l'écho de leurs paroles ne pût arriver jusqu'à lui, s'approcha alors d'Émilie.

Il s'inclina d'abord devant elle.

Puis il lui dit, du ton le plus respectueux :

— Quand il plaira à mademoiselle, j'aurai l'honneur de la conduire...

— Je vous suis, répondit Émilie.

— Alors je vais avoir l'honneur de montrer le chemin à mademoiselle...

Et, en effet, il précéda Émilie, ouvrant les portes devant elle.

La jeune fille traversa ainsi deux pièces meublées avec un luxe inouï, dont la somptuosité n'excluait point une grâce galante et voluptueuse.

La troisième, dans laquelle le laquais s'arrêta enfin, était un petit salon ou plutôt un boudoir.

Ce boudoir, de forme ovale, était tendu en gros de Naples blanc à gros plis.

Le plafond, peint à fresques par un des meilleurs élèves de Girodet, représentait *le Triomphe de Galathée*.

Quatre tableaux, quatre chefs-d'œuvre, auraient effarouché des regards ultra-pudiques par leur nudité un peu désordonnée.

C'étaient :

Une Bacchante, du Guide;

Mars et Vénus pris dans les filets de Vulcain, de l'Albane;

Jupiter et Antiope, d'Annibal Carrache;

Et, enfin, une *Érigone*, de Coypel.

Ces quatre tableaux produisaient l'effet le plus merveilleux sur la tenture blanche du boudoir.

Les meubles et les rideaux étaient en magnifique tapisserie des Gobelins.

Dans les embrasures des fenêtres, des jardinières en bois de rose étaient remplies de fleurs.

Une table ronde, recouverte d'un tapis de velours blanc, supportait des livres et des albums splendidement reliés.

Sur un petit guéridon placé auprès de l'une des fenêtres se voyaient dans des assiettes de Japon des fruits, des biscuits, des confitures, deux petits pains dorés et appétissants, et, dans des carafes de cristal de Bohême, des vins d'une couleur si magnifique et d'une transparence telle, qu'on eût dit des pierres précieuses en fusion.

Émilie, accoutumée à la simplicité plus que modeste du logis de son père, n'en pouvait croire ses yeux.

Sans aucun doute, si la jeune fille n'eût été préoccupée outre mesure par de tristes pensées, elle se serait abandonnée avec bonheur aux chimères de son imagination en se persuadant qu'elle avait été transportée par un pouvoir mystérieux et occulte dans un de ces palais enchantés dont les *Mille et une nuits* lui avaient fait de si merveilleux récits.

Mais, hélas! ce n'était guère le moment de sourire à des contes bleus.

Émilie se reprocha même l'involontaire distraction apportée à son chagrin par la vue des objets extérieurs.

Elle se dit qu'elle était venue là pour essayer de sauver son père et non dans un but d'admiration frivole.

Et comme personne ne se présentait à elle, elle prit le parti de s'adresser au valet qui lui servait de guide.

XXVII

INCERTITUDES.

— Monsieur... dit Émilie à ce domestique.

— Mademoiselle me fait l'honneur de m'appeler ? demanda-t-il en s'avançant.

— Est-ce ici que je dois attendre ?

— Si cela convient à mademoiselle.

— Que voulez-vous dire ?

— Je veux dire que cette pièce est à la disposition de mademoiselle, comme toutes les autres de ce pavillon...

— Il est impossible, pensa Émilie, que mon père coure un danger aussi grand que cette femme me l'avait fait craindre. On serait moins poli et moins attentif avec la fille d'un coupable.

Puis elle ajouta tout haut :

— Croyez-vous, monsieur, que j'attendrai longtemps?

— Je ne comprends pas bien ce que mademoiselle me fait l'honneur de me demander, répondit le valet.

— N'avez-vous donc reçu aucun ordre à mon égard?

— J'ai reçu l'ordre de recevoir mademoiselle au moment où elle arriverait, de l'introduire ici, et de me considérer comme attaché à son service...

Ces derniers mots ne présentèrent aucun sens à l'esprit d'Émilie.

Elle ajouta :

— Ces ordres, c'est votre maître, n'est-ce pas, qui vous les a donnés?

— Oui, mademoiselle.

— Ne lui parlerai-je pas

— Si, mademoiselle, sans aucun doute.

— Ne devez-vous pas le prévenir que je suis ici?

— Il le sait déjà, mademoiselle.

— Comment?

— Le coup de cloche auquel j'ai obéi en vous ouvrant la porte a prévenu mon maître de l'arrivée de mademoiselle.

— Et pensez-vous que votre maître tardera beaucoup à m'accorder une audience?

— Non, mademoiselle, je ne le pense pas.

Émilie cessa de questionner.

Le laquais se tut.

Au bout d'un instant il ajouta :

— Mademoiselle n'a pas besoin de mes services immédiats?

— En aucune façon.

— Alors je me retire dans le vestibule, où j'attendrai les ordres de mademoiselle. Quand mademoiselle voudra me voir accourir, elle n'aura qu'à frapper un coup sur le timbre... Il y a là, sur cette table, quelques rafraîchissements préparés pour mademoiselle.

Le laquais s'inclina et sortit.

Émilie resta seule.

Elle s'assit machinalement, et elle se mit à penser à ce qu'il y avait d'étrange dans sa situation.

L'idée qu'elle était tombée dans un piége habilement tendu ne se présentait pas encore à son esprit.

Et cependant elle commençait à trouver plus que bizarre tout ce qui lui arrivait depuis une heure.

Elle s'était attendue, au départ et pendant le trajet, à arriver dans quelque prison bien sombre, bien lugubre...

A traverser des guichets ténébreux...

A entendre grincer des clefs énormes dans de massives serrures...

A voir sur son passage une armée de geôliers à figures rébarbatives et à costumes de mélodrame...

Et enfin à tomber toute en larmes dans les bras de son père au fond d'un cachot humide et froid.

Au lieu de cela, elle traversait des jardins en fleurs.

Elle entendait des oiseaux chanter joyeusement.

On l'introduisait dans un véritable palais.

Et on la traitait avec autant d'égards que si elle en eût été la reine.

Qu'est-ce que cela voulait dire ?

Émilie ne le savait pas, et cependant elle se sentait à demi rassurée sur le sort de son père.

Était-il possible, en effet, qu'il arrivât malheur a quelqu'un au milieu de cette belle nature, de tout ce luxe, de toutes ces fleurs, de tous ces parfums ?

Mais, encore une fois, qu'est-ce que cela signifiait ? que lui voulait-on ? qu'allait-il se passer ?

L'esprit de la pauvre petite errait au milieu d'une foule de suppositions différentes, sans s'arrêter à aucune.

Cependant elle attendait depuis un quart d'heure.

Personne n'était encore venu.

L'impatience commençait à gagner Émilie.

Elle se leva et s'approcha de l'une des fenêtres.

Cette fenêtre donnait sur le jardin que nous avons décrit tout à l'heure.

La jeune fille appuya son front contre la vitre et regarda avec une muette extase ces belles fleurs, ces grands arbres, tout ce luxe de verdure, de soleil, de végétation.

Quelques minutes se passèrent ainsi.

Émilie vint auprès du guéridon sur lequel était placée la collation.

Elle admira la grosseur des fruits, leur coloris, leur velouté, mais elle ne toucha à aucun.

Elle souleva l'une des carafes et fit jouer les rayons du soleil sur ses facettes lumineuses.

Mais elle ne but pas une seule goutte de son contenu.

Le temps passait.

Émilie était toujours seule.

Que signifiait cela?

L'avait-on oubliée?

Non, un pareil oubli était impossible.

Émilie eut envie de frapper sur le timbre et d'appeler ainsi le valet pour l'interroger de nouveau.

Mais elle n'osa pas.

Elle préféra attendre encore.

Sur la table ronde, nous le savons, il y avait des livres et des albums.

Ce pouvait être une distraction, un moyen d'activer un peu l'interminable lenteur des minutes.

Émilie prit un de ces albums et commença à le feuilleter.

Les premiers dessins l'étonnèrent d'abord.

Elle ne comprenait pas.

Mais bientôt, malgré sa candeur, il lui fut impossible de ne point deviner le sens de ce qu'elle voyait.

Une épaisse rougeur monta à son visage.

Son cœur se souleva de honte.

Ses longues paupières s'abaissèrent sur ses beaux yeux.

Elle ferma le livre et le jeta loin d'elle avec mépris et avec dégoût.

Nos lecteurs devinent sans doute ce qui venait de blesser les chastes regards de la pauvre enfant.

Les albums dont il s'agit étaient remplis de peintures obscènes.

Un peintre licencieux avait reproduit avec une effrayante et lubrique vérité tous les raffinements de la luxure et du libertinage.

Chaque page était un commentaire aux strophes de Pierre Arétin ou à la priapée de Piron.

Émilie avait eu peur.

Et, certes, il y avait de quoi.

— Où suis-je donc? se demanda-t-elle; et quelle est

cette maison où de pareils objets viennent souiller les regards ?...

« Quoi ! je vais me trouver ici, seule avec l'homme qui se complaît à de telles infamies ?...

« Oh ! non, non ! Et mon père, si réellement quelque péril le menace, ne consentirait point à être sauvé à ce prix.

« Et d'ailleurs, ce péril n'existe pas !...

« Je n'y crois pas ! je n'y crois plus !...

« Il faut que je sorte d'ici !... il faut que j'en sorte à l'instant !... »

Émilie s'approcha de la cheminée et frappa sur le timbre.

Le laquais ne se fit pas attendre.

— Mademoiselle me fait l'honneur de m'appeler ? demanda-t-il.

— Oui, répondit Émilie.

Et elle ajouta :

— Vous m'avez dit tout à l'heure que vous aviez reçu l'ordre de m'obéir ?

— En tout, mademoiselle.

— Alors, ce que je vous dirai de faire, vous le ferez ?

— A l'instant même.

— Eh bien ! conduisez-moi hors d'ici...

— Hors d'ici !... répéta le valet avec toute l'apparence de la stupéfaction.

— Oui. Ne m'avez-vous point entendu ?

— J'ai eu l'honneur, au contraire, d'entendre mademoiselle à merveille...

— Eh bien ?

— Quoi ! mademoiselle veut quitter cette maison ?...

— Oui, je le veux.

Le laquais se gratta l'oreille et ne répondit pas.

XXVIII

UNE CAGE DORÉE.

Le silence et l'embarras de ce domestique portèrent au plus haut point l'impatience nerveuse de la jeune fille.

Elle frappa du pied en s'écriant :
— Je veux sortir d'ici !... j'en veux sortir à l'instant même !...

Le laquais répondit de l'air le plus humble, mais qui cependant n'était point exempt d'une nuance de sournoiserie :

— Mademoiselle me demande la seule chose qu'il ne me soit pas possible de lui laisser faire...

— Comment! vous avez reçu l'ordre de me retenir ici?

— J'ai reçu cet ordre.

— Ainsi, je ne suis pas libre?

— Libre et maîtresse de vos actions dans l'intérieur de ce pavillon et dans le jardin qui en dépend, mais point au dehors...

— Ainsi, j'ai été attirée ici par une ruse, et l'on m'y retient prisonnière?

Le laquais s'inclina, mais ne répondit rien.

L'émotion et l'épouvante d'Émilie devenaient extrêmes.

Le sang refluait à son cœur et de son cœur remontait à sa tête, l'étourdissant et la suffoquant.

Son visage était tantôt pâle comme un linceul, et tantôt se teignait des nuances ardentes de la pourpre.

De grosses larmes perlaient sous ses paupières et commençaient à rouler sur ses joues.

— Savez-vous bien, murmura-t-elle, savez-vous bien que cela est infâme?...

Le laquais se tut et fit un geste qui ne signifiait absolument rien.

La jeune fille continua avec une exaspération croissante :

— Je vous ai dit que je voulais sortir d'ici et j'en sortirai, malgré vous, malgré tout le monde!...

— Je ne crois pas que cela soit facile... répondit le laquais en souriant.

— Je crierai... j'appellerai à mon secours!...

— Mademoiselle a la voix trop douce pour qu'elle soit entendue de bien loin... et d'ailleurs aucun danger ne menace mademoiselle...

— Mais enfin je suis prisonnière... pourquoi?...

— Ce n'est pas à moi qu'il appartient de répondre à

cette question... d'ailleurs je ne sais rien... je reçois des ordres auxquels j'obéis, voilà tout...

— Et ces ordres, qui vous les donne?

— Mon maître.

— Quel est votre maître?

— Il aura l'honneur de se nommer lui-même à mademoiselle, quand il le jugera convenable...

— Mon Dieu! mon Dieu! s'écria Émilie, je n'ai jamais fait de mal à personne!... pourquoi donc veut-on m'en faire, à moi?...

Et elle éclata en sanglots.

— Que mademoiselle se rassure, se hâta de dire le domestique, j'ai l'honneur de lui affirmer que personne au monde n'est animé de mauvaises intentions à son égard...

Mais Émilie ne l'entendit point.

Elle se tordit les mains et elle poursuivit :

— Et mon père!... mon pauvre père qui m'aime tant!... que va-t-il dire en ne me trouvant pas?... pauvre père, s'il savait qu'on s'est servi de son nom pour perdre son enfant... il en mourrait!... il en mourrait!...

Un nouveau torrent de larmes vint la suffoquer et éteignit la parole dans sa gorge contractée.

Émilie se sentait devenir folle.

Le plus terrible de tous les périls planait au-dessus de sa tête, le péril inconnu...

A tout prix elle voulait lui échapper.

Ses regards, voilés de pleurs, s'arrêtèrent sur le valet qui, en face de ce désespoir, ne savait trop quelle contenance garder.

— Oh! si je pouvais attendrir cet homme!... pensa-t-elle.

Et elle s'approcha de lui, si touchante dans sa douleur qu'elle devait sembler irrésistible.

— Monsieur, lui dit-elle d'une voix suppliante, vous ne pouvez pas me haïr, puisque vous ne me connaissez pas... vous voyez que je souffre... vous voyez que j'ai peur... Ayez pitié de moi et laissez-moi sortir d'ici...

— Vraiment je le voudrais, mademoiselle, mais je ne le peux pas, répondit le domestique avec embarras.

— Dieu récompense ceux qui sont bons, poursuivit

la jeune fille en serrant dans ses petites mains les grosses mains gantées de blanc du valet; soyez bon, monsieur, soyez généreux, je prierai Dieu pour vous, et Dieu m'écoutera, j'en suis sûre... Vous êtes touché, n'est-ce pas ?... je le vois, je le sens... ne résistez pas au mouvement de votre cœur... conduisez-moi hors d'ici, venez, venez vite...

Et elle essaya d'entraîner le domestique du côté du vestibule.

Mais il résista respectueusement et répondit :

— En vérité, mademoiselle, ce que vous me demandez là est impossible...

— Mais pourquoi, mon Dieu ?... pourquoi ?...

— Parce que tout s'y oppose, mon devoir et mon intérêt...

— Votre intérêt ?.. Est-ce l'intérêt qui vous fait agir ?... Voulez-vous de l'argent en échange de ma liberté ? Tenez, prenez déjà ma montre... c'est bien peu de chose, je le sais, mais vous aurez davantage, bien davantage... Conduisez-moi près de mon père... il est riche, mon père. Je lui dirai que vous m'avez sauvée... Je suis sa seule enfant, jugez s'il m'aime, monsieur !... Je lui dirai que vous avez eu pitié de moi, et tout ce que vous lui demanderez, je vous jure qu'il vous le donnera ! Vous acceptez ce que je vous propose ?... vous consentez, n'est-ce pas ? Il est impossible que vous refusiez... Mais, au nom du ciel, dites-moi donc que vous acceptez !

Pendant un instant le domestique parut ébranlé.

Il hésita.

Le cœur d'Émilie ne battait plus, tant son anxiété était poignante en face de cette hésitation.

Le parti du valet fut bientôt pris.

Il secoua négativement la tête et s'éloigna de quelques pas d'Émilie qui attendait les mains jointes.

— Je supplie mademoiselle de ne pas insister davantage ! dit-il. Je lui répète qu'il m'est impossible d'agir autrement que je ne le fais.

Émilie avait espéré.

Cet espoir lui échappait.

Son cœur se brisa.

Elle tomba sur une chaise, anéantie, presque inanimée.

En ce moment on entendit le bruit d'un pas dans les salons qui précédaient le boudoir où se passait la scène que nous venons de raconter.

Le laquais tressaillit.

— Et moi qui ai failli me laisser tenter ! pensa-t-il. Double sot ! triple imbécile !... L'argent me poussera donc toute ma vie à faire des sottises !...

Il ajouta tout haut :

— Voici mon maître qui vient, mademoiselle ; je me retire...

Et tout bas :

— Ma foi ! je suis bien aise de m'en aller... Cette petite fille, avec ses beaux grands yeux, ses larmes et ses supplications, me faisait vraiment de la peine... C'est très-bête, mais c'est comme ça !...

Il s'inclina de nouveau avec une souplesse qui faisait le plus grand honneur à la flexibilité de son épine dorsale.

Il tourna sur les talons et sortit par une porte latérale, de manière à ne point se rencontrer avec la personne dont les pas s'approchaient.

Émilie, en entendant le domestique lui dire ces mots : « Voilà mon maître qui vient, mademoiselle... » avait semblé frappée par une de ces commotions électriques qui galvanisent un cadavre.

Elle s'était brusquement levée de son siége et elle attendait.

Le nouveau venu entra.

XXIX

LES FACÉTIES DU CRIME.

Raphaël, nous le répétons, s'était éloigné à demi rassuré de l'hôtel Châteaudieu.

Il avait repris le chemin du faubourg Saint-Antoine, espérant trouver Émilie de retour.

Cet espoir fut déçu.

On n'avait pas revu la jeune fille.

Cette nouvelle fut un coup terrible pour Raphaël.

Cependant il essaya de se rassurer par la réflexion.

— C'est à peine, se dit-il, s'il y a une heure et demie

qu'Émilie a quitté la maison. Cette course pour laquelle on est venu la chercher avait sans doute un but de quelque importance... Elle aura été retenue plus longtemps qu'elle ne le croyait elle-même... D'une minute à l'autre elle va rentrer... Il est impossible qu'elle ne rentre pas !...

Sa raison parlait ainsi et il s'efforçait d'en écouter la voix.

Mais son cœur ne croyait pas un mot de ce que disait sa raison.

Le malheureux garçon semblait fou.

Il allait sans cesse de l'atelier à la porte de la rue, épiant le passage de toutes les voitures et espérant toujours que l'une d'elles allait s'arrêter et qu'Émilie en descendrait.

Une heure s'écoula ainsi.

Cette heure parut un siècle à Raphaël.

A chaque minute qui succédait à une autre minute, il sentait ses angoisses s'augmenter, ses terreurs s'agrandir.

Il était à peu près dans la situation d'un homme suspendu par une corde frêle au-dessus d'un abîme et qui voit cette corde craquer et se rompre peu à peu.

Cependant, dans cette longue agonie, il y eut une seconde d'ineffable bonheur.

Un fiacre jaune, tout à fait pareil à celui dont l'apprenti avait fait la description, s'arrêta devant la porte.

Raphaël poussa un cri de joie.

— Enfin ! dit-il, enfin !

Et il étendit les bras pour y recevoir Émilie.

Déception !

Ce n'était pas elle.

C'était Isidore Potard, son père.

Isidore Potard, pâle, défait, le front soucieux, les lèvres contractées, le regard menaçant.

— Sait-il donc déjà quelque chose ? se demanda tout bas Raphaël.

Le fabricant paya son cocher.

Puis il s'approcha vivement de notre héros.

— C'est scandaleux ! murmurait-il ; c'est inouï ! C'est à ne pas y croire !... J'aurai justice d'une pareille mystification !

— Une mystification!... répéta Raphaël en lui-même ; que veut-il dire ?

Isidore Potard ne le laissa pas longtemps dans cette ignorance.

— Savez-vous ce qui m'arrive, mor, cher Louis? s'écria-t-il.

— Quoi donc? demanda Raphaël.

— Au fait, vous ne pouvez pas savoir... reprit le fabricant; mais je vais vous l'apprendre... C'est une infamie, tout bonnement! Mais je ne prendrai pas la chose avec patience, soyez-en convaincu! On ne tardera guère à savoir que l'on ne se joue pas impunément de moi!...

Raphaël était sur des charbons ardents.

Peut-être ce qu'Isidore Potard avait à lui dire aurait-il, de près ou de loin, quelque rapport avec la disparition d'Émilie.

— Eh bien! monsieur Potard, fit-il, j'attends avec impatience.

— Figurez-vous, mon ami, continua le fabricant, figurez-vous que je devais visiter aujourd'hui une maison de campagne à Fontenay-aux-Roses... Je crois vous avoir parlé de cela...

— Oui, oui, vous m'en avez parlé!...

— Le soi-disant propriétaire de cette maison était un prétendu comte de Saverne... Ah! le coquin! ah! le bandit!... mais j'aurais dû me douter de quelque chose, à voir tous les embarras qu'il faisait!...

— Ensuite, monsieur Potard! ensuite ?...

— Nous partons ce matin dans la voiture de ce comte... je dis *sa* voiture!... je parierais bien qu'elle n'était pas plus à lui que son titre; titre d'emprunt, voiture de louage!...

— Arrivez au fait, je vous en conjure!...

— M'y voici, mais que voulez-vous? la colère et l'indignation m'entraînent malgré moi...

« Donc nous partons, nous allons bon train et nous arrivons à Fontenay.

« Au coin d'une des rues du village, le comte crie à son cocher d'arrêter.

« — Mon cher monsieur Potard, me dit-il, veuillez prendre la peine de descendre... »

« Je descends.

« — Je vais à cent pas d'ici, jusque chez le notaire du pays, pour un renseignement, poursuit le comte ; je ne veux pas vous faire attendre, prenez cette rue, puis tournez à droite : la première maison que vous verrez, entre cour et jardin, avec une grille à fers de lances dorés, est la mienne ; un domestique qui m'attend et auquel vous direz que vous me précédez de cinq minutes vous ouvrira la porte et vous commencerez votre travail...

« Comme bien vous pensez, je réponds :

« — Oui, monsieur le comte...

« J'enfile bravement la rue et je tourne à droite, ainsi que me l'avait dit le scélérat.

« Je vais... je vais, droit devant moi, pendant fort longtemps...

« Aucune trace de maison entre cour et jardin, avec grille et fers de lances...

« Je vais encore...

« Toujours rien.

« Je questionne.

« On ne sait pas ce que je veux dire.

« Je pense que j'ai mal compris les indications du comte.

« Je reviens sur mes pas.

« Je regagne la grande rue où j'avais laissé la voiture et les gens de M. de Saverne.

« Plus de voiture.

« J'attends un quart d'heure.

« Personne.

« Je demande où demeure le notaire, j'arrive chez lui, je m'informe et j'apprends de la façon la plus positive qu'aucun comte de Saverne ne vient d'acheter une maison de campagne à Fontenay-aux-Roses, où il n'y en a pas à vendre !...

« Jugez de ma colère, mon cher Louis !...

« J'étais trompé ! dupé ! bafoué ! mystifié ! il n'y avait pas à en douter !......

« Mais par qui ?...

« Mais pourquoi ?...

« Dites-moi, mon cher Louis, comprenez-vous quelque chose à cela ?...

— Oui !... oui !... s'écria Raphaël, je comprends !... je comprends tout !... et maintenant la lumière se fait !...

— La lumière !... quelle lumière ?...

— Vous ne devinez pas dans quelle intention on employait la ruse et le mensonge pour vous emmener à Fontenay-aux-Roses?...

— Eh! non, puisque je vous le demande...

— On voulait vous éloigner de chez vous!

— Dans quel but?...

— Dans le but de profiter de votre absence!...

— Pourquoi faire?...

— Armez-vous de courage, monsieur Potard... il vous reste un malheur à apprendre...

— Un malheur?...

— Oui, un malheur terrible! on voulait vous voler!...

— Et l'on m'a volé?...

— Oui.

— Quoi donc?...

— Votre plus précieux, votre seul véritable trésor...

— Louis... Louis!... que voulez-vous dire?... Mon Dieu! vous me faites peur!...

— On vous a volé votre fille!... continua Raphaël.

— Ma fille! répéta le malheureux père en se frappant le front d'un geste désespéré, ma fille!... oh! ce n'est pas vrai!... N'est-ce pas, ce n'est pas vrai?...

— Mademoiselle Émilie a disparu!...

— Disparu!... Mais quand?... mais comment?...

— Quand? deux heures après votre départ...

« Comment? une femme est venue... une étrangère... une inconnue... elle a demandé votre fille; elles ont eu ensemble un fort long entretien. Toutes deux sont sorties ensemble; aucune d'elles n'a reparu...

— Ma fille... mon Émilie... mon enfant... disparue!... enlevée!... s'écria Potard avec un accent déchirant. Oh! ce n'est pas possible!... je ne peux pas... je ne veux pas y croire!... Louis, mon cher Louis, mon ami, dites-moi, que dois-je espérer?... que dois-je craindre, mon Dieu!...

— Eh! le sais-je moi-même?... répondit Raphaël avec une irritation presque brutale. Quand je vous ai dit de prendre garde... quand je vous ai averti que je pressentais un danger... vous m'avez répondu que j'étais fou!... Malheureusement vous vous trompiez!... le fou était prophète!...

— Ne m'accablez pas... murmura Potard. Vos reproches

sont justes, mais ils me tuent!... Unissez-vous à moi plutôt pour retrouver ma fille...

— Ai-je une autre pensée?... s'écria Raphaël.

— Mais pourquoi, murmura Potard aveuglé par l'égoïsme paternel, pourquoi, puisque vous saviez tout, n'avez-vous rien fait encore?

— Voilà que vos reproches sont injustes et cruels! répondit notre héros : d'abord j'ai agi déjà, autant que je l'ai pu faire... et puis je n'étais sûr de rien... la sortie de votre fille pouvait, à tout prendre, s'expliquer d'une façon naturelle et qui n'aurait rien eu d'inquiétant... Votre récit de tout à l'heure me prouve seul jusqu'à l'évidence que la malheureuse enfant tombait à son insu dans un horrible traquenard...

— Et maintenant, maintenant, qu'allons-nous essayer?...

— Je ne le sais pas encore, répondit Raphaël, mais j'espère en Dieu qui doit veiller sur Émilie ; j'espère en vous qui êtes son père...

Il s'interrompit à ces derniers mots.

Mais il ajouta tout bas :

— Et j'espère en moi surtout... en moi qui suis son amant...

XXX

LES COMMISSAIRES DE POLICE.

Après ce premier et douloureux épanchement de l'amant et du père, Raphaël et Isidore tinrent conseil.

Raphaël, malgré les apparences contraires, avait la conviction la plus absolue qu'Émilie avait été enlevée pour le compte du marquis de Châteaudieu.

A force de logique et avec cette sûreté de raisonnement qui lui venait de l'accumulation des preuves morales, il parvint à faire partager sa conviction à Isidore Potard.

Tous les deux pensèrent qu'il n'y avait qu'un parti à prendre, c'était de se mettre sous la protection des lois, de porter plainte et de réclamer l'intervention d'un commissaire de police.

En conséquence, Isidore et Raphaël commencèrent par

réunir en un faisceau tous les renseignements qu'il leur fut possible de se procurer.

Ils questionnèrent les ouvriers qui avaient vu passer l'inconnue à son arrivée et qui l'avaient vue repasser à son départ accompagnée par la jeune fille.

Ils interrogèrent de nouveau l'apprenti.

Puis, bien édifiés sur le signalement de l'entremetteuse, étonnés seulement de la trouver jeune et jolie quand ses pareilles sont d'habitude vieilles et hideuses, ils se rendirent chez le commissaire de police du quartier.

Ils furent reçus dans la salle d'attente, espèce d'antichambre boueuse et puante incessamment crottée par les gros souliers des cochers de fiacre pris de vin et des commissionnaires batailleurs et hargneux; ils furent reçus, disons-nous, par une sorte de secrétaire, mal vêtu d'un habit noir troué au coude et crasseux au collet, et qui, enfonçant magistralement sa plume entre sa longue oreille et ses cheveux plats et gras, leur répondit avec morgue :

— Monsieur le commissaire est occupé, il ne peut vous recevoir en ce moment.

— Mais, dit Isidore, nous venons pour une chose excessivement grave et pressée, et nous voudrions ne pas attendre si cela était possible...

— Cela n'est pas possible, interrompit le secrétaire.

— Cependant, monsieur, fit Raphaël à son tour, puisqu'on vous dit qu'il y a urgence!...

Le secrétaire releva la tête et regarda par-dessous ses lunettes ce jeune homme qui ne semblait pas lui parler avec tout le respect dû à un personnage de son importance.

Raphaël était vêtu avec la simplicité qui convenait à sa profession de teneur de livres.

Les sourcils du secrétaire se froncèrent, ni plus ni moins que ceux du *Jupiter tonnant*.

— Ah çà! s'écria-t-il d'un air de mépris, est-ce que vous vous figurez qu'on n'a rien autre chose à faire ici que de vous recevoir et de vous écouter?... Attendez votre tour et, si ça ne vous convient pas, allez-vous-en!...

Isidore Potard ferma les poings.

Raphaël pâlit de colère.

Il allait éclater.

Il allait remettre à sa place l'insolent subalterne.
Mais il se contint.

De nouveau la voix salutaire de la réflexion lui criait à l'oreille qu'il n'était point en position de faire une esclandre et que son passé lui prescrivait impérieusement d'éviter à tout prix d'avoir, pour son propre compte, quelque chose à démêler avec un commissaire de police.

Il dévora son irritation et fit comprendre à Potard, qui n'avait pas les mêmes raisons que lui de se modérer, que la patience était un devoir.

Enfin, au bout d'une mortelle demi-heure, Isidore et Raphaël furent introduits dans le cabinet du magistrat.

Ce dernier était un petit homme de cinquante-cinq à soixante ans, à l'abdomen proéminent et à la face colorée.

Rien qu'à le voir, on devinait un vieux libertin.

Sa figure, assez semblable à celle d'un satyre, portait çà et là des traces rouges et cuivrées, stigmates ineffaçables de ces maladies qu'on n'avoue pas.

Les yeux clignotaient, fatigués; les joues pendaient, ridées et flasques.

Sa bouche riait sans cesse et semblait toujours prête à chanter un de ces couplets du caveau qui célèbrent Bacchus, Momus, Comus, Vénus, et toutes les autres divinités en *us*.

Une petite perruque d'un blond clair, courte et frisottante, voilait la calvitie absolue de son crâne et couronnait cet ensemble caractéristique.

Ce commissaire portait une cravate très-blanche, nouée autour d'un cou très-rouge et aussi plissé que celui d'un dindon.

Un habit noir, un gilet de satin, une culotte, des bas de soie noirs et des souliers à boucles d'argent complétaient sa toilette.

Au moment où Isidore et Raphaël entrèrent dans son cabinet, il regarda sa montre.

Il était déjà tard.

La société chantante et mangeante des *Enfants d'Épicure*, dont il était le vice-président, tenait ce jour-là une de ses séances et allait bientôt réclamer sa présence.

Aussi se hâta-t-il de dire aux deux hommes :

— J'ai peu de temps à vous donner, messieurs; ainsi soyez brefs et précis, je vous en conjure...

— Monsieur le commissaire, fit Potard, je viens porter plainte...

— D'abord, interrompit le magistrat, qui êtes-vous ?

Potard se nomma.

— Bien! bien! dit le commissaire, je connais à merveille... excellente réputation! Continuez, monsieur... Est-ce de ce jeune homme que vous vous plaignez?

Et du doigt il désignait Raphaël.

— Pas le moins du monde, répondit Isidore; ce jeune homme est mon teneur de livres et s'appelle Louis Dubourg. Je l'ai emmené avec moi parce qu'il est au courant des motifs sur lesquels je base ma plainte.

— Parfaitement! expliquez-vous, et, je vous le répète, soyez bref.

— Je tâcherai, monsieur le commissaire.

— On vous a volé, sans doute?

— Non.

— Alors on vous a frappé, injurié?

— Pas davantage.

— Mais quoi donc alors? Voyons, de quoi vous plaignez-vous? faut-il vous arracher les paroles l'une après l'autre?

— On m'a enlevé ma fille! on m'a volé mon enfant!... s'écria Isidore.

— Ah! ah! fit le commissaire qui, supposant qu'il allait être initié à quelque aventure égrillarde, ne sembla plus aussi pressé de partir.

— Ah! ah! répéta-t-il, on vous a enlevé votre fille! et quel âge a-t-elle, s'il vous plaît, votre fille?

— Pas encore seize ans.

— Diable! Est-elle jolie?

— Belle comme les anges.

— Diable! diable!... Quel jour et à quelle heure l'enlèvement a-t-il eu lieu?

— Aujourd'hui, vers les deux heures de l'après-midi.

— Diable! diable! diable! Et qui accusez-vous de ce rapt?

— J'accuse, répondit Potard, j'accuse le marquis Hector de Châteaudieu.

Ce nom aristocratique fit froncer les sourcils au commissaire de police.

— Vous avez sans doute, reprit-il, des preuves matérielles et irrécusables à l'appui de votre assertion?

8

— Oui, répéta Isidore, j'en ai.
— Voyons un peu.
Potard raconta tout ce que nos lecteurs savent déjà.
Il n'oublia aucun incident, depuis ceux de la soirée au théâtre de la Gaîté jusqu'aux faits qui s'étaient passés le jour même.
Quand il eut fini, il s'arrêta.
Il y eut une demi-minute de silence.
— Eh bien! dit le commissaire au bout de cette demi-minute, j'attends...
— Quoi? demanda Potard.
— Les preuves dont vous m'avez parlé et auxquelles vous allez arriver, sans doute...
— Mais il me semble, fit le fabricant un peu interdit, que ce que je viens de vous raconter...
— Est-ce donc tout?
— Oui, monsieur le commissaire.
— Alors, mon cher monsieur, répliqua carrément le magistrat, il n'y a pas là une seule preuve, il n'y a pas même une ombre de présomption contre le marquis de Châteaudieu... En un mot, votre accusation me paraît dénuée de toute espèce de fondements...
— Cependant, monsieur le commissaire...
— Raisonnons un peu, mon cher monsieur, interrompit ce dernier; d'abord, vous parlez d'enlèvement et moi je n'en vois pas trace, puisque votre fille a suivi très-librement la personne avec laquelle elle est partie. Tout au plus y aurait-il séduction. Or, admettre cette séduction de la part d'un homme qui, de votre propre aveu, n'a jamais échangé dix paroles avec votre fille, vous comprenez admirablement que c'est tout bonnement absurde! Votre fille est jolie, mon cher monsieur, à ce que vous me dites; eh bien! on devait lui faire la cour, comme à toutes les jolies filles; elle devait avoir des amoureux sans que vous vous en doutiez, car les papas ne s'aperçoivent pas souvent de ces choses-là... elle aura fait un léger faux-pas, et, comme les suites de ce faux-pas commençaient sans doute à devenir visibles, elle aura déserté le logis paternel avec une honnête personne que je soupçonne fort, à vous parler franc, d'être une obligeante sage-femme...
Raphaël, en entendant ces dernières paroles, fit un

brusque haut-le-corps et se mordit les lèvres jusqu'au sang.

Isidore Potard interrompit brusquement le commissaire.

— Comment, monsieur, s'écria-t-il, comment, vous accusez ma fille !

— Je n'accuse personne, mon cher monsieur, répondit le magistrat, je constate simplement un fait incontestable, à savoir que les jolies filles ont généralement des amoureux et qu'il n'y a aucune raison pour que la vôtre fasse exception à la règle commune... Ces péronnelles-là font les petites saintes-nitouches, voyez-vous ; on leur croirait de la vertu jusqu'au bout des ongles, on leur donnerait le bon Dieu sans confession, et, en réalité, elles sont plus libertines que des chattes amoureuses... J'ai l'expérience de ces choses-là, moi, la grande expérience, et d'ailleurs, à l'époque à laquelle nous vivons, les enlèvements sont bien passés de mode, et franchement je n'y crois guère...

— Mais enfin, murmura Potard, enlevée ou non, ma fille a disparu de chez moi !

— Elle y reviendra, soyez-en convaincu.

— Et, en attendant qu'elle revienne, dois-je donc me croiser les bras et rester inactif ?

— Je ne vous dis pas, moi, de ne pas chercher votre fille, seulement je ne puis pas, au moins quant à présent, vous aider à la retrouver. Apportez-moi la preuve de son enlèvement et je ferai immédiatement agir la police ; mais, jusque-là, c'est entre votre enfant et vous une simple affaire d'intérieur... Croyez-moi, mon cher monsieur, lavez votre linge sale en famille...

— Cependant, monsieur le commissaire, si, comme je le crois encore, le ravisseur n'était autre que le marquis de Châteaudieu, je me trouverais donc réduit à me faire justice moi-même !...

— Encore et toujours ce marquis ! s'écria le commissaire en riant ; décidément, vous y tenez.

— Oui, j'y tiens ! j'y tiens de toute la force de ma certitude...

— Voyons, où demeure-t-il, ce prétendu ravisseur ?

— Dans son hôtel, non loin de la barrière Clichy.

Le commissaire haussa les épaules.

— Eh ! fit-il avec impatience, il fallait donc m'expliquer

cela tout de suite! Vous nous auriez évité à tous les deux beaucoup de temps perdu et de paroles inutiles... avec la meilleure volonté du monde, je ne puis rien dans votre affaire! rien!... rien!... absolument rien!... C'est à mon confrère du quartier Saint-Lazare qu'il fallait vous adresser... Tenez, voici un mot pour lui, allez le trouver et arrangez-vous avec lui si vous pouvez...

L'honorable magistrat écrivit à la hâte quelques lignes, les tendit à Isidore Potard et le conduisit ainsi que Raphaël jusqu'à la porte de son cabinet, très-enchanté de se débarrasser ainsi de ces importuns, car il était attendu, nous le répétons, au repas hebdomadaire de la société chantante et mangeante des *Enfants d'Épicure*, dont il était vice-président.

— Et voilà donc ce qui représente la justice des hommes!... dit Isidore à Raphaël en descendant l'escalier [1].

— C'est ignoble et dérisoire! répondit Raphaël.

— Serons-nous plus heureux avec l'autre? ajouta Potard.

— Dieu le veuille!... Mais, comme vous le disiez tout à l'heure à cet imbécile, on a toujours la ressource de se faire justice soi-même!...

Le fabricant et son compagnon gagnèrent promptement la rue Saint-Lazare.

Cette fois du moins ils ne firent point antichambre et furent introduits sur-le-champ.

Le second commissaire en face duquel ils se trouvèrent était la vivante antithèse de son collègue du faubourg Saint-Antoine.

Qu'on se figure un grand homme, d'une maigreur et d'une pâleur excessives, raide dans ses mouvements, gourmé dans son attitude, formaliste et cérémonieux dans toutes ses allures, le type enfin de ces huissiers de ministères qui portent la chaîne d'argent sur l'habit noir à la française.

Isidore lui remit la lettre dont il était porteur.

Le commissaire la parcourut des yeux.

[1]. Nous prions nos lecteurs de ne point oublier que toutes les scènes qui précèdent et qui suivent se passent en 1824. — Le soupçon de faire de la personnalité ne peut donc nous atteindre.

— Vous venez, dit-il ensuite, vous venez porter plainte contre quelqu'un de mon quartier. Voyons, de quoi s'agit-il ?

Isidore raconta les faits.

Seulement, et afin de ne point influencer le magistrat, il ne nomma pas le marquis.

— Je crois, dit le commissaire après quelques instants de réflexion, je crois que vos conjectures sont fondées... Il y a corrélation manifeste entre la disparition de votre fille et la mystification odieuse de laquelle vous avez été victime aujourd'hui, et j'attribue volontiers ces deux actes à la personne qui s'est présentée chez vous l'autre jour après avoir fait suivre votre fille la veille au soir... Les preuves matérielles me manquent, à la vérité, mais les preuves morales me suffisent... Je poursuivrai !

Raphaël et Potard échangèrent un regard.

— Ah ! pensèrent-ils tous deux, enfin, voici donc un honnête homme !...

Le commissaire poursuivit :

— Donnez-moi le nom et l'adresse du ravisseur présumé. Avant une heure, mes agents seront descendus à son domicile et toutes ses démarches seront épiées.

— Le ravisseur, répondit Isidore, s'appelle le marquis de Châteaudieu et il demeure...

Le commissaire l'interrompit, avant qu'il eût achevé sa phrase, en s'écriant :

— Je crois en vérité, monsieur, que vous avez nommé le marquis de Châteaudieu !...

— Lui-même.

— Mais songez donc à ce que vous dites !... Savez-vous bien que c'est grave ! que c'est très-grave !!!

— Pour le marquis...

— Non, pas pour lui, monsieur, mais pour vous !...

— Pour moi !... comment ?

— Savez-vous bien que le marquis appartient à l'une des plus anciennes et des plus illustres familles de France ?...

— Que m'importe cela ?...

— Savez-vous bien que sa mère était une Chaumont-Landry ?...

— Eh bien ?...

— Savez-vous bien que le marquis touche, par ses alliances, aux princes de Trémalec, aux ducs de Chanillac et de Talgoët, enfin à toute la meilleure noblesse du royaume et de la cour?...

— Après, monsieur, après!... où voulez-vous en venir?...

— J'en veux venir à ceci, qu'il faut que vous soyez fou, complétement fou, fou à lier, pour oser porter une aussi audacieuse accusation contre le marquis de Châteaudieu, quand vous n'avez pas une preuve, pas une seule, à fournir à l'appui de cette accusation!!!...

— Quoi! pas une seule!... s'écria Isidore exaspéré; mais tout à l'heure...

Le commissaire l'interrompit de nouveau.

— Tout à l'heure... tout à l'heure, dit-il, je ne savais pas ce que je sais à présent...

— Cependant ce qui vous paraissait suffisant alors devrait...

— En vérité, je vous trouve hardi d'oser prétendre que quelque chose me paraissait suffisant!... Voilà ce que c'est que d'accueillir trop favorablement des plaintes qui n'ont ni base sérieuse ni fondement d'aucune sorte!... Où allons-nous, mon Dieu? Le marquis de Châteaudieu accusé de rapt par M. Potard, fabricant! c'est très-plaisant, en vérité! très-plaisant! très-plaisant!...

Et le commissaire se mit à rire d'un rire ironique.

Les dents de Potard claquaient de rage.

Raphaël semblait calme et impassible; sa résolution était prise.

Isidore fit un violent effort sur lui-même.

— Ainsi, monsieur le commissaire, balbutia-t-il d'une voix à peine distincte, je dois renoncer au concours que vous m'aviez promis?...

— Entièrement, monsieur, et non-seulement vous ne pouvez plus compter sur moi, mais encore, si je remplissais strictement mon devoir, je vous ferais mettre immédiatement en état d'arrestation...

— Moi! s'écria Potard, moi, arrêté!

— Oui, vous, pour vous apprendre à proférer d'indignes calomnies contre un gentilhomme honorable à tous égards... Mais je consens à me montrer indulgent pour aujourd'hui... et je vous laisse libre.

« Allez donc, messieurs, et souvenez-vous que si vous propagiez le moins du monde les rumeurs mensongères que vous êtes venus colporter jusqu'ici, je mettrais de côté toute pitié et je deviendrais impitoyable... Allez, messieurs!... allez!... »

Et le commissaire tourna le dos aux deux hommes.

Isidore fit un mouvement pour s'élancer sur lui.

Raphaël le retint.

— Patience, lui dit-il tout bas, contenez-vous, sinon vous allez vous faire arrêter, et alors tout sera perdu...

« Cet homme n'est pas même digne de votre colère...

« Il ne mérite que votre mépris!...

« Laissez-le et venez avec moi...

« Nous nous passerons de lui.

« Nous avons pour nous Dieu et le bon droit. Nous sommes forts!... Venez! »

Isidore et Raphaël sortirent ensemble.

XXXI

LA PROVIDENCE.

Potard était anéanti.

Raphaël lui-même, malgré la fermeté qu'il affectait, se sentait involontairement abattu et découragé.

Sa situation était terrible en effet, et à cette situation il n'y avait pas d'issue.

Il allait se voir contraint d'entamer une lutte ouverte avec un homme que protégeaient tout à la fois sa haute position dans le monde et sa grande fortune.

De cette lutte, que résulterait-il?

Ou Raphaël serait vaincu, et alors que devenait Émilie?

Ou il triompherait et sauverait la jeune fille, et, par ce triomphe même, se créerait un ennemi puissant, implacable, qui voudrait le perdre et qui le perdrait en effet, car ce que Raphaël devait craindre avant tout, c'était la lumière, et le marquis arriverait bien facilement à en savoir assez pour jeter une lueur fatale sur le passé de Raphaël.

La résolution de notre héros ne faiblit d'ailleurs pas

un instant en face de ces considérations d'intérêt personnel.

Il aimait ardemment Émilie, et l'amour véritable exclut l'égoïsme des cœurs dont il s'empare.

Isidore, nous le répétons, était anéanti.

Les secousses successives et les émotions de cette journée ne lui avaient laissé ni force physique, ni facultés intellectuelles.

Raphaël lui donnait de l'espoir et il s'abandonnait à cet espoir, avec l'irréflexion d'un enfant et une sorte de confiance aveugle.

Depuis qu'il avait prophétisé si juste le malheur qui venait de s'abattre sur la maison, Raphaël avait pris sur lui un empire extraordinaire.

Isidore était prêt à se laisser guider par Raphaël et conduire par lui partout où il lui conviendrait de le mener.

— Où allons-nous ?... demanda-t-il.

— Chez vous, d'abord, répondit le jeune homme.

— Chez moi !... et qu'y ferons-nous ?

— Nous saurons s'il ne s'est rien passé de nouveau et peut-être y trouverons-nous votre fille...

— Le croyez-vous ?... l'espérez-vous réellement ?... s'écria Potard avec exaltation.

— Oh ! murmura Raphaël, je ne crois rien... je n'espère rien... je dis : *peut-être !*... Tout est possible.

— Oui, vous avez raison, tout est possible... Allons donc chez moi... Oh ! mon Dieu ! mon Dieu ! si nous allions la trouver revenue ! mais non ! ce serait trop de bonheur !...

— Je vous le répète, dit Raphaël, n'espérez rien... la déception serait affreuse !...

Malgré ce sage conseil que le fabricant promit de suivre, il se créa des chimères pendant tout le trajet du quartier Saint-Lazare au faubourg Saint-Antoine, et il finit par se persuader qu'il était impossible, complétement impossible qu'Émilie ne fût pas de retour.

Hélas ! c'était un rêve !

La jeune fille n'avait point paru.

En retombant de la hauteur de son illusion dans la réalité, Potard se sentit défaillir.

Ce dernier coup achevait de désorganiser son esprit et son corps.

Une sueur froide coula de son front.

Des douleurs aiguës coururent dans tous ses membres et semblèrent circuler dans ses veines avec son sang.

Un frisson nerveux et convulsif fit craquer ses articulations.

Ces tristes symptômes furent accompagnés d'une prostration absolue.

Potard chancela et il serait tombé si Raphaël ne l'avait soutenu.

— Je souffre... murmura-t-il, je souffre comme si j'allais mourir.

Puis il se tut.

Il était évanoui.

Raphaël confia Isidore au contre-maître de la fabrique et à la domestique du ménage.

Il donna l'ordre de le mettre au lit et d'aller immédiatement chercher un médecin.

Puis, comme il avait à faire des choses bien autrement urgentes que de veiller au chevet d'un malade, il prit quelque argent et il quitta la maison.

Où Raphaël allait-il?

Il ne le savait pas lui-même.

Comment deviner le lieu où le marquis de Châteaudieu avait caché sa proie?

Peut-être, à ce moment même, Émilie roulait-elle sur quelque route inconnue, entraînée par une rapide chaise de poste.

Peut-être la malheureuse enfant pleurait-elle, captive dans quelque petite maison bien mystérieuse et bien cachée...

Comment retrouver la trace de la jeune fille?

Comment la suivre?

Comment, surtout, comment la rejoindre assez tôt?...

— Le hasard seul, se dit Raphaël, peut m'envoyer le fil conducteur...

« Peut-être, aux alentours de l'hôtel Châteaudieu, le hasard me servira-t-il...

« Peut-être entendrai-je prononcer un de ces mots inattendus qui vous ouvrent des horizons...

« Cette chance est bien faible, mais enfin, si elle existe, elle n'existe que là.

« J'essaierai ! »

Et, pour la troisième fois depuis deux heures, il reprit le chemin du quartier Saint-Lazare.

Quand il arriva devant l'hôtel, la rue était déserte.

Raphaël se rapprocha de la porte cochère et mit la main sur le bouton de la sonnette.

Mais, au moment de le tirer, il s'arrêta.

— A quoi bon ? se demanda-t-il. Je vais me heurter de nouveau contre une impitoyable consigne. Je n'apprendrai rien, et ma tentative n'aura d'autre résultat que de donner l'éveil et d'engager le marquis à se tenir sur ses gardes, si réellement il est à l'hôtel.

Et Raphaël recula de quelques pas.

En même temps, et comme si le jeune homme eût sonné, la porte s'ouvrit.

Un domestique en franchit le seuil et la repoussa bruyamment.

Ce domestique se mit à marcher lentement dans la rue en fredonnant un air de *gigue*, et en tournant le dos à Raphaël.

Évidemment c'était un groom, et non moins évidemment un Anglais.

Son costume et ses allures trahissaient sa nationalité.

Il pouvait avoir vingt-six ans.

Il était très-petit, très-maigre et très-anguleux.

Ses cheveux, d'un blond plus qu'ardent, étaient coupés très-courts.

Il portait une casquette de drap bleu, galonnée en or, et une longue veste d'écurie qui descendait beaucoup plus bas que sa taille.

Sa cravate blanche, très-haute, très-longue, très-empesée, lui serrait le cou comme un carcan.

Des bottes de cuir souple, à revers jaunes, montaient jusqu'à la culotte de peau qui dessinait ses cuisses étiques.

Raphaël ne voyait point le visage de ce domestique.

Mais il y avait dans sa tournure quelque chose de si caractéristique qu'il en fut frappé d'abord.

Il lui sembla le reconnaître.

— Ou je me trompe, se dit-il, ou ce garçon-là est ce drôle de Tom Kittledrige que j'ai mis à la porte l'année dernière.

Et, pour s'assurer du plus ou moins de fondement de

sa conjecture, il hâta le pas et dépassa le groom, qui continuait à marcher en se dandinant et en fredonnant plus que jamais sa *gigue* nationale.

Raphaël ne se trompait point.

C'était bien Tom Kittledrige, en effet.

Notre héros eut un vif mouvement de joie.

— C'est Dieu qui me l'envoie! pensa-t-il; par lui, je vais tout savoir!

Puis, presque aussitôt, il ajouta :

— Mais lui parler, n'est-ce pas me perdre?... Si je lui parle, il me reconnaîtra, et je ressuscite ainsi ce vicomte Raphaël qui devait être mort pour tous et pour toujours!...

Raphaël hésita.

Mais cette hésitation fut bien courte.

— Qu'importe, après tout, se dit-il, qu'importe que je me perde, pourvu que je la sauve?...

Et, comme il avait laissé prendre au groom une assez grande avance, il se mit à marcher plus vite afin de le rejoindre.

Quand il ne fut plus séparé de lui que par une distance de deux ou trois pas, il s'arrêta et dit d'un ton impératif :

— Tom Kittledrige, ici!

Le groom se retourna vivement.

— Qui m'appelle? demanda-t-il.

— Moi, répondit Raphaël.

Le groom toisa son interlocuteur de la tête aux pieds, regardant à la vérité le costume beaucoup plus que le visage, et comme il résulta de son examen qu'il avait affaire à un simple ouvrier, il répliqua fort insolemment :

— Dites donc, eh! l'ami que je ne connais pas, est-ce que nous avons gardé quelque chose ensemble pour que vous vous donniez le genre de ne pas m'appeler *monsieur*, et de me dire : *Ici, Tom Kittledrige!* ni plus ni moins qu'à un chien?...

XXXII

LE GROOM.

Raphaël haussa les épaules.

— Regardez-moi mieux, faquin! dit-il, et cessez vos

impertinences, que j'aurais déjà châtiées si j'avais une cravache à la main !...

Kittledrige, irascible comme un vrai fils d'Albion qu'il était, devint cramoisi en s'entendant menacer de coups de cravache, et prit une attitude de boxeur.

— Ah ! fit-il, c'est comme ça ! eh bien ! nous allons voir.

Mais Raphaël avait fait de nouveau deux pas en avant.

Il se trouvait si près de Tom que ce dernier ne put le méconnaître plus longtemps.

Son grand courroux s'évanouit tout aussitôt comme s'enfuit la vapeur d'une chaudière dont on ouvre la soupape.

Il demeura immobile, les bras ballants et la bouche béante.

Puis, après ce premier mouvement de stupeur, il ôta précipitamment sa casquette en murmurant :

— Que monsieur le vicomte me pardonne, je n'avais pas eu l'honneur de reconnaître monsieur le vicomte...

— C'est bien, fit Raphaël, je ne vous en veux pas...

— Il y a si longtemps que je n'avais vu monsieur le vicomte... continua Kittledrige.

— Chut ! interrompit vivement notre héros, ne prononcez ni mon nom ni mon titre, Tom. J'ai des raisons pour conserver en ce moment le plus strict incognito...

— Comme il plaira à monsieur le vi...

— Encore !...

— Je m'oublie malgré moi... c'est la force de l'habitude !...

— J'ai à vous parler, Tom.

— J'ai l'honneur de me mettre à vos ordres...

— Connaissez-vous, près d'ici, un endroit où nous pourrions causer sans être dérangés ?...

— J'ai ma chambre dans l'hôtel, si monsieur veut prendre la peine d'y venir...

— Non, je ne veux point entrer dans l'hôtel...

— Il y a bien, tout près d'ici, un petit marchand de vins, mais c'est un lieu qui n'est pas fort décent.

— Peu m'importe !

— Alors je vais avoir l'honneur de vous conduire

— Je vous suis.

Tom Kittledrige accompagna ou plutôt dirigea son ancien maître, et, chemin faisant, se creusa la cervelle pour tâcher de deviner les motifs du déguisement de Raphaël, déguisement qu'il finit par attribuer à l'envie de mener à bonne fin quelque galante aventure.

Au bout de trois minutes ils étaient installés dans un petit cabinet fort malpropre, chez un gargotier du dernier étage.

— Maintenant, dit Raphaël, causons.

— Avant toutes choses, fit Kittledrige, comme personne ne peut nous entendre, j'aurai l'honneur de demander à monsieur le vicomte la permission de lui donner son titre...

— Vous y tenez?

— Essentiellement. Je n'ai jamais servi que chez des gens titrés, et cela me gêne pour parler quand je ne peux pas dire : *oui, monsieur le marquis*, ou : *oui, monsieur le comte*, ou : *oui, monsieur le vicomte*.

— Appelez-moi comme vous voudrez, répondit Raphaël.

— J'ai l'honneur de remercier monsieur le vicomte.

— Tom, poursuivit notre héros, vous aimez toujours l'argent par-dessus tout, j'imagine?...

— Moi?... murmura le groom avec une nuance d'embarras.

— Oui, vous, vous qui pour quelques louis donnés par le baron de Maubert, non-seulement m'avez trahi, mais encore avez estropié méchamment mon pauvre cheval *Sidi-Pacha*.

— Ah! monsieur le vicomte!... s'écria Tom, qui déjà préparait dans sa tête un long plaidoyer auquel Raphaël coupa court en ajoutant :

— Rassurez-vous, Tom, je ne veux ni vous rappeler le passé, ni surtout vous faire des reproches... je tenais seulement à constater votre robuste affection pour les napoléons et les pièces de cent sous... Or j'en ai à votre service.

— En vérité, monsieur le vicomte!...

— Oui, voulez-vous gagner deux louis?...

— De tout mon cœur. Que faut-il faire pour cela?

— Répondre à mes questions.

— C'est facile.

— Y répondre la vérité, toute la vérité, rien que la vérité.

— Je le jure.

— Et moi je commence : depuis quand êtes-vous au service du marquis de Châteaudieu?...

— Depuis six mois.

— Quelles sont vos fonctions auprès de lui?

— Je l'accompagne quand il sort à cheval.

— Êtes-vous au fait de ses habitudes?

— Parfaitement, sinon par moi-même, du moins par mes camarades, les valets de pied et le valet de chambre, qui bavardent à l'office.

— Le marquis est très-libertin, n'est-ce pas?

— On ne peut pas plus.

— A-t-il une maîtresse en titre?...

— Non, il change de femmes tous les jours.

— Ces femmes viennent-elles à l'hôtel?

— Oui et non.

— Comment cela?

— Elles ne viennent pas à l'hôtel proprement dit, elles viennent au pavillon des fleurs...

— Qu'est-ce que ce pavillon?

— Un bâtiment isolé et situé au fond des jardins, contre le mur d'enceinte.

— Mais ces femmes, par où passent-elles pour gagner le pavillon dont vous parlez?...

— Par la porte de derrière, qui ouvre sur les terrains déserts...

— Ah! pensa Raphaël, je comprends tout maintenant. Tandis que j'attendais Émilie à l'entrée principale, on l'introduisait par l'issue dérobée.

Puis il continua tout haut :

— Savez-vous si dans ce moment il y a une femme au pavillon des fleurs?...

— Je l'ignore entièrement.

— Vous l'ignorez?...

— Oui. Aucun de nous autres ne communique avec le pavillon, qui est desservi par un valet spécial, lequel n'est point bavard et ne dit guère ce qui se passe... Cependant, si monsieur le vicomte le désire, je tâcherai de faire parler ce valet...

— C'est inutile, répondit Raphaël.

Et il ajouta :
— Est-il vrai que le marquis votre maître soit parti ce matin pour ses terres de Bourgogne ?...
— C'est parfaitement vrai, je suis allé moi-même commander les chevaux de poste.

Un vif mouvement de surprise se peignit à ces mots sur le visage de Raphaël.
— Comment, s'écria-t-il, le marquis n'est point à Paris !
— Je n'ai pas dit cela, répondit Tom Kittledrige.
— Qu'avez-vous donc dit ?
— J'ai dit que le marquis était parti, voilà tout...
— Eh bien ?...
— Et j'ajoute maintenant qu'il est revenu.
— Depuis quand ?...
— Dame ! une heure après son départ. Il est descendu à la barrière, laissant sa berline courir la poste à vide avec un valet de pied, il a pris une voiture de place et il est rentré à l'hôtel par la porte des jardins... Aucun des domestiques n'ignore cela, mais, comme notre maître ne veut pas qu'on sache son retour, personne n'a l'air de savoir.
— C'est bien, Tom, dit Raphaël, ces renseignements me suffisent. Je voudrais seulement que vous m'expliquiez d'une manière bien exacte la position du pavillon des fleurs...
— C'est facile : figurez-vous, monsieur le vicomte, que les jardins de l'hôtel sont séparés en deux par une grille très-haute et par un fossé très-profond. La moitié de ces jardins dépend du pavillon, personne ne peut y mettre les pieds et des massifs excessivement épais empêchent de voir ce qui s'y passe... Dans la grille en question il y a une petite porte ; deux personnes seulement ont la clef de cette porte, le marquis et le domestique dont je vous parlais tout à l'heure...
— Ainsi, demanda Raphaël, quelqu'un qui serait dans les jardins du pavillon ne pourrait arriver à l'hôtel, et quelqu'un qui serait dans les jardins de l'hôtel ne pourrait pas arriver au pavillon ?...
— A moins d'avoir la clef, non, monsieur le vicomte.
— Je suis satisfait de vos réponses, Tom. Tenez, voici l'argent que je vous ai promis...

— J'ai l'honneur de remercier monsieur le vicomte.
— Vous m'obligerez en ne parlant à personne de notre entretien d'aujourd'hui....
— Monsieur le vicomte peut être tranquille !... Si monsieur le vicomte daignait me pardonner la légèreté de ma conduite à l'endroit de Sidi-Pacha et me reprendre à son service, je m'estimerais fort heureux d'y entrer, car il est tout à fait impossible de rencontrer un meilleur maître...
— Nous verrons cela plus tard, répondit Raphaël.

Puis le jeune homme sortit du cabaret en jetant une pièce de cent sous sur le comptoir pour payer la dépense qui n'avait point été faite.

— Rendez-moi la monnaie, dit Tom Kittledrige au marchand de vins dont il ne voulait point que cette libéralité, intempestive selon lui, vînt grossir la recette.

Et le brave domestique empocha gaiement quatre francs, les ajoutant sans scrupule aux deux louis qu'il venait de recevoir.

XXXIII

LA NUIT.

Raphaël en savait assez.
Il venait d'acquérir une certitude en quelque sorte matérielle.
Désormais il n'ignorait plus rien, pas même le lieu où Émilie devait être enfermée.
Quant aux moyens de pénétrer jusqu'à elle, ils auraient pu sembler embarrassants pour un autre. Mais, pour Raphaël, ils étaient des plus simples.
Il ne lui fallait que se souvenir de l'expédition de Marly-la-Machine, expédition dirigée contre le baron de Maubert et exécutée par Carillon, par Tourniquet et par lui-même.
— Ce que j'ai fait pour une vengeance, se disait Raphaël, je le ferai pour un dévouement... peut être l'un sera-t-il l'expiation de l'autre!...
Cependant il ne pouvait songer à agir avant la nuit.
Certaines bonnes actions ont besoin, comme le crime, des ténèbres pour s'envelopper.

En attendant que l'heure fût devenue propice, Raphaël fit ses dispositions afin de ne pas se laisser prendre au dépourvu.

Il commença par acheter une corde de moyenne grosseur, à laquelle il fit des nœuds, éloignés d'un pied environ les uns des autres.

Il fit forger chez un serrurier un crampon grossier, terminé à l'une de ses extrémités par un anneau.

Il attacha la corde à l'anneau et il roula le tout ensemble de manière à en former un objet d'un très-petit volume.

Ceci fait, il retourna chez le marchand de vins dans l'établissement duquel avait eu lieu son entretien avec Tom Kittledrige.

Il demanda un cabinet et se fit servir à dîner; car ses forces étaient épuisées et cependant il allait sans doute avoir besoin de toute sa vigueur.

Ce repas, que Raphaël prolongea à dessein, le conduisit à peu près jusqu'à dix heures du soir.

Il sortit et se dirigea vers les derrières de l'hôtel Châteaudieu.

On s'étonne peut-être de l'étrange oubli de Raphaël, qui, au moment d'affronter un péril sérieux, ne se munissait d'aucune arme.

Ce n'était point un oubli.

C'était un parti pris.

— Assez et trop de sang a déjà coulé sur mes mains, pensait notre héros ; mieux vaut succomber sans défense que de marcher plus longtemps dans cette voie fatale qui conduit à l'homicide !...

. . . .

Raphaël arriva rapidement auprès de cette petite porte dont son ancien groom lui avait parlé et par laquelle nous avons vu entrer Émilie et sa compagne.

Il côtoya le mur pendant quelque temps, cherchant l'endroit qui lui paraîtrait réunir les conditions les plus favorables pour une escalade.

La nuit était obscure, mais pas assez cependant pour qu'il fût impossible de se guider.

On distinguait à travers la gaze brumeuse des ténèbres, sinon les contours, au moins la masse générale des objets dont on n'était pas très-éloigné.

Raphaël constata donc facilement la présence des touffes verdoyantes qui dépassaient le sommet du mur et formaient une sorte de voûte au-dessus de l'endroit où il se trouvait.

Il jeta son crampon, qui du premier coup mordit solidement le couronnement de la muraille.

Puis il grimpa.

Un arbre énorme croissait à cette place tout à côté du mur et son tronc noueux formait pour descendre jusqu'à terre une sorte d'escalier naturel.

Une demi-minute après, Raphaël était dans le jardin.

Il ne s'agissait plus que de s'orienter et d'arriver au pavillon des fleurs.

Une nuit chaude et lourde succédait à une journée étouffante.

Un orage se préparait lentement à l'horizon.

De temps en temps ces fusées passagères qu'on appelle des *éclairs de chaleur*, et que la foudre n'accompagne jamais, jetaient une nappe de lumière dans l'azur du firmament.

Cette atmosphère brûlante volatilisait à l'excès le parfum des arbres et des fleurs et faisait flotter une nappe odorante sur toute la surface des jardins.

On entendait sous l'herbe des gazons le petit cri monotone, incessant appel des insectes amoureux.

L'eau jaillissante du grand bassin retombait dans sa conque de marbre blanc avec un doux bruissement.

Enfin un rossignol, caché dans le feuillage d'un mélèze, redisait avec force roulades des couplets étincelants de sa chanson voluptueuse.

Raphaël ne put s'empêcher de comparer les deux nuits de sa vie pendant lesquelles sa situation avait été à peu de chose près la même.

Quelle différence cependant entre ces deux nuits !...

A Marly-la-Machine, l'hiver, la neige, les sifflements de la tourmente, les voix lugubres de la rivière se heurtant à ses rives.

Oh ! c'était bien une de ces nuits faites par les démons pour le vol, pour le meurtre, pour tous les brigandages !

Ce soir-là, au contraire, une température italienne, de

grands arbres, des chants d'oiseaux, des fleurs et des parfums...

On eût dit une de ces nuits d'amour pendant lesquelles on presse plus mollement un bras doux et charmant, un bras de femme appuyé sur le vôtre... une de ces nuits qui parlent au cœur comme aux sens... où les lèvres s'unissent et où l'écho ne saisit au passage que des soupirs et des baisers qu'il répète en les affaiblissant.

Raphaël suivait lentement et avec précaution une allée circulaire qui longeait le mur d'enceinte, dont elle n'était séparée que par des massifs épais.

Cette allée, d'après ses calculs, ne pouvait manquer d'aboutir au pavillon des fleurs.

Il avait fait déjà deux ou trois cents pas environ quand il lui sembla que, non loin de lui, des pas faisaient craquer le sable.

Il s'arrêta et prêta l'oreille.

Il ne se trompait point.

On marchait en effet dans le jardin, et les pas s'approchaient dans sa direction.

En même temps, et à travers les branches les plus basses d'un fourré, Raphaël vit étinceler la lueur d'un falot.

Il se jeta aussitôt derrière un massif assez épais pour le cacher complétement aux regards, mais pas assez pour l'empêcher de voir et d'entendre.

Deux hommes s'avançaient.

L'un d'eux, celui qui portait la lanterne, était en grande livrée.

L'autre, malgré les vêtements bourgeois qu'il avait revêtus, fut aussitôt reconnu par Raphaël.

C'était Georges, le valet de pied à côté duquel il s'était trouvé placé au parterre de la Gaîté.

— Enfin, disait Georges à son compagnon, au moment où tous les deux se trouvaient à proximité de Raphaël, le marquis doit être content!...

— Il en a l'air, répondit son compagnon.

— De par tous les diables! continua Georges, s'il ne l'était pas, il serait terriblement difficile!... Jamais, au grand jamais, on n'a monté un coup de cette façon-là! Sans vanité, c'est mon chef-d'œuvre.

— Aussi cela te rapportera gros!
— Mon Dieu! on ne sait pas... les maîtres sont de drôles de pistolets!... Enfin j'aurai toujours pour moi le témoignage de ma conscience... Du reste, il faut tout dire, Peau-d'Anguille est un habile homme, et ses deux recrues, Rocambole et son Élodie, sont d'une très-jolie force!... j'aime à rendre justice à tout le monde.
— Et tu as raison.
— Que fait le marquis dans ce moment?...
— Dame! il doit être en train... tu comprends!...
— A merveille... oh! à merveille!...

Georges accentua cette phrase par un éclat de rire cynique et les deux hommes passèrent.

XXXIV

LA COMÉDIE DE L'AMOUR.

Aux derniers mots de l'entretien des domestiques du marquis, Raphaël avait frémi de tous ses membres.

Une horrible crainte, celle d'arriver trop tard, s'empara de son esprit.

A peine Georges et son compagnon l'avaient-ils dépassé de quelques pas, qu'il s'élança de l'endroit où il était caché et se mit à courir dans la direction présumée du pavillon des fleurs.

Au bout de peu d'instants, à travers une éclaircie dans les feuillages, il aperçut confusément une masse régulière dont la teinte d'un rouge sombre avait dans les ténèbres un aspect étrange et grandiose.

Une lueur pâle s'échappait des hautes fenêtres du rez-de-chaussée.

On devinait que d'épais rideaux empêchaient les vives clartés de l'intérieur d'arriver au dehors.

Raphaël touchait au but.

La rapidité de sa course en reçut une impulsion nouvelle.

Il n'était plus qu'à vingt pas du pavillon.

Tout à coup une lumière éclatante jaillit de l'une des fenêtres dont nous avons parlé.

Les rideaux venaient d'en être écartés violemment.

En même temps la croisée s'ouvrit.

Une forme de femme se dessina sur les fonds vivement éclairés de l'appartement.

Cette femme sembla faire d'inutiles efforts pour se précipiter au dehors.

Et, comme elle vit bientôt qu'elle n'y pouvait point parvenir, elle se pencha sur l'appui de la croisée, renversée à demi et répétant de toute la force de sa terreur et de son désespoir :

— Au secours !... au secours !...

En ce moment une seconde figure apparut à côté de la première.

Une main s'appuya sur les lèvres de la jeune fille éplorée et éteignit subitement ses cris, tandis qu'un bras vigoureux l'enlaçait, malgré sa résistance, et l'entraînait de nouveau dans l'intérieur de l'appartement.

Raphaël essaya de s'écrier :

— Courage ! courage ! me voici !...

Mais sa gorge resta muette.

Aucun son intelligible ne put s'échapper de sa poitrine haletante.

Seulement, en trois élans, il atteignit la fenêtre qu'il franchit d'un bond désespéré.

§

Nous avons laissé Émilie debout et écoutant avec une épouvante facile à comprendre les pas de son hôte inconnu qui s'approchait du salon dans lequel elle avait été conduite grâce à une insigne trahison.

Enfin la portière de tapisserie s'écarta et le marquis parut sur le seuil.

Il avait sur les lèvres un sourire cynique que Méphistophélès ou don Juan n'auraient pas désavoué.

Émilie le reconnut au premier coup d'œil.

Elle se sentit frémir, mais elle n'éprouva aucune surprise.

A partir du moment où elle avait commencé à comprendre qu'elle était tombée dans un piège, la pensée de cet homme s'était associée, dans son esprit, à l'idée d'une trahison.

Le marquis vint vivement à elle.

Il essaya de lui prendre la main afin de la porter à ses lèvres.

Mais comme il rencontra une légère résistance, il n'insista pas le moins du monde et se contenta d'avancer un fauteuil à Émilie, en lui disant du ton de la plus exquise politesse :

— Combien je suis heureux et fier, mademoiselle, de cette bonne fortune qui m'arrive de vous recevoir enfin chez moi !

Émilie resta debout.

Le marquis faisait mine de lui prendre la main pour la conduire jusqu'au siége qu'il venait de préparer pour elle.

Elle se recula d'un pas et dit avec une froideur glaciale et une assurance qu'il aurait été impossible d'attendre d'une aussi jeune fille :

— Vous ignorez sans doute, monsieur, comment je suis ici et pourquoi j'y suis venue?

— Non, mademoiselle, je ne l'ignore pas.

— Alors, c'est bien vous qui avez envoyé une femme me chercher dans la maison de mon père?...

— Oui, mademoiselle, c'est moi.

— Cette femme m'a dit, monsieur, qu'un grand danger menaçait mon père et que je pouvais seule le sauver en venant le rejoindre.

— Elle avait reçu l'ordre de vous parler ainsi.

— Eh bien! monsieur, parlez, apprenez-moi quel est ce danger et ce que je puis faire pour le combattre...

— Je vais vous parler, mademoiselle, avec une franchise que vous apprécierez.

— Hâtez-vous, monsieur, je vous en supplie !...

— D'abord vous serez heureuse de savoir que vos craintes étaient sans fondement.

— Mes craintes?...

— Oui. Votre père ne court aucun risque, et, selon toute apparence, il est en ce moment tranquillement rentré chez lui.

— Ainsi, monsieur, on m'a menti?...

— Oui, mademoiselle, je l'avoue.

— Et pourquoi ce mensonge, je vous prie, ce mensonge si lâche et si méchant, qui devait me briser le cœur et me le brisait en effet?...

— Parce qu'il était indispensable.

— Je ne vous comprends pas, monsieur...

— Quel autre mobile que l'amour paternel aurait pu vous engager à quitter votre maison et à venir ici?...

— Aucun, sans doute; mais dans quel but me forcer de venir ici, puisque nul intérêt ne m'y appelait?...

— Vous vous trompez, mademoiselle, un intérêt vous appelait ici... Un intérêt puissant auquel j'aurais tout sacrifié... l'intérêt de mon repos, de mon bonheur, de mon amour.

Émilie cacha son visage dans ses deux mains.

— Ma parole d'honneur! pensa le marquis, tout ce que je dis là est fort pitoyable! mais bah! pour une petite grisette de cette espèce, ce pathos suffira!

Et, comme Émilie ne répondait pas, il poursuivit :

— Depuis le jour où je vous ai vue pour la première fois, mademoiselle, je vous aime... je vous aime d'une de ces passions ardentes, irrésistibles, impétueuses, qui s'emparent à l'instant de l'âme et décident de toute une vie...

« A partir de ce jour, je n'ai eu qu'une pensée... vous avoir auprès de moi, comme vous y êtes en ce moment, pouvoir vous dire : *Je vous aime*, comme je vous le dis en effet; vous entendre me répondre que vous m'aimez aussi, comme vous me le répondrez bientôt...

— Jamais! s'écria Émilie, jamais!... jamais!...

— Enfant! poursuivit le marquis avec ce même sourire de démon que nous avons déjà vu sur ses lèvres, vous ne savez donc pas quelle est la puissance contagieuse d'un véritable amour?... Vous ne savez donc pas que cette ivresse du cœur et des sens que vous avez su m'inspirer, vous la partagerez, malgré vous et à votre insu, plus tôt que vous ne le pensez?

« Je n'ignore rien de ce qui vous touche ou de ce qui vous concerne, Émilie.

« Je sais que votre cœur n'a jamais battu.

« Je sais que vous n'aimez personne.

« Quelle cuirasse assez invulnérable, quelle résistance assez forte pourriez-vous donc opposer à cette tendresse que je me suis juré de vous inspirer?...

« Pourquoi ne m'aimeriez-vous pas, Émilie?...

« Je suis assez jeune pour que rien en moi ne puisse rendre impossible l'affection que je sollicite.

« Ma fortune est immense, et, sans vous faire l'injure de vouloir acheter votre cœur, je puis vous dire que vous deviendrez maîtresse de cette fortune comme de moi-même.

« Vos désirs seront accomplis avant d'être formés.

« Vos caprices seront devinés afin d'être prévenus.

« Pas une femme en ce monde n'aura plus de plaisir et plus de bonheur que je ne vous en promets, que je ne puis vous en donner...

« Vous ne me réduirez point au désespoir, n'est-ce pas, en refusant d'accepter un avenir si beau et un cœur qui est tout à vous ?

« Mais pourquoi ne pas me répondre ?...

« Pourquoi cacher votre doux visage dans vos deux petites mains ?...

« Pourquoi pleurer surtout, Émilie, car je vois de grosses larmes couler entre vos doigts charmants ?... »

Le marquis s'arrêta et attendit l'effet du petit *speech* qu'il venait de débiter d'un ton assez naturel et nuancé de passion.

Émilie releva la tête.

Sa figure était pourpre de honte et de pudeur.

— Monsieur, murmura-t-elle d'une voix presque indistincte à force d'être basse, si vous êtes un honnête homme, vous ne repousserez point la prière d'une jeune fille qui ne comprend pas ce que vous lui dites et ne sait pas ce que vous lui voulez...

— Ce ne sont point des prières que je veux écouter de vous, interrompit le marquis, ce sont des ordres que je dois entendre...

XXXV

UN SAUVEUR.

— Eh bien ! poursuivit Émilie, ne me retenez pas ici, où je souffre, où j'ai peur... Laissez-moi sortir de cette maison... je n'y dois pas rester une minute de plus... Laissez-moi retourner auprès de mon père, qui m'attend, qui m'appelle, et qui pleure sans doute en ne me voyant pas... Voilà la seule chose que je vous demande, monsieur, mais celle-là je vous la demande à genoux...

— Chère enfant, répondit le marquis en s'efforçant de relever la jeune fille qui, en effet, s'était laissée tomber à genoux devant lui, je ne suis point assez ennemi de vous et de moi-même pour vous céder en ce moment...

« Je vous le répète, vous êtes maîtresse ici, tout vous appartient, vous pouvez tout. Commandez, vous serez obéie, mais ne parlez plus de me quitter, je n'y consentirais jamais!...

— Ainsi, s'écria Émilie redisant ce que peu d'instants auparavant elle avait dit au valet, ainsi je suis votre prisonnière?...

— Comme je suis le vôtre, répondit le marquis. Votre beauté et mon amour m'enchaînent à vos pieds...

La jeune fille n'écouta point cette fadeur anacréontique.

Elle reprit d'une voix brisée :

— Au nom du ciel... au nom de votre mère... ayez pitié de moi, monsieur, et laissez-moi partir!...

— Demandez-moi ma vie, répondit le marquis, et je vous la donnerai; mais ne me demandez pas cela...

Émilie comprit que toute nouvelle tentative serait inutile et ne l'amènerait qu'à se briser de nouveau contre l'inflexible volonté de son ravisseur.

Elle cessa de prier et elle s'abandonna à toute la violence de son désespoir.

Elle se laissa tomber sur une *dormeuse*, et là, le visage inondé de pleurs, la poitrine soulevée par des sanglots convulsifs, les mains crispées et agitées de frissons nerveux, elle n'en parut que plus belle et plus désirable à M. de Châteaudieu.

Cependant il essaya de la calmer.

— Chère enfant, lui dit-il, votre chagrin me désespère, et, pour y mettre un terme, je vais vous prouver à quel point je vous aime en sacrifiant mon bonheur à vos désirs...

Émilie releva la tête.

Dans les paroles du marquis elle entrevit une lueur d'espoir, et elle écouta avidement.

M. de Châteaudieu poursuivit :

— Si demain, dit-il, vos dispositions sont les mêmes... s'il vous paraît impossible de partager un jour la tendresse que vous m'inspirez... si c'est pour vous un sort intolérable que de vivre auprès de moi... eh bien ! je me résignerai... Demain vous serez libre... demain vous pourrez quitter cet hôtel et emporter où bon vous semblera mon cœur plein de votre image et mon repos détruit à jamais...

De tout ce que le marquis venait de dire, Émilie n'entendit que ce seul mot : *Demain.*

— Demain ?... répéta-t-elle.

— Oui... je vous le jure.

— Pourquoi pas aujourd'hui ?... Pourquoi pas ce soir ?... Pourquoi pas à l'instant ?...

— Parce qu'il me reste un espoir, fondé sur les réflexions que vous pourrez faire cette nuit, et que je ne veux point jeter au vent ce dernier espoir...

— Demain comme aujourd'hui, mon vœu le plus ardent sera de m'éloigner d'ici...

— Je ne sais quoi me dit, au contraire, que demain vous ne penserez pas de même.... répliqua le marquis.

Et, après avoir ainsi parlé, il se retira rapidement comme pour empêcher Émilie de supplier encore.

En arrivant dans l'antichambre, il trouva le domestique en train d'arranger sur un plateau des assiettes, des cristaux et de l'argenterie.

Il fit signe à ce valet de poser le plateau sur un meuble, puis il le congédia du geste.

Aussitôt qu'il fut seul, il s'approcha du meuble sur lequel était le plateau.

Il déboucha l'une des carafes, remplie d'une eau fraîche et merveilleusement limpide.

Il tira de la poche de côté de sa redingote un très-petit flacon de cristal, plein d'une liqueur non moins limpide et non moins transparente que l'eau de la carafe.

Il laissa tomber dans la carafe deux ou trois gouttes du contenu du flacon.

Puis il rappela le valet et lui dit :

— Vous pouvez maintenant servir le dîner de mademoiselle...

Il était neuf heures et demie du soir.

Émilie n'avait pas quitté le siége sur lequel elle s'était jetée au moment du départ du marquis.

Une sorte d'atonie et d'engourdissement douloureux avait succédé à ses crises de désespoir.

Sa pensée sommeillait en quelque sorte.

Le valet était venu charger la petite table des mets les mieux choisis et les plus délicats.

Elle ne l'avait pas vu.

Il lui avait dit :

— Quand il plaira à mademoiselle de se mettre à table, le dîner de mademoiselle est servi.

Elle ne l'avait point entendu.

Alors le serviteur bien stylé s'était retiré discrètement, afin de ne pas gêner la jeune fille.

Le temps avait passé, et, nous le répétons, il était en ce moment neuf heures et demie du soir.

Le marquis Hector revint au pavillon.

Il donna l'ordre au valet de prendre un falot et d'aller faire une ronde dans les jardins.

Ce domestique obéit aussitôt, et à vingt pas de la porte il rencontra Georges, le valet de pied, qui, poussé par la curiosité, rôdait aux alentours.

Les deux hommes se mirent à causer.

Nous connaissons déjà une partie de leur entretien.

Le marquis se dirigea dans la pièce vers laquelle nous avons laissé Émilie.

Il marchait lentement et avec précaution, comme s'il eût voulu étouffer le bruit de ses pas, de peur de réveiller quelqu'un.

Arrivé à la porte du boudoir, il souleva à demi la portière et regarda dans l'intérieur.

A la vue d'Émilie assise, la tête appuyée au dossier de son fauteuil et les yeux fixes et largement ouverts, un geste d'étonnement lui échappa.

Cet étonnement était naturel.

Le marquis s'attendait à trouver Émilie endormie d'un sommeil profond.

Les quelques gouttes du contenu du flacon, mêlées par lui à l'eau de la carafe, étaient un puissant narcotique dont il avait expérimenté plus d'une fois les funestes effets.

Mais nous savons déjà qu'Émilie n'avait pas bu.

Le marquis eut un instant d'hésitation.

Cette hésitation fut courte.

Il écarta complétement la portière et entra.

Émilie le vit et se souleva en poussant un cri.

Puis elle s'avança vers lui les mains jointes et en murmurant :

— Oh! monsieur... monsieur... que Dieu vous bénisse si vous venez m'annoncer que je suis libre dès ce soir!...

Le marquis ne répondit pas.

Son front était soucieux, et dans son regard il y avait du dépit, presque de la colère.

Il avait compté sur l'assoupissement léthargique provoqué par lui pour remporter sans peine son infâme victoire.

Et maintenant il lui fallait engager une lutte, subir une nouvelle scène de pleurs et de prières.

Cela n'avait, en réalité, rien de récréatif.

D'autre part, le marquis ne voulait point remettre au lendemain ce qu'il désirait pour le soir même, car qui sait si le lendemain le cours de ses idées n'aurait pas changé et si son caprice n'aurait point pris une autre direction ?

— De par tous les diables! se dit-il, rien ne me paraît fastidieux comme de roucouler en filant le parfait amour, ainsi que je l'ai fait ce matin... Je me sens complétement incapable de recommencer en ce moment... D'ailleurs cela ne mène à rien!... Ma foi! je vais brusquer l'aventure et mener carrément les choses!...

Et, tout en se parlant ainsi, Hector se rapprocha d'Émilie.

Il jeta son bras autour de la taille de la jeune fille qu'il attira brusquement à lui, en murmurant à son oreille :

— Aussi vrai que vous êtes jolie comme les amours, mon petit ange, et que je vous aime à la folie, je veux faire votre bonheur malgré vous, et cela sans plus de retard !...

Puis, profitant de la surprise d'Émilie, il la serra avec force contre sa poitrine et appuya sur ses lèvres entr'ouvertes un baiser plein d'une ardeur libertine.

Émilie comprit alors que le danger était imminent.

Elle rassembla toutes ses forces pour la résistance.

Appuyant ses deux petites mains sur les épaules du marquis, elle s'en fit comme un point d'appui pour rompre la chaîne vivante dans laquelle il la tenait enlacée et pour s'éloigner de lui.

Elle y parvint, et, ayant conquis de cette façon un instant de liberté, elle se réfugia dans la partie la plus éloignée du boudoir, toute palpitante et toute frémissante.

Hector se mit à rire.

— Pourquoi vous épuiser dans une résistance inutile, mon cher amour? lui dit-il; rien au monde ne peut empêcher que vous soyez à moi!... Nous sommes seuls ici... Vous ne pouvez sortir... Si vous appeliez, personne n'entendrait votre appel, ou ceux dont il frapperait l'oreille sont des gens qui m'appartiennent et m'obéissent... J'ai pour moi la force et la volonté... une force décuple de la vôtre... une volonté que rien ne pliera... Soumettez-vous donc de bonne grâce à ce que vous ne pouvez éviter... Toutes les promesses que je vous ai faites ce matin, croyez d'ailleurs que je les tiendrai.

Le marquis, en parlant ainsi, s'était approché de l'endroit où la tremblante Émilie avait cherché un refuge.

Il avait renoué de nouveau ses bras autour de la taille si fine et si souple de la jeune fille.

Il l'avait soulevée et il l'emportait vers un large divan, quoiqu'elle se tordît comme un serpent et qu'elle s'efforçât de le frapper au visage.

Mais le marquis s'inquiétait peu de cette résistance et de ces coups.

Déjà il ne se connaissait plus.

Le baiser de tout à l'heure...

Le contact immédiat de ce corps si jeune et si charmant...

Cette colère même de la jeune fille, qui lui donnait un nouvel attrait, tout cela avait excité au plus haut point ses ardeurs sensuelles.

Ce n'était plus du sang qui coulait dans ses veines, c'était le feu du désir, de la débauche et de la volupté.

Il atteignit le divan, sur lequel il jeta la jeune fille.

Puis il se pencha pour faire jouer un ressort qui, à l'aide d'un ingénieux mécanisme (triomphante invention du célèbre marquis de Sade), devait comprimer les mouvements d'Émilie et rendre ses efforts impuissants.

Mais la pauvre enfant avait bondi déjà loin des coussins du meuble fatal.

Elle s'était enfuie dans l'embrasure de l'une des fenêtres.

Elle avait violemment ouvert cette fenêtre et elle s'était mise à crier, quoique sans espoir :

— Au secours !... au secours !...

Le marquis, dont la rage lubrique atteignait en ce moment les dernières limites, se précipita de nouveau sur elle.

Il l'arracha avec une brutalité révoltante à l'appui de la croisée auquel elle se cramponnait et il la reporta vers le divan où cette fois, à coup sûr, elle allait succomber.

Mais Dieu en avait décidé autrement.

La scène changea subitement d'aspect.

Un homme, franchissant d'un bond prodigieux les quatre pieds de hauteur qui séparaient le sol du rebord de la fenêtre, s'élança dans le boudoir et saisissant le marquis de Châteaudieu au collet, il l'agenouilla sur le tapis.

Cet homme était Raphaël.

XXXVI

LES ÉPÉES.

Ce que nous venons de raconter fut un véritable coup de théâtre.

Émilie poussa un cri de stupeur qui se changea en cri de joie au moment où elle reconnut Raphaël.

Le marquis devint très-pâle et une exclamation de fureur concentrée s'échappa de sa gorge.

Cependant il ne se tint pas pour vaincu.

Raphaël ne devait qu'à une surprise son triomphe du premier instant.

Sa force musculaire était d'ailleurs à peine égale à celle du marquis.

Ce dernier usa d'une feinte habile pour se dégager.

Il se ploya, comme brisé et abattu, sous le poignet de Raphaël et celui-ci desserrant machinalement l'étau vivant de ses doigts crispés, il en profita pour se jeter à droite et pour se redresser, le défi dans les yeux et la menace aux lèvres.

Émilie, que de nouvelles terreurs revenaient assaillir, se réfugia à côté de son défenseur.

Le regard et l'attitude de Raphaël exprimaient la résolution et l'audace.

Les deux hommes restèrent pendant une seconde en face l'un de l'autre, immobiles et silencieux, assez semblables, quoiqu'ils fussent sans armes, à deux champions qui vont croiser le fer dans un duel et qui s'étudient l'un l'autre avant de se décider à porter le premier coup.

Enfin le marquis rompit ce silence.

— Ah çà! dit-il d'une voix calme et posée, mais qu'accentuaient les intonations les plus railleuses, ah çà! l'ami, vous qui entrez chez les gens par les fenêtres, avec toute sorte d'effractions et d'escalades, est-ce que vous n'êtes pas le petit commis du père de mademoiselle?...

Et le marquis désignait Émilie.

Raphaël ne répondit pas.

Hector poursuivit :

— Vous cumulez, dans la maison, deux emplois, ce me semble : vous êtes le domestique du père et l'amant de la fille... C'est fort bien!...

— Pas d'insultes, monsieur, s'écria Raphaël, je ne suis point l'amant de mademoiselle ; j'ai l'honneur d'être son ami... son ami et son défenseur!

— Ah! ah! fit Hector, son défenseur! Rien que cela!... Et contre qui, s'il vous plaît?

— Contre tous ceux qui l'attaqueraient, et, d'abord, contre vous!...

— En vérité! Mon Dieu! mon Dieu! que voilà donc une jeune personne bien défendue!...

Et le marquis se mit à rire d'une façon ironique et injurieuse.

Raphaël garda le silence, quoique son sang bouillonnât dans ses veines.

Seulement il étendit son bras au-devant d'Émilie et son geste voulait dire :

— Essayez d'y toucher!

— Arrivons au fait, reprit le marquis ; je ne me préoccupe point de la manière dont vous êtes arrivé jusqu'ici. Vous y êtes, cela me suffit. Maintenant, qu'est-ce que vous voulez?

— Je veux, répondit carrément Raphaël, je veux emmener mademoiselle hors de cette maison maudite.
— Diable! fit le marquis en ricanant, c'est sérieux?...
— Oh! répliqua Raphaël, très-sérieux...
— Vous voulez cela, monsieur le commis?
— Je veux cela, monsieur le marquis!
— Vous prétendez m'enlever mademoiselle?
— J'ai cette prétention.
— Je doute que vous réussissiez!
— Je suis certain de réussir.
— Eh bien! moi, je prétends la garder. Nous verrons qui de nous deux se trompe.
— Voyons-le donc tout de suite! s'écria Raphaël.

Et il ajouta, en se tournant vers Émilie, à laquelle il offrit son bras :

— Venez, mademoiselle, je vais avoir l'honneur de vous reconduire auprès de votre père...

Émilie était tremblante et ne se soutenait qu'à peine.

Cependant elle prit le bras de Raphaël.

Ce dernier se dirigea vers la porte, soutenant ou plutôt emportant sa compagne.

— Dieu me damne! murmura le marquis entre ses dents, en vérité, ce drôle se figure qu'il le fera comme il le dit...

Et il ajouta, en se jetant vivement entre Raphaël et la porte :

— Pas un pas de plus, ou sinon...
— Sinon quoi?... — demanda le jeune homme avec hauteur.
— Sinon, j'appelle mes gens, — poursuivit le marquis, — je vous fais rouer de coups et jeter par-dessus les murs.

Raphaël lâcha brusquement le bras d'Émilie.

Il courut jusqu'à la cheminée.

Il saisit un des candélabres et, brandissant au-dessus de sa tête cette arme improvisée, il revint au marquis et lui dit presque à voix basse, mais avec une résolution terrible :

— Si vous poussez un cri... si vous faites un appel... aussi vrai qu'il y a un Dieu, je vous brise le crâne avec ce candélabre!

Le marquis ne s'attendait pas à cette agression.

Il s'effaça contre la muraille comme s'il était décidé à livrer passage.

Mais sa main toucha le ressort d'un panneau qui s'ouvrit et laissa entrevoir un placard caché derrière la tenture.

Dans ce placard il y avait des épées.

Le marquis en saisit une.

— Nous allons voir maintenant, — s'écria-t-il, — s'il est aussi facile que vous l'imaginez d'assassiner un gentilhomme.

Un éclair de joie éclata dans les prunelles de Raphaël.

Il laissa tomber son candélabre en murmurant :

— Des épées!... — Oh! merci, mon Dieu! c'est vous qui me les envoyez!... — L'issue de ce combat sera l'expression de votre jugement!... — Que le sang que je vais verser retombe sur la tête de cet homme!...

Avec la promptitude de l'éclair, Raphaël saisit une épée à son tour et tomba en garde devant le marquis.

— Ce faquin croit manier un des outils de son métier! — s'écria ce dernier avec cet accent sardonique dont il avait l'habitude.

— Le moment est mal choisi pour railler, monsieur le marquis, — répondit Raphaël avec calme, — car, avant trois minutes, vous serez couché là, à cette même place où vous voilà debout.

— En attendant, — répliqua Hector, — recommandez votre âme à Dieu si vous avez une âme et si vous croyez en Dieu, et parez... si vous pouvez.

Tout en parlant, il porta un coup terrible à Raphaël.

Raphaël para avec une aisance merveilleuse.

Puis il riposta et la pointe de son épée effleura le bras d'Hector et déchira légèrement les chairs.

Le sang se mit à couler.

Émilie cachait sa tête dans ses mains en sanglotant.

Le marquis était stupéfait.

Là où il croyait rencontrer un novice parfaitement gauche et inexpérimenté, il trouvait un adversaire dont la force était tout au moins égale à la sienne.

C'était à n'y pas croire.

Le marquis se sentit piqué au jeu.

D'ailleurs sa blessure, quoique sans gravité, était douloureuse et portait son irritation à l'excès.

La lutte s'engagea avec une intensité croissante.

Mais tout l'avantage était pour Raphaël, dont le sang-froid contrastait avec l'impétueux emportement du marquis.

Ce que notre héros avait prévu arriva.

Les trois minutes ne s'étaient point écoulées que son épée traversait de part en part l'épaule droite du marquis.

L'arme de ce dernier s'échappa de sa main.

Il tomba d'abord à genoux.

Puis il s'affaissa en arrière et sa tête rebondit sur le sol.

Cependant il ne perdit point connaissance.

Sans doute il restait dans son âme une place ouverte aux sentiments généreux.

Sans doute toute inspiration de loyauté et d'honneur n'était pas morte en lui.

Il se souleva sur son coude et il murmura :

— Écoutez...

Raphaël s'approcha de lui.

— Je reconnais mes torts, — poursuivit le marquis d'une voix faible, — je les reconnais et je m'en repens... — Je demande pardon à mademoiselle... je demande pardon à vous aussi, monsieur... à vous qui venez de vous conduire d'une façon aussi honorable que courageuse... Dieu me punit... Dieu est juste...

La force manqua au marquis.

Raphaël le souleva et l'assit dans une profonde causeuse qui, en quelques secondes, fut littéralement baignée de sang.

— Allez dans le vestibule, — continua Hector; — au fond de la troisième niche, à main droite, vous trouverez une clef... c'est celle de la petite porte qui donne sur la rue... Prenez cette clef et éloignez-vous...

— Mais vous, demanda Raphaël, — qu'allez-vous devenir?

— Mettez ce timbre à ma portée, — répondit le marquis. — Quand vous aurez eu le temps de sortir des jardins, j'appellerai mes gens et les secours ne me manqueront pas... Allez, monsieur, allez... Il ne faut pas que mademoiselle attende un seul instant de plus... seulement, avant de nous quitter pour ne jamais nous revoir..

donnez-moi votre main, monsieur, comme gage que je n'ai pas complétement perdu votre estime... à laquelle je tiens plus que vous ne le supposez peut-être...

Raphaël n'hésita pas.

Il savait par expérience que l'indulgence est un devoir et que le repentir doit racheter bien des fautes.

Il tendit donc sa main au marquis qui la serra de la main gauche, la seule qui fût en ce moment capable d'agir.

Puis tous deux, Raphaël et Emilie gagnèrent le vestibule.

Dans la niche indiquée par Hector, ils trouvèrent la clef dont il avait parlé.

Ils sortirent de la maison.

Ils côtoyèrent le mur d'enceinte et arrivèrent promptement à la porte dérobée.

Cette porte s'ouvrit sans peine.

Les jeunes gens se trouvèrent dans la rue.

Un cri de joie sortit de la poitrine gonflée d'Émilie, échappée miraculeusement au plus grand danger que jamais ait pu courir une jeune fille.

Raphaël eut une prière pour remercier Dieu.

Un fiacre vide passait dans la rue Saint-Lazare.

Ils montèrent dans ce fiacre et lui donnèrent l'ordre d'arriver le plus vite possible au faubourg Saint-Antoine.

XXXVII

RÊVE DE BONHEUR.

Aussitôt que le lourd véhicule se fut mis à rouler vers sa destination, Émilie, qui seulement alors commença à se croire complétement en sûreté, reconquit une assez grande liberté d'esprit pour pouvoir témoigner à Raphaël toute sa reconnaissance.

Elle saisit les mains du jeune homme et, dans son effusion, elle essaya de les porter à ses lèvres.

Raphaël n'y consentit point.

Mais en revanche il prit une des mains de sa compagne sur laquelle il déposa un respectueux baiser.

Les questions d'Émilie ne tarissaient point.

— Comment avez-vous su si vite que j'étais tombée dans un piége ?... lui demandait-elle.

« Comment avez-vous pu suivre mes traces ?

« Comment avez-vous deviné le lieu où j'étais enfermée ?

« Comment avez-vous fait pour parvenir jusqu'à moi ?

« D'où vous venaient enfin la force et le courage nécessaires pour aborder une aussi périlleuse entreprise et la mener à bonne fin ?... »

A cette dernière question, Raphaël ne répondit que par un soupir.

La jeune fille insista.

Alors Raphaël murmura, mais d'une façon à peu près inintelligible :

— Le courage et la force me sont venus, mademoiselle, parce que je vous aimais...

Nous ne savons si Émilie entendit cette réponse.

Toujours est-il que, sans les ténèbres, on aurait pu voir une rougeur ardente empourprer ses joues veloutées.

Sans le bruit monotone des roues de la voiture, on aurait entendu les battements précipités de son cœur.

A partir de ce moment il n'y eut plus une seule parole échangée entre les jeunes gens.

Enfin le fiacre s'arrêta.

Raphaël, qui avait voulu laisser Émilie jouir en paix de quelques instants d'une joie sans mélange, ne lui avait point parlé de la maladie subite de son père.

Il se doutait bien d'ailleurs que le bonheur de retrouver et de revoir son enfant produirait sur Isidore Potard un effet plus rapide et plus certain que tous les médecins et tous les remèdes de la terre.

Cependant, en descendant de voiture, il fallut bien instruire la jeune fille, qui commençait à s'étonner de ne point voir son père accourir à sa rencontre.

A peine eut-elle appris la triste vérité qu'elle courut au chevet du malade

Cette fois encore les prévisions de Raphaël se réalisèrent complétement.

La présence d'Émilie détermina chez Isidore une crise soudaine et salutaire.

Il la reconnut à l'instant même.

Le délire céda, comme s'il eût été chassé par le souffle d'un génie bienfaisant.

Une fièvre, que deux médecins venaient de déclarer sinon mortelle, au moins des plus dangereuses, céda pendant la nuit.

Le lendemain, Potard, un peu faible, mais tout à fait guéri, pouvait quitter son lit et surveiller ses ouvriers comme à l'ordinaire.

Les expressions nous manquent pour reproduire ici les transports de gratitude expansive dont il accabla le sauveur de sa fille.

Dix fois dans la même journée il serra Émilie et Raphaël dans ses bras en les appelant *ses deux enfants*.

Et il y avait, dans la manière dont il prononçait ces mots, une intention si manifeste qu'Émilie rougissait doucement et que le cœur de notre héros battait à briser sa poitrine.

L'étoile du fils de Martial abandonnait-elle donc sa fatale influence?...

Le sort renonçait-il à le persécuter?...

Raphaël allait-il être enfin heureux?...

§

Trois semaines s'étaient écoulées depuis les derniers événements que nous avons mis sous les yeux de nos lecteurs.

Raphaël, obéissant à son insu aux délicatesses innées du sang patricien qui coulait dans ses veines, avait fait demander, par l'entremise d'un commissionnaire, des nouvelles du marquis Hector de Châteaudieu.

Il avait appris que le marquis était complétement hors de danger et s'apprêtait à quitter la France pour faire, d'après l'ordre des médecins, un long voyage en Italie.

Rassuré de ce côté, Raphaël s'abandonnait doucement aux rêveries et aux illusions d'un amour que tout semblait favoriser.

Cet amour du jeune homme, Émilie le partageait évidemment.

Ce n'était point à coup sûr une passion ardente, irréfléchie, une de ces passions comme les natures exaltées de Raphaël et de Mathilde pouvaient en éprouver.

C'était une tendresse douce et calme, pleine de reconnaissance et de dévouement.

C'était une de ces affections qui ne font point les maîtresses fougueuses, mais qui font, ce qui vaut bien mieux, les épouses honnêtes et les bonnes mères de famille.

Isidore Potard, nous le répétons, souriait à cette inclination mutuelle.

Pourquoi donc Raphaël aurait-il douté de l'avenir ?

. . . .

Une après-midi, le fabricant entra dans le cabinet où son teneur de livres pensait à toute autre chose qu'à ses livres et à ses écritures.

Isidore Potard avait le regard joyeux.

Ses grosses lèvres respiraient la bienveillance et le contentement.

Il s'assit dans le large fauteuil de cuir qui lui était spécialement réservé.

Il cligna des yeux.

Il se frotta les mains à plusieurs reprises.

Et enfin il s'écria :

— Assez travaillé pour aujourd'hui, mon cher Louis... Venez un peu ici, et causons...

— Ah ! répondit Raphaël, je ne demande pas mieux...

Il quitta son bureau et se mit debout en face d'Isidore.

— Non pas, ajouta ce dernier, asseyez-vous là, près de moi....

Raphaël obéit.

— Mon cher Louis, poursuivit le fabricant, vous me connaissez, vous savez que je ne dis jamais que ma pensée, que je la dis tout entière et qu'il me serait impossible de la cacher...

— Je sais cela à merveille, répliqua Raphaël qui devinait à peu près où Isidore voulait en venir.

— Vous vous êtes aperçu, continua Potard, que j'éprouvais pour vous une affection toute paternelle ?...

— Sans doute.

— Cette affection, je crois que vous la partagez.

— Ah ! s'écria vivement Raphaël, je suis heureux que vous n'en doutiez pas...

— Je crois même, poursuivit le fabricant avec un sourire, je crois que vous ne demanderiez pas mieux que de resserrer entre nous ces liens d'affection.

— Ce serait le plus cher de mes vœux !
— Vous aimez Émilie?
— De toute mon âme !
— Elle vous aime aussi.
— Je l'espère....
— Et moi j'en suis sûr. Vous lui avez sauvé plus que la vie... vous lui avez sauvé l'honneur... En toute chose il n'y a qu'un mot qui serve... la voulez-vous pour femme?...
— Quoi ! murmura le jeune homme écrasé par une joie foudroyante, vous consentiriez?...
— Très-bien.
— Vous, si riche !...
— Qu'importe ! je suis convaincu que vous la rendrez heureuse... Les écus ne font pas le bonheur !... d'ailleurs elle en aura assez pour deux...
— Est-ce un rêve?... répétait Raphaël ; mon Dieu ! mon Dieu ! est-ce un rêve ? ..
— Non pas, répondit Isidore, c'est bel et bien une réalité ! tout ce qu'il y a de plus réel au monde !...
« Voyons, est-ce une chose entendue ?...
— Vous me le demandez!... quand je devrais être déjà à vos genoux pour vous remercier dignement.
— Pas de remerciements, mon cher Louis... Je suis content de ce que je fais, et cela me suffit... seulement, convenons des dispositions à prendre...
— Lesquelles?
— Vous êtes, m'avez-vous dit, sans parents?...
— Oui, sans parents... fit Raphaël avec un peu de trouble et d'embarras.
— Vous n'avez à demander, par conséquent, le consentement de personne...
— Cela est clair, puisque je ne dépends que de moi seul.
— Je ne m'occupe point de vos antécédents et je ne vous questionne même pas à ce sujet : ils ne peuvent qu'être honorables...Quand on a mal débuté dans la vie, on ne se conduit pas comme vous l'avez fait depuis que vous êtes chez moi...

Raphaël ne répondit rien.

Seulement il baissa la tête et se sentit rougir.

Isidore poursuivit :

— Avez-vous ici les papiers de famille indispensables pour la célébration du mariage ?...

— J'ignore quels sont ces papiers...

— Votre acte de naissance, par exemple, et l'acte de décès de vos père et mère... Sans ces titres, rien ne peut se conclure : le maire refuserait de vous unir et le prêtre de vous bénir...

— Je ne les ai point ici, balbutia Raphaël.

— Faites en sorte de vous les procurer le plus vite possible... Aussitôt que vous les aurez reçus, nous ferons publier les bans, et, huit jours après, vous serez le mari de mon Émilie !...

Isidore se frotta les mains avec un redoublement d'animation joyeuse.

Puis il ajouta gaiement :

— Voyons, mon cher Louis, dans combien de temps me donnerez-vous un petit-fils dont je serai parrain ?

— Dieu veuille que ce soit bientôt ! répondit Raphaël.

— Dieu le voudra, fit Isidore, sans compter, mon gaillard, que vous tiendrez la main à ce que sa volonté soit faite !

Et Isidore, enchanté de la quasi-gaudriole qu'il venait de se permettre, sortit d'un petit air guilleret.

Si le digne fabricant n'avait point été étourdi en quelque sorte par les fumées de sa propre joie, il aurait remarqué, sans aucun doute, que, depuis le moment où il avait parlé de papiers de famille, une tristesse profonde et invincible s'était emparée de Raphaël.

Une fois de plus en effet, au moment de toucher au port, notre héros se trouvait sur les bords d'un abîme dont les sombres profondeurs lui donnaient le vertige.

Quelle était sa position ?

Comment allait-il en sortir ?

Raphaël perdait la tête en songeant au labyrinthe sans issue dans lequel il était engagé.

Fallait-il donc avouer à Potard que ce nom de Louis Dubourg, sous lequel il s'était introduit chez lui, ne lui appartenait pas ?

Fallait-il révéler cet autre nom de Raphaël et ce titre de vicomte que M. de Maubert lui avait imposés ?

Et nous savons tout ce qui se cachait, dans le passé derrière ce titre et ce nom de VICOMTE RAPHAËL !

D'ailleurs, n'était-ce pas tout perdre ?...

Potard donnait sa fille à l'obscur ouvrier, au laborieux artisan dont la vie humble était sans tache.

Il la refuserait avec dédain à l'enfant perdu de la bohême, au gentilhomme de hasard, dont nous ne connaissons que trop, hélas ! les erreurs et les fautes.

Découragé, affolé, la vie lui apparaissant désormais sans issue de bonheur possible, Raphaël prit une résolution suprême : il devait mourir.

La mort lui semblait la seule et véritable expiation de ses fautes, de ses crimes.

La mort était aussi le seul moyen de cacher à celle qu'il adorait et qui l'aimait son passé et ses hontes.

Lui vivant, sa fiancée maudirait son amour ; mort, il serait adoré par delà la tombe.

Il mourrait donc. La résolution suprême en était prise et nul ne pouvait en empêcher l'exécution.

Ainsi devait fatalement terminer celui qui, par faiblesse, par entraînement, et aussi, il faut bien en convenir, héritier en partie des mauvais instincts paternels, ainsi, disons-nous, devait tristement succomber celui qui avait mis trop souvent en oubli que si, pour le divin Rédempteur de toutes choses, il n'est jamais trop tard pour se repentir et revenir au bien, la société est à bon droit plus exigeante, et la peine du talion, en bien des circonstances, est d'ordre moral.

FIN DE MAMZELLE MÉLIE.

TABLE DES MATIÈRES

PREMIÈRE PARTIE

LE BARON DE MAUBERT.

	Pages.
Chap. I. — Un Repaire.	5
II. — Un souper économique.	9
III. — Une proposition.	14
IV. — Luciennes.	18
V. — Traité d'alliance.	22
VI. — La barrière d'Enfer.	26
VII. — Rencontre.	30
VIII. — Rue des Fossés-du-Temple	34
IX. — Une proposition	38
X. — La maison de Marly.	43
XI. — Maubert et Camisard.	48
XII. — Venceslas Obresky et Simon Butler.	52
XIII. — L'expédition.	56
XIV. — Escalade.	60
XV. — Effraction.	64
XVI. — Les bons complots font les bons amis.	68
XVII. — Raphaël et Maubert.	73
XVIII. — Sic vos non vobis...	77

DEUXIÈME PARTIE

MAMZELLE MÉLIE.

Chap. I. — La courtisane de Rome.	83
II. — Une mère.	87
III. — Olympia.	95
IV. — Les rouéries de la maternité.	99
V. — Princesse!	107
VI. — La carriole	113
VII. — Louis Dubourg.	116

TABLE DES MATIÈRES.

	Pages
VIII. — De braves gens.	120
IX. — La fabrique.	125
X. — Amour.	130
XI. — Un rêve.	134
XII. — L'avant-scène du côté droit.	138
XIII. — Le marquis Hector.	147
XIV. — Tel maître, tel valet	151
XV. — Hector, Émilie, Raphaël.	156
XVI. — Le marquis et le fabricant.	161
XVII. — Mercure galant.	165
XVIII. — Un roué.	169
XIX. — Peau-d'Anguille.	174
XX. — Rocambole et Élodie.	179
XXI. — Traité d'alliance.	183
XXII. — Passage Radziwill.	188
XXIII. — L'inconnue.	192
XXIV. — La lettre.	196
XXV. — Les pressentiments de Raphaël.	201
XXVI. — Le pavillon	205
XXVII. — Incertitudes.	209
XXVIII. — Une cage dorée	213
XXIX. — Les facéties du crime.	217
XXX. — Les commissaires de police	222
XXXI. — La Providence.	231
XXXII. — Le groom.	235
XXXIII. — La nuit.	240
XXXIV. — La comédie de l'amour.	244
XXXV. — Un sauveur.	248
XXXVI. — Les épées.	254
XXXVII. — Rêve de bonheur.	259

IMPRIMERIE D. BARDIN, A SAINT-GERMAIN

www.ingramcontent.com/pod-product-compliance
Lightning Source LLC
Chambersburg PA
CBHW050328170426
43200CB00009BA/1506